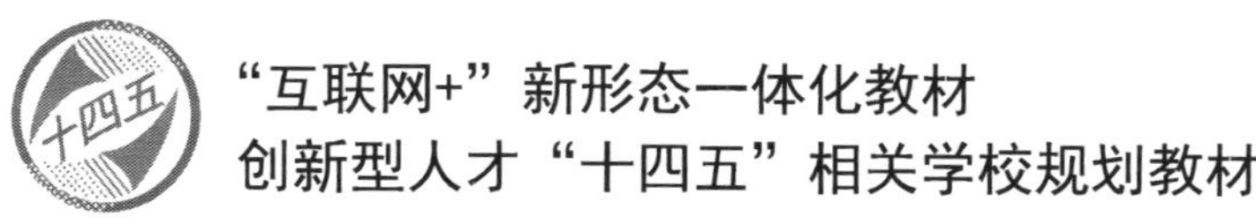

"互联网+"新形态一体化教材
创新型人才"十四五"相关学校规划教材

管理沟通

主　编　马　彪　林　宙　王　曦

副主编　沙　琦　肖　林　陈世艳
马　远

中国商业出版社

图书在版编目（CIP）数据

管理沟通 / 马彪，林宙，王曦主编. -- 北京：中国商业出版社，2024.1
ISBN 978-7-5208-2871-0

Ⅰ. ①管… Ⅱ. ①马… ②林… ③王… Ⅲ. ①管理学 Ⅳ. ①C93

中国国家版本馆 CIP 数据核字(2024)第 041414 号

责任编辑：黄世嘉

中国商业出版社出版发行
（www.zgsycb.com　100053　北京广安门内报国寺 1 号）
总编室：010-63180647　编辑室：010-63033100
发行部：010-83120835/8286
新华书店经销
北京宝莲鸿图科技有限公司印刷
*
787 毫米×1092 毫米 16 开　15.25 印张　352 千字
2024 年 1 月第 1 版　2024 年 1 月第 1 次印刷
定价 49.80 元
* * * *
（如有印装质量问题可更换）

前　言

管理沟通是近些年来备受一些国家商学院重视的课程之一，已经逐渐成为管理学门类下的一门新兴学科、重要研究领域，引起企业界的高度重视，并在实际应用中获得成功。在企业管理过程中，无论是上下级之间还是同事之间，都需要正常的有效沟通。如果缺乏有效沟通，就会导致信息链条的中断、人际关系的疏远、团队人心的涣散。只有良好有效的沟通，才能促使企业员工自觉开展工作，并从内心深处感受到工作的真实价值，从而实现自我管理，达到管理的最高境界。作为企业管理者则需要根据管理中存在的矛盾冲突，不断完善管理沟通，进行企业管理沟通建设和变革。

现代企业管理离不开沟通，实践证明，沟通管理对企业发展具有重要作用，是培养应用型企业管理人才必备的内容。本书正是基于培养企业管理应用型人才的需求，选择合适的内容组织形式与案例素材，达到培养素质高、能力强的应用型人才的目标。

本教材分为十四章。第一章沟通概述、第二章管理沟通概述主要是对基本概念的讲解。第三章至第十四章是对自我沟通、倾听、群体与团队沟通、组织沟通、会议沟通、演讲、面谈、人际冲突沟通、危机沟通、非语言沟通、书面沟通、跨文化沟通等十二个管理沟通细分类别的详细说明。为了方便学习，每章节内设置相应的思考与练习题，帮助学生巩固与复习所学知识。

本教材由马彪、林宙、王曦担任主编；沙琦、肖林、陈世艳、马远担任副主编；具体编写分工如下：马彪负责编写第一章、第二章、第三章、第四章；林宙负责编写第五章、第六章；王曦负责编写第七章、第八章；第九章、第十章、第十一章由沙琦、肖林共同编写；第十二章、第十三章、第十四章由陈世艳、马远共同编写。全书由马彪总纂并统稿。

本教材由作者综合多年的管理沟通教学经验编写统稿。本教材的出版，得到出版社的大力支持和具体指导，得到本校院长的鼎力支持与帮助。在编写本书过程中，我们参阅了国内外同行的研究资料，且吸收了其中有益的见解和成果。在此，一并深表谢意。希望各位读者对本教材提出批评、建议，以便我们对教材进行修改和完善。

编　者

目　　录

第一章　沟通概述

学习目标

1. 理解沟通的含义与作用。
2. 了解沟通的过程、要素与方式。
3. 识别沟通的障碍。
4. 掌握有效沟通的策略。

素质目标

1. 通过对沟通过程和要素的学习，能理解并做到以诚待人，诚信交流，减少误解。
2. 通过对沟通障碍的学习，能理解并接受交往中的不同意见，友善待人。

案例导入

特内里费空难事件

1977 年 3 月 27 日傍晚，西班牙加那利群岛中的特内里费岛的洛斯罗迪欧机场（现称北特内里费机场）发生了两架波音 747 飞机在跑道上相撞的事件。

根据事后的调查报告，泛美 1736 航班尾随荷航 4805 航班在跑道上滑行准备起飞，并且塔台指示它们在主跑道左边第 3 个出口处转弯离开主跑道。而此时泛美 1736 航班已经滑行至 1 号出口和 2 号出口之间，并继续滑向 4 号出口。通过事后分析泛美 1736 航班黑匣子的录音得知，当时机组成员误以为塔台方面所说“左边第 3 个出口”指的是 4 号出口。

当荷航 4805 航班抵达 3 号跑道的起跑点后不久，机长便松开刹车，推动油门杆准备起飞。随后荷航 4805 航班收到塔台发出的一个关于起飞后航线的航管许可，而不是起飞的许可。但荷航的机长误以为其已被授权起飞。当荷航 4805 航班开始起飞前加速时，副机长曾用无线电通知塔台他们正在起飞。当时塔台人员没听清楚副机长浓厚的荷兰口音英语到底是说“我们在起飞点”还是“我们正在起飞”，因此回答：“好的，待命起飞，我们会通知你的！”却不料无线电通信的后半段正好被泛美 1736 航班回报“我们还在跑道上滑行”的信号给覆盖了，结果荷航 4805 航班的技术人员只听到塔台说“好的”，却没听到后半句的对话，机组并不知道泛美 1736 航班正在跑道上滑行，因而加油起飞。9 秒钟后，两机相撞！

由于发生事故的两架飞机都是满载油料与人员的波音 747 大型客机，因此事件造成两机上 583 人在“地狱之火”中丧生，其中荷航 4805 航班上的 248 人全部遇难，泛美 1736 航班上有 61 人奇迹般生还。

历史上已经出现过很多因为沟通失误而发生的灾难性事件。以航空领域来说，航空技术发展到今天，因硬件、设备上的问题而发生空难的比例已经很低，人为因素是当代空难发生的第一大原因。特内里费空难是迄今为止民航史上最严重的空难之一，也是因为沟通理解失误导致严重事故的一个典型事例。

资料来源：佚名. 特内里费空难［EB/OL］. 2021-04-22.

第一节　沟通的含义与作用

一、沟通的含义

沟通是人类各种活动中非常重要的活动之一，大到世界、国家，小到团队、个人，都不能忽视或否认沟通的作用和魅力。当国与国之间出现争端，矛盾即将激化的时候，两国之间可以通过沟通获得和解；当企业与员工之间产生矛盾与对立的时候，领导与员工之间可以通过沟通达成理解与合作；当朋友或同事之间有了误会和怨恨，友情受到考验的时候，可以通过沟通来取得谅解和信赖；当夫妻之间出现裂痕，婚姻面临破裂的时候，需要通过沟通来增进情感，维系家庭；当父母和师长与孩子之间存在代沟，孩子叛逆，不能健康成长的时候，父母、教师也可以通过沟通来获得孩子的理解。可见沟通是社会中每个人都必须掌握的生存技能。一个人的沟通交际能力对一个人的生活和事业会造成诸多的影响。美国前总统杰拉尔德·福特曾经说过：“如果我重新回到大学，我会把精力放在两个方面：学习写作和在公众面前演讲。生活中，没有任何能力比有效沟通的能力更重要。”沟通能力无疑是人生有价值的财富，沟通是一门需要花费心思耐心地研究和学习的艺术。

沟通是指信息发送者凭借一定媒介，将信息以语言或非语言的方式发送给接收者，并寻求反馈以达到彼此理解信息、思想和情感的双向互动过程。

所谓沟通能力，是指在人际交往的过程中，通过交谈、讨论、演讲、阅读以及书面表达等方式，来表达观点、传递情感、获取和分享信息的能力，是人类日常生活以及从事各种职业必备的能力。

二、沟通的作用

沟通是人们生活和工作中一项必不可少的活动。

沟通无时不在。沟通是生物界普遍存在的生理和社会现象，有生命的存在就有沟通的存

在。呱呱坠地的婴儿的第一声啼哭就是人生沟通的开始，然后咿呀学语的幼年、天真烂漫的童年和少年、年轻力壮的青年、如日中天的中年、饱经沧桑的晚年，在人生各个阶段，丰富的语言成为沟通的重要形式，薪火相传的授受和桑榆日晚的心灵慰藉都需要通过沟通来实现并延续终生。人类在实现人生愿望和梦想的过程中，必须与外界、与他人沟通，人成长的过程从某种意义上讲就是自我沟通、他人沟通和社会沟通的过程。

沟通无处不在。人生发展的方方面面都离不开沟通，沟通是生命的存续方式。从家庭到社会，从生活到事业，从情感到知识，从个体到组织，沟通广泛而深入地存在于人生发展的各个阶段。家庭中的权威与平等、关怀与辅导，生活中的尊严与成就、发展与和谐，困境中的迷茫与纠结、思索与解脱，组织中的构建与合作、协调与指挥，职场中的自我展现与自我保护等都离不开沟通。

沟通无所不包。沟通可以协调人的心理和行为，沟通离不开心理学、伦理学；沟通是在一定的环境中进行的，离不开社会学、组织行为学；沟通是通过一定的方式和途径进行的，离不开符号学、传播学。可以说，所有能增强沟通技能和效果的知识与学科都是沟通学科的支撑和借鉴，沟通并不完全独立于其他学科门类，而是紧密依存并丰富借鉴相关学科的知识和技能，搭建沟通与交流的发展平台。

在每个人的职业生涯中，无论是求职应聘、入职试用，还是晋级发展，沟通能力成为各项能力之首。在招聘现场，几乎所有的职业岗位都提出需要“沟通能力强”的人。有研究发现，人的沟通能力的高低直接影响着每个人的职业发展、社会地位及社会关系的建立，并决定着职业生涯的成败。美国普林斯顿大学对 1 万份人事档案进行的分析显示，智慧、专业技术和经验只占成功因素的 25%，其余 75%取决于良好的人际沟通。

在生活和工作中，人们的沟通活动有着多种多样的形式，从人们见面时的问候，到一张产品说明书的编写，或重要会议上的主题发言，这些活动能否达到同事、领导与顾客所期望的效果，关键取决于交流活动中信息的发出者，或者是交流活动的主体能否具有良好的与人交流的愿望和与人沟通的技巧。

沟通具有心理上、社会上和决策上的功能，和我们生活的层面息息相关。在心理上，人们为了满足生活需求和维持自我感觉而沟通；在社会上，人们为了职业发展和维持人际关系而沟通；在人生决策中，人们为了分享资讯和影响他人而沟通。因此，沟通是人们生存、生产、发展和进步的基本手段和途径；沟通是人际情感的基石，良好的沟通可以有助于建立健康的人际关系；对沟通能力的培养，可以提升个人的社会生存能力和职业发展能力。

沟通是现代管理的命脉。没有沟通或者说沟通不畅，管理效率就会降低甚至失败。一个企业注重内部员工的沟通能力的培训，就会大大增强企业的核心竞争力，使企业的产品与销售及售后服务变得更加高效和富有创造力。

由于管理很大部分是通过语言来传递实现的，于是有一种错误的看法，即沟通很简单，就是说话，能把意思表达出来就可以了。其实，在管理实践中要做好一名有效沟通的管理者，远非那么简单。

所谓有效沟通，是通过听、说、读、写等载体，通过会见、对话、讨论、报告、演讲等方式，将思维准确、恰当地表达出来，使对方欣然接受。

第二节　沟通的过程、要素与方式

沟通是人与人之间进行信息传递的一个过程。在这个过程中，信息发送者是沟通的主体，也是信息源，信息接收者是沟通的客体。信息沟通可以采用语言、文字或其他形式的媒介。沟通的内容除了信息传递外，还包括情感、思想和观点的交流。

一、沟通的过程

沟通是信息从发送者到接收者的过程，信息需要先转化成语言符号才能传播。很多人在表达意思时言不尽意或词不达意，所以信息很难完整而充分地被接收。接收者在接收到这些语言符号后要进行解码，而很多人会漏掉信息、扭曲信息等，也很难完整而充分地解码信息。沟通过程中有时部分信息被扭曲、遗漏，造成各种“误会”。

从沟通的定义中我们了解到，沟通的起点是信息的发送者，终点是信息的接收者。当终点上的接收者作出反馈时，信息的接收者又转变为信息的发送者，最初的起点上的发送者就成了信息的接收者。沟通就是这样一个循环反复的过程（如图 1-1 所示）。一个完整的沟通过程包括以下要素：发送者、编码、渠道、接收者、解码、反馈和背景。

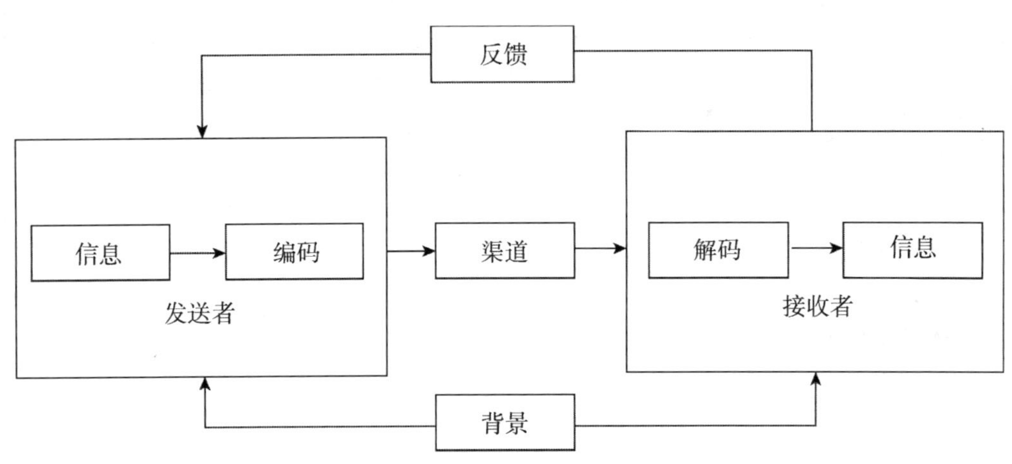

图 1-1　沟通过程图

在现实沟通中我们发现，沟通过程包括两个无法监测和难以控制的子过程，即发送者对信息的编码过程、接收者对信息的解码过程。它们是人脑的思维和理解的过程。前者反映了事实事件的数据和信息是如何经过发送者的大脑处理、理解并加工成双方共知的语言的过程；后者反映了接收者如何运用已有的知识，将其还原成事实事件的数据和信息的过程。

应该指出，图 1-1 描述的沟通过程只有两个人参与，它是对实际情况的一种抽象化，是

对人际沟通中最简单、最具代表性的一对一沟通过程的描述。在实际生活中，沟通常常发生在组织或团队中，需要借助会议、研讨、报告等形式。沟通模式变得更为复杂，常常表现为一对多或多对多沟通，并且涉及组织的系统。一对一沟通是所有沟通的基础，因此，深入探讨一对一沟通过程模型，对研究沟通是非常必要的。

二、沟通的要素

从沟通过程图中可以看出，一个完整的沟通过程要经过多个环节，并且受各种噪声的干扰。因此，要实现有效沟通，必须充分考虑以下要素。

1. 信息发送者

信息源于发送者，它是由信息发送者经过思考或事先酝酿后才开始沟通的，是沟通的起点。信息是否可靠、沟通是否有效，与发送者的可信度密切相关。一般来说，影响发送者可信度的因素有身份地位、良好意愿、专业知识、外表形象及价值观等。例如，通过强调自己的地位或与某位地位显赫的知名人士联系在一起，可以增强发送者的可信度；通过向受众表达良好意愿，并明确受众的利益所在，使受众对发送者产生信任与认同感；显示出自己的专业知识，或向受众叙述相关的经历，有助于发送者在受众中树立专业或权威的形象；注重外表形象与展示，或运用诙谐、幽默的语言吸引受众，有助于拉近沟通者之间的距离。沟通的初始阶段应该注重与受众达成共识，将信息与共同的利益和价值观联系起来，这将增强受众对发送者的信任感，从而为有效沟通奠定基础。

2. 编码

为了使信息顺畅地传递，策略性地组织信息是至关重要的。从人的生理角度来看，人们因感受新鲜事物而产生的记忆兴奋与过程密切相关。在沟通的初始阶段及终止阶段，受众对信息的记忆最深刻。将信息以适宜的语言、文字、符号、图形或其他形式表达出来的过程就是编码，信息的编码过程十分重要。通常信息发送者会根据沟通的实际需要选择合适的编码形式向接收者发出信息，以便其接收和理解。

3. 沟通渠道

沟通渠道通常指的是沟通媒介。随着信息技术的高速发展，沟通渠道渐趋多样化，出现了微信、QQ、微博、电子邮件、电话、传真、电子公告板、电话会议、视频会议等渠道。在发送信息时，发送者不仅要考虑选择合适的方式传递信息，还要注重选择恰当的时间与合适的环境。不同的情况采取的沟通渠道应该有所不同。一般来说，口头沟通渠道主要用于即时互动性沟通，沟通内容无须严格记录，沟通形式活泼，富有感情色彩。书面沟通渠道主要用于要求严谨、需要记录备案的沟通。无论是口头沟通还是书面沟通，都可以作为正式的或非正式的沟通渠道。正式的沟通渠道主要用于涉及法律问题的谈判、契约的签订等情形，如合同、标书、意向书、报告、演讲、新闻发布会等；非正式的沟通渠道主要用于获取新信息、互动性较强的情形，如电子邮件、打电话、讨论会等。

4. 信息接收者

受众就是信息的接收者。为了确保有效沟通，了解你的受众及其需求是非常重要的。在沟通前应该了解你的受众的背景资料，他们对你的信息是否有兴趣、兴趣度如何；他们需要了解哪些新的信息，使你明确你的沟通内容，知道怎样运用专业术语或简单明了的语言使你的叙述更通俗易懂。常见的接收方式有听觉、视觉、触觉、味觉、嗅觉以及其他感官等活动。如果是面对面的口头交流，信息接收者就应该做一个好的倾听者。有关倾听的技巧，我们将在第四章与大家分享。

5. 解码

信息接收者理解所获信息的过程被称为解码。沟通的目的是使信息接收者尽可能地理解发送者真正的意图，但接收者的文化背景及主观意识对解码过程有重要的影响，这意味着接收者不能完全理解信息发送者所表达的意思。每个人都具有自己独特的个性视角，这些个体的差异必然会反映在编码和解码的过程中。信息发送者和接收者采取同一种语言进行沟通，是正确解码的重要环节。沟通双方只有以诚相待、精诚合作，沟通才会接近理想状态。

6. 反馈

信息接收者对所获信息作出的反应就是反馈。当接收者确认信息已收到，并对信息发送者作出反馈，表达自己对所获信息的理解时，沟通便形成了一个完整的沟通过程。反馈可以反映出沟通的效果，使信息发送者了解信息是否被接收和正确理解。反馈使人与人之间的沟通成为双向互动的过程。在沟通过程中，信息接收者应该积极或及时作出反馈，信息的传送者也可以主动获取反馈。例如，直接向接收者发问，或通过察言观色来捕捉接收者对所获信息的反应。

反馈的形式是多样的，可以是口头的或书面的、语言的或非语言的、有意的或无意的、直接的或间接的、即刻的或延缓的、内在的或外在的。从本质上讲，反馈分为两种：正反馈和负反馈。正反馈是信息接收者对信息的认同和赞赏；负反馈是信息接收者对信息的抵触和否认。信息接收者可能在有意或无意中运用自身行为作为反馈，使信息的发送者进行沟通内容或形式的调节。例如，观众对一位演讲者的反应能在很大程度上影响演讲者的行为，当演讲者听到喝彩或看到点头示意，就会继续使用当时的沟通方式；反之，当他得到的反应充斥着嘘声、蹙眉、打哈欠或不专心，而他对这些行为又较为敏感时，他就会及时修正沟通方式或内容，以符合观众的期望。

7. 背景

任何沟通都是在一定的环境背景中发生的，环境对沟通过程和结果也会产生一定的影响。如上司与下属的谈话在上司的办公室或在厂区的花园里进行，其效果和双方的感受会不同。从某种意义上讲，沟通与其说是由沟通者双方把握的，倒不如说是由环境所控制的，沟通环境对沟通效果的影响不可忽视。具体而言，沟通背景主要有以下几种。

（1）心理背景

心理背景是指沟通双方在沟通时的情绪和态度，如激动、兴奋、愤怒、热情、冷淡等。

（2）物理背景

物理背景是指沟通发生的场所，如家庭、办公室、学校等。

（3）社会背景

社会背景是指沟通双方的社会角色关系，涉及对沟通方式的预期。如果双方对沟通方式的预期相符，就能彼此接纳对方；反之，就无法进行有效沟通。

（4）文化背景

文化背景是指沟通双方所代表的文化。沟通者长期的文化积淀，决定了沟通者较稳定的价值取向、思维模式、心理结构及行为依据。文化背景可以细分为国家的、地区的、行业的、企业的、部门的以及个体的等。比如，在西方国家，重视和强调个人，其沟通方式也是个体取向的，往往直言不讳；对组织内部的协商，一般喜欢通过备忘录、布告等正式沟通渠道来表明观点和看法。

综上所述，不同的环境背景对沟通的效果会产生不同的影响。

三、沟通的方式

在生活和工作中，人际交流活动有着多种多样的形式。沟通方式的选择往往取决于两个方面的因素，即信息发送者对内容控制的程度以及受众参与的程度。

1．语言沟通与非语言沟通

根据沟通信息载体的不同，可以将沟通划分为语言沟通与非语言沟通（如图 1-2 所示）。

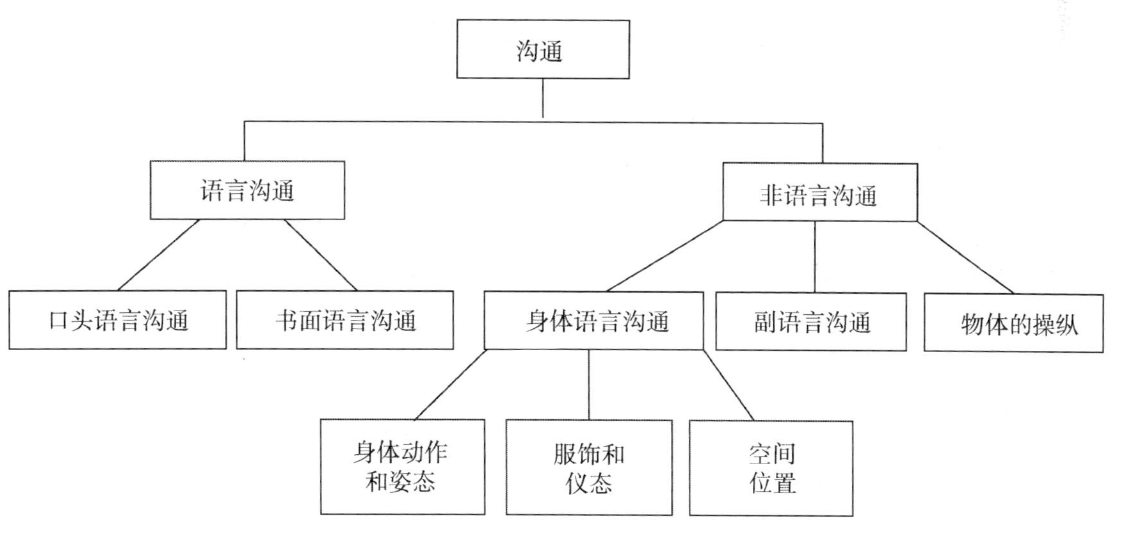

图 1-2　沟通信息载体划分的分类图

（1）语言沟通

语言沟通是建立在语言或文字的基础上的沟通，又可细分为口头语言沟通和书面语言沟通两种形式。

①口头语言沟通。生活中绝大部分的信息是通过口头传递的。按照其发生的不同方式，口头语言沟通又可细分为演讲、交谈、访谈、谈判、会议以及小道消息传播等。口头语言沟通的方式灵活多样，既可以是两人间的窃窃私语，也可以是群体中的雄辩舌战；既可以是有备而来，也可以是即兴发挥。

口头语言沟通是所有沟通形式中最直接的方式。它的优点是即时传递和即时反馈。如果接收者对信息有疑问，及时的反馈可使发送者迅速发现其中不够明确的地方，并加以改正。此外，在面对面的沟通中，往往伴有手势、体态与表情，可以使沟通双方直接进行情感交流，增加亲切感，增强沟通的效果。但是，口头语言沟通也有缺陷，每个人都以自己的偏好增删信息，以自己的方式诠释信息，当信息经“长途跋涉”到达终点时，其内容往往与最初的含义存在重大偏差。如果组织中的重要决策通过口头方式，沿着权力等级链由上而下传递，则信息失真的可能性相当大。

②书面语言沟通是指借助文字进行的信息交流。书面记录具有有形展示、长期保存、有法律依据等优点。书面沟通可细分为正式文件、备忘录、信件、公告、内部期刊、规章制度及任何传递书面文字或符号的手段。

各种沟通方式的孰优孰劣难以评定。沟通方式的选择取决于沟通目的、受众和信息内容，有时可以选择单一的方式，有时也可以运用多种方式进行沟通。

（2）非语言沟通

非语言沟通是以人体语言或非语言行为作为载体，即通过人的眼神、表情、动作、姿势、空间距离、身体移动、服饰、物体和副语言等来进行的信息交流。

在沟通中，信息的内容往往通过语言来表达，而非语言作为提供解释内容的框架，来表达信息的相关部分。因此，非语言沟通常被错误地认为是辅助性或支持性角色，在现实中有时非语言所传达出来的信息要比有声语言更富有表现力和感染力。适时、准确地运用非语言沟通技巧，对协调沟通双方关系、提高交流质量都有着积极的作用。

有关非语言方面的沟通，我们将在第十二章进行讲述。

2．自我沟通、人际沟通、群体沟通、组织沟通与跨文化沟通等

按照沟通主客体的不同，沟通又可以分为自我沟通、人际沟通、群体沟通、组织沟通与跨文化沟通等多种形式。

（1）自我沟通

自我沟通是个体系统内的沟通，是发生在个体内的一种信息交流活动。任何一种其他类型的沟通，都必然伴随着自我沟通的环节，自我沟通的性质和结果，也必然会对其他类型的沟通产生重要的影响。

（2）人际沟通

人际沟通是人和人之间的情感和信息的传递、交流过程。它是群体沟通、组织沟通、跨文化沟通的基础。

（3）群体沟通

群体沟通又称小组或者团队沟通，是指在为数不多的有限人群内部进行的沟通，它是企

业管理内部沟通的重要组成部分。

（4）组织沟通

组织沟通是指发生在整个组织内部和相关外部的沟通，可分为组织内部沟通和组织对外沟通。

（5）跨文化沟通

跨文化沟通是处于两种不同社会文化背景下的企业内部或外部人员之间进行的信息沟通。

以上沟通形式都在后面相关章节里进行详细讲述。

第三节　沟通的障碍

在实际生活和工作中，从信息发送者到信息接收者的沟通过程并非一路畅通并且准确无误的，沟通效果也并不总是如人所愿的。由于诸多沟通要素的存在，沟通效果除了受到沟通环境的影响外，还会出现沟通主体对对方的信息不理解或不完全理解甚至误解等情况，因此，人际沟通除了存在一般的沟通障碍外，还存在一些特殊的沟通障碍。信息沟通中的障碍是指导致信息在传递过程中出现噪声、失真或中止的因素，主要包括源于信息发送者方面的障碍、源于信息接收者方面的障碍。

一、源于信息发送者方面的障碍

1．目的不明

信息发送者不清楚自己要说些什么，对自己将要传递的信息内容、沟通的目的不明确，这是沟通过程中遇到的首要障碍，将导致沟通的其他环节无法正常进行。因此，发送者在信息交流之前必须明确目的，即“我要通过什么渠道、向谁传递什么信息、达到什么目的”。

2．语言差异和表达障碍

这种障碍主要是由语系、语族的不同造成的。不同国家、不同民族之间的交流往往因语系或语族的不同而存在沟通困难。另外，一些行话及内部语言的使用也会导致人际沟通障碍。

3．选择失误

发送信息的时机的选择失误会大大降低信息交流的价值。信息沟通渠道的选择失误，会导致信息传递受阻，或延误传递的恰当时机。若沟通对象选择失误，则会造成“对牛弹琴”或是自讨没趣的局面，直接影响信息交流的效果。当我们选择沟通的方式时，使用语言（书面或口头）和非语言（即肢体语言，如手势、表情、体态等）表达同样的信息时，一定要相互协调，否则，会使人“丈二和尚摸不着头脑”。如果我们要传递一些重要或紧急的信息，则要采用微信、QQ、电子邮件、电话、传真等现代化的快速方式；否则，信息往往会由于超过时效而成为一纸空文。

二、源于信息接收者方面的障碍

1. 过度加工

接收者在信息交流过程中，有时会按照自己的主观意愿，对信息进行“过滤”和“加工”。又如，在组织中，由下属向上司所进行的上行沟通，由于某些下属投其所好，报喜不报忧，因此，所传递的信息往往在经过层层“过滤”后或变得支离破碎，或变得模糊不清；由决策层向管理层和执行层所进行的下行沟通，由于经过逐级领会而“添枝加叶”，因此，所传递的信息或被断章取义，或者面目全非，从而导致信息的模糊或失真。这种现象就是沟通质量评价标准中的“沟通漏斗”的经验说法（如图 1-3 所示）。在想、说、听、懂、执行五个环节中，信息出现了逐层递减的情况。

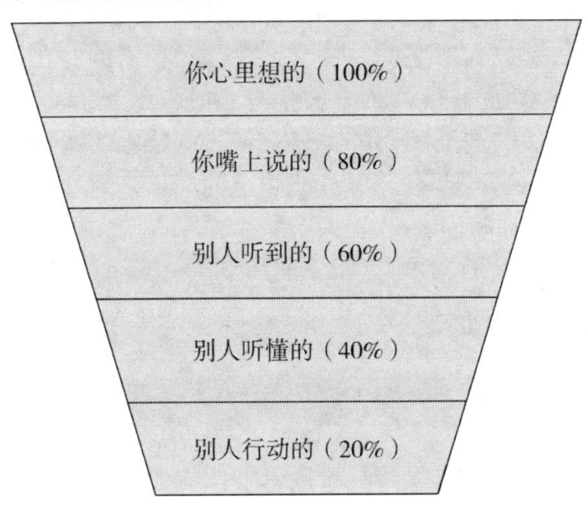

图 1-3　沟通质量评价标准中的“沟通漏斗”的经验说法

所谓沟通漏斗就是人与人沟通时，信息在传递过程中出现逐层递减的过程，一个人通常只能说出预想的 80%，对方听到的最多只能是 60%，听懂的只有 40%，执行时只有 20%。也就是说，一个人所说的 80%，对方只能执行到 20%，这就是沟通中的 80/20 法则。只要存在人与人之间的沟通，就会存在沟通漏斗。

从心里想的到嘴上说的减少 20%的原因如下：一是表达之前没有仔细思考，沟通时表达得不全面或有遗漏；二是不好意思说或者不方便说，有些想到的事情由于各种原因不便公开说，别人自然无从知晓。

从嘴上说的到别人听到的又减少 20%的原因如下：一是听的人听完就忘了，稍微正式的沟通场合做笔记是很好的沟通习惯，做笔记也表示对说话人的重视与尊重；二是有干扰，在沟通过程中现场环境的各种不利因素，使得人们的注意力不够集中，以至于出现说和听的效果下降。当然，还包括前面总结的语义系统等各种干扰与噪声因素。

从别人听到的到别人听懂的又减少 20%的原因如下：一是讲的人不会讲，讲得不好别人

听不明白或者有歧义；二是听的人没有积极参与沟通过程，表面上在听、在沟通，但是没有去思考对方说什么，学生听课常见此种状态。

从别人听懂到别人行动又减少 20%的原因如下：一是对方是否赞成听懂的内容；二是对方有没有足够的压力与激励去行动；三是行动需要的一系列制度与支持条件不具备。例如，管理者没有指定具体的人负责、没有具体做法的说明、没有时间要求、管理者自身没有持续跟进检查监督等。

一次有效的沟通可以从沟通的信息内容、沟通的目的、双方情绪以及沟通成本等方面进行评价。有效的沟通应该满足以下要求：一是双方沟通的信息应该准确、全面、客观；二是双方都正确理解对方的真实意图；三是沟通过程中双方情绪平稳、和谐、愉快；四是双方沟通的时间成本、脑力成本小；五是最终表现为某种行动与实施取得预期效果。

其实，生活中我们经常会遇到“沟通漏斗”，常会遇到信息在传递过程中失真的情况。在组织中一旦信息失真，员工的理解力和执行力就会大打折扣，生产效率就会大大降低，企业效益会大受影响，严重时会造成企业倒闭。当追究起责任时，大家也会互相埋怨，进而直接影响人际关系。

2．知觉偏差

信息接收者的个人特征，如个性特点、认知水平、价值标准、权力地位、社会阶层、文化修养、智商、情商等将直接影响到对传送信息的正确认识。人们在信息交流中，往往习惯于以自己为准则，对不利于自己的信息要么视而不见，要么熟视无睹，以达到防御的目的。

3．心理障碍

由于信息接收者在人际沟通过程中曾经受到过伤害或有过不快的情感体验，造成“一朝被蛇咬，十年怕井绳”的心理定式，对信息发送者心存疑惑、怀有戒备，或由于内心恐惧、忐忑不安，因此，会拒绝接受所传递的信息，甚至抵制参与信息交流。

虽然沟通过程存在各种各样的障碍，但在现实中我们仍然可以通过主观努力，采取有效的策略来有效地跨越这些障碍。

第四节　有效沟通的策略

沟通不仅是一门科学，更是一门艺术。学习和掌握有效沟通的策略是非常重要的。

一、明确沟通目的

在沟通之前应明确沟通的目的，确定沟通的内容。从本质上讲，沟通意味着目标、价值、态度和兴趣的共识。如果缺乏共同的目标和感受，却一味地去尝试沟通，则不仅会失去沟通的意义，更无法实现有效的沟通。因此，在沟通前必须明确沟通的目的，然后对要沟通的信息进行详尽的准备，并根据具体的情景，选择合适的沟通方式来实现目标。另外，不仅要分析受众的特点、学会换位思考，还要善于激发接收者的兴趣，这样才能达到有效沟通的目的。

二、运用同理心的原则

有效沟通不仅是信息的传递，还是人际彼此的交往与心灵的交流。信息传递者一味地为传递信息而传递信息，全然不顾信息接收者的感受和反应，势必导致沟通失败。在沟通过程中，要试着去适应别人的思维方式，并体会他人的看法，这就是同理心（Empathy）的原理，即设身处地理解对方，对他人的情绪和情感的觉知、把握与理解。同理心泛指心理换位、将心比心，主要体现在情绪自控、换位思考、倾听能力以及表达尊重等与情商相关的方面。不只是替他人着想，更要能够想象他人的思路，体会他人的世界，感受他人的感觉。无论自己是否同意对方的意见和观点，都要学会尊重对方，同时将自己的观点更有效地与对方进行交流。

三、利用反馈机制

许多沟通的问题是由于信息接收者未能准确理解发送者的本意造成的，为减少这些问题的发生，沟通双方应该在沟通中积极反馈。只有通过反馈才能确认接收者接收并理解了发送者的信息，沟通过程才算完成。检验沟通是否达到目的，也只有通过获得接收者的反馈才能确定。因此，建立并充分利用反馈机制，无疑是实现有效沟通的重要环节。当然，反馈的方式多种多样，发送者也可以通过提问、倾听、观察、感受等方式来获得信息接收者的反馈信息。

四、学会积极倾听

积极倾听就是要求沟通双方能站在对方的立场上，运用对方的思维去理解信息。一般说来，要做到积极倾听，需要遵守以下基本原则。

1．专心

专心是指要认真倾听对方所要表达的内容及其细节。

2．同理心

同理心是指在情绪和理智上，都能与对方感同身受。

3．客观

客观是指要切实把握沟通的真实内容，而不是迅速地加以价值评判。

4．完整

完整是指要对沟通的内容有完整的了解，而不是断章取义。

五、关注非语言信息

非语言信息往往比语言信息更能有效地传递信息。因此，如果你是信息发送者，你就要确保你发出的非语言信息有强化语言的作用。如果你是接收者，你就要密切注意对方的非语言信息的提示，从而全面理解对方的思想和情感。高明的沟通者精于察言观色，窥一斑而知全豹。

六、保持良好心态

人的情绪、心态等对沟通过程和结果具有巨大的影响。过于兴奋、失望等情绪，既容易造成人们对信息的误解，也容易造成过激的反应。因此，沟通双方在沟通前应主动调整各自的心态和情绪，明确自己的角色、位置。只有做到心平气和，才能对人、对事、对物作出客观公正的评价。

沟通的信息可以概括为 5W1H，即谁（Who）、什么时候（When）、什么地方（Where）、做什么（What）、为什么（Why）及如何做（How）。在沟通中使用 5W1H 原则，既能强化理解，使表达更加完善具体，也能增强语言的说服力。在沟通中使用 5W1H 原则，不是必须使用哪个元素，而是可以根据具体情况自由运用。

良好的沟通习惯是个人的素质和修养的表现，在组织中也体现组织的文化和社会文明的程度。只有人人坚持从自身做起、从身边的一点一滴做起，真正“勿以恶小而为之，勿以善小而不为”，和谐的人际沟通环境才会真正建立起来。

【同步案例】

沟通在管理中的应用

A 医院是一家二级甲等医院，成立于 20 世纪 60 年代，隶属于 B 市矿务局。医院占地面积 88 000 多平方米，现有职工 1 000 多人。在 20 世纪 90 年代以前，医院的工资是由矿务局划拨的，固定资产也是由矿务局拨款购置的。由于一直处于计划经济体制下，所以院领导和职工都没有危机感，缺乏竞争意识，职工的工作也比较涣散。

一、前所未有的危机

到了 20 世纪 90 年代，由于煤炭销路不好，矿务局的效益开始滑坡，照顾不到这么多的下属企业，所以决定把医院推向社会，矿务局负责医院 30%的工资，其余的 70%要靠医院自己去挣。

还有一个困难是，由于 B 市各企业实行了医疗改革，企业要指定一个医院作为医疗改革的合同医院，职工只能到指定的医院去看病。而 A 医院作为系统内部的医院，过去和市里其他单位的联系较少，在公众心目中的地位也不如其他的几家市立医院，如果不积极争取，A 医院很有可能会失去大部分市场。虽然矿务局系统有将近 7 万名职工，指定的医改合同医院就是 A 医院，但因为整个矿业行业的效益不好，医药费不能报销，所以这部分收入无法维持医院的日常开销。同时，陈旧的医疗设备、僵化的管理模式和松散的工作作风也无法适应市场竞争的需要。面对这些困难，医院领导应怎么办呢？

二、领导的措施

1. 做好内部的沟通，提高自身的竞争能力

A 医院召开了全院职工大会，将当前的形势作一个简单明了的介绍，使大家有了危机感和竞争意识。同时，A 医院制定规章制度，严肃劳动纪律;实行竞争上岗，制定奖惩条例;按照各个科室的具体情况，制定具体的承包标准。A 医院的改革有了一定成效，表现在：

服务方面，以前上班的时候常存在串岗现象，改革后，院部经常不定期到各个科室检查，发现串岗者立即进行处理，第一次罚款，第二次下岗。另外，在没实行承包前，有些科室为了减少工作量，常把一些危重病人推出去;承包后，大家都很积极主动地接收病患者。

经济方面，按各个科室的收入情况来确定不同的工资提取比例，多余部分上交院部，从而避免了由于分工不同而造成的分配不均现象。

硬件方面，A 医院贷款 490 万美元购置了一大批先进仪器设备——螺旋 CT、大型 X 光机、伽马刀、核磁共振仪等，使硬件设施齐备、完善。

软件方面，A 医院和上海的几家大医院、安徽医学院、蚌埠医学院附属医院结成合作医院。选派优秀的中青年骨干去进修，使各专业都有技术力量较强的学科带头人，形成较为合理的专业技术人才梯队，从而使先进齐全的医疗设备和先进的诊疗技术得到了有机结合。

2. 加强与外界的联系，树立医院在社会上的形象

设立普通门诊、专家门诊和特色门诊，以适应不同群体的要求。开办整形美容科、性病专科等特色门诊，扩大服务范围，迎合市场需求。同时进行大力宣传，在电视和报纸上做广告，扩大医院知名度。

建立“急救中心”，所有发生交通事故的病人和急救病人都可送来本院救治，从而无形中提高了 A 医院在同行业中的地位。

积极加强与当地其他单位的联系，通过提供更优质、更优惠的服务来吸引更多的单位把 A 医院列为医疗保险的定点单位。A 医院附近有一家工厂，医改时，这家工厂把市人民医院列为定点单位，但市人民医院离工厂很远，而且就诊病人很多，看病不方便，职工颇有微词。A 医院的领导抓住契机，主动上门联系，并且答应每年一次上门进行体检，收费方面给予优惠，终于使 A 医院成了这家工厂的医疗合同单位。

经过不懈的努力，A 医院成为很多家企业的定点医疗单位，有了稳定的医疗业务。

三、圆满的结局

就这样，A 医院的职工不仅工资问题解决了，而且福利方面比以前更好，最近还建造了 B 市第一流的门诊大楼。

通过改革，给外界的印象是，A 医院的医疗水平高，设备先进，服务质量高，提到一些专科门诊病人首先想到的就是 A 医院。

所以，一个企业要发展得好，不但要自身条件好，对外的宣传和沟通也是很重要的，“酒香不怕巷子深”的时代已经过去了，沟通是现代企业生存必不可少的条件。

资料来源：康青．管理沟通[M]．北京:中国人民大学出版社，2022．

案例分析：

1．A 医院面对的问题是什么？根据这些问题提出你的一些想法。

2．A 医院在进行组织内部沟通时考虑到哪些因素？是从哪几个方面着手进行的？取得的成效如何？

3．A 医院进行外部沟通的必然性从哪几个方面体现出来？你对此有没有其他的建议或想法？

思考与练习

一、单项选择题

1．某公司主打品牌的副经理因长期未被扶正而离职，他的离职压力来源于（　　）。

A．人际关系　　B．角色压力　　C．领导支持　　D．工作负荷

2．在上行沟通中，汇报工作的重点是（　　）。

A．谈结果　　B．谈感想　　C．谈过程　　D．谈方案

3．商务场合行握手礼时，右手握对方的同时左手握对方臂膀，表示（　　）。

A．支持　　B．熟悉　　C．诚意　　D．支配

4．个人或组织信息、知识、思想和情感等的交流与反馈的过程就是（　　）。

A．沟通　　B．人际沟通　　C．有效沟通　　D．沟通的原则

5．微信、QQ、微博、电子邮件、电话、传真、电子公告板、电话会议、视频会议等属于沟通要素中的（　　）。

A．编码　　B．沟通渠道　　C．解码　　D．背景

二、多项选择题

1．沟通的要素包括（　　）。

A．信息发送者　　B．环境　　C．编码　　D．沟通渠道

2．常见的沟通障碍有（　　）。

A．语言不通　　B．环境噪声　　C．性格不合　　D．年龄差距

3．非语言与语言的关系有（　　）。

A．重复　　B．代替　　C．回避　　D．强调

4. 积极倾听需要遵守以下哪些原则（　　）。

A. 专心　　B. 及时　　C. 同理心　　D. 客观

5. 有效的沟通应该满足以下要求（　　）。

A. 双方沟通的信息应该准确、全面、客观

B. 双方都正确理解对方的真实意图

C. 沟通过程中双方情绪不稳定

D. 双方沟通的时间成本、脑力成本大

三、判断题

1. 我没有张口说话，就说明我没有进行沟通。（　　）

2. 了解产品，掌握其优点，就一定能够吸引消费者购买。（　　）

3. 空间距离也能传递信息。（　　）

4. 口头语言或书面语言容易掩饰人的内心，而肢体语言往往会流露出真实的信息。（　　）

5. 有效沟通是人际交往与心灵交流。（　　）

四、思考题

1. 如何理解有效沟通的含义？

2. 沟通的常见方式有哪些？

五、案例分析题

春秋战国时期，有一位名字叫扁鹊的著名医生。有一次，扁鹊谒见蔡桓公。他看看蔡桓公的脸色说："国君，您的皮肤有病，不治怕要加重了。"蔡桓公笑着说："我没有病。"扁鹊告辞走了以后，蔡桓公对他的臣下说："医生就喜欢给没病的人治病，以便夸耀自己有本事。"

过了十几天，扁鹊又前往拜见蔡桓公。他仔细看看蔡桓公的脸色说："国君，您的病已到了皮肉之间，不治会加重的。"蔡桓公见他尽说些不着边际的话，气得没有理他。扁鹊走后，蔡桓公还闷闷不乐。

再过十几天，蔡桓公出巡，扁鹊远远地望见蔡桓公，转身就走。蔡桓公特意派人去问扁鹊为什么不肯再谒见，扁鹊说："皮肤上的病，用药物敷贴可以治好；在皮肉之间的病，用针灸可以治好；在肠胃之间的病，服用汤药可以治好；如果病入骨髓，那生命就掌握在司命之神的手里了，医生是无能为力了。如今国君的病已深入骨髓，所以我不能再去谒见了。"

蔡桓公还是不相信。五天之后，蔡桓公遍身疼痛，连忙派人去找扁鹊，但扁鹊已经逃往秦国躲起来了。不久，蔡桓公便病死了。

案例分析：

1．请从沟通的角度来分析扁鹊劝医失败的原因。

2．扁鹊和蔡桓公的沟通问题出在什么地方？运用沟通过程进行解释。

3．如果你是扁鹊，你将如何沟通？

第二章　管理沟通概述

学习目标

1. 了解管理沟通的含义与作用。
2. 明确管理沟通与人际沟通的区别。
3. 识别影响管理沟通的主要因素。
4. 掌握有效管理沟通的层次与策略。

素质目标

1. 理解组织文化、价值取向对管理沟通的重要作用。
2. 坚持用唯物主义发展观看待管理沟通的外部环境，保持沟通的动态性和适应性。

案例导入

收益不同的两个子公司

国内某集团的两个营销子公司，在同样的制度管理下，两位管理者却得到了不同的收益结果。总公司调查发现，效益差的子公司，虽然也是按照公司章程制度运营，但员工缺少工作的积极性和主动性，而问题源于管理层除了日常会议，很少与员工沟通。而另一子公司管理层非常重视公司内部沟通，通过营造一些适合某个管理岗位的工作环境，对一些常人容易忽视的工作和生活细节的关注，或者在处理一些事务上适当授权等折射出公司的人性化管理，让员工倍感组织的温暖和关心。如此一来，整个团队同心合作，各取所长，互补不足，才有如此的活力，所从事的事业蒸蒸日上。

从这两个子公司管理效果的对比可以看出，沟通是企业管理过程中必不可少的环节。有效的沟通可以把企业的每个成员紧密地联系在一起，调动企业上下员工对工作的热情和积极性，提高员工的工作效率，为实现企业共同的目标而努力奋斗。

资料来源：闫伟．向沟通要利润［M］．北京：中国财富出版社，2013．

从引例中我们可以看出，企业内部的沟通效果直接影响企业的盈利水平。有人做过统计，对来自不同行业的300名受访者的调查显示，85%的受访者认为企业会因为低效的建议、陈述、通知或者电子邮件而丧失商机。有效的管理沟通能提高业绩，减少失误，缓解压

力，提高士气，减少人员流失。

当今的许多企业中，管理者良好的沟通能力已经成为激发组织智慧和活力的关键因素，甚至关系到企业未来的发展。然而，并不是所有的管理者都能够做到有效沟通，在与上级、下级和平级的沟通中他们有时会陷入种种沟通的误区中。

第一节　管理沟通的含义与作用

一、管理沟通的含义

在以往的管理理论和实践中，管理沟通一直没有得到独立的和显著的研究关注。管理沟通成为一门独立的学科分支，是在 20 世纪六七十年代。20 世纪 70 年代，欧美国家的一些管理学学者开始从组织行为学研究和社会心理学研究中引申出组织沟通研究，进而创造和发展出基本的管理沟通概念，并逐步细化研究，形成了沟通的一些初步理论。从 20 世纪 90 年代开始，信息学的出现和发展已经极大地改变了沟通学的理论框架。因此，真正的管理沟通学作为一门完全独立的管理学科出现在现代管理理论中。

管理沟通一直存在于人们的各种管理实践中，管理沟通理论也一直以其他的名词或方式或明或暗地存在于以往的各种管理思想、理论中，大量渗透在管理的其他结构、功能元素中，如在管理的控制、领导、激励、员工关系、客户关系管理和企业文化之中。

管理沟通是近些年来备受欧美国家商学院重视的课程之一，已经逐渐成为管理学门类下的一门新兴学科、重要研究领域，引起企业界的高度重视，并在实际应用中获得成功。

在管理过程中，无论是上下级之间还是同事之间，都需要正常的有效沟通。在企业中如果缺乏有效沟通，就会导致信息链条的中断、人际关系的疏远、团队人心的涣散。

美国著名的克莱恩咨询公司曾公布了一份调查报告，在调查《财富》世界 500 强成名企业家的过程中发现，有超过 80%的人认为自己之所以成功，是因为人际交往的沟通能力胜人一筹；他们善于沟通、协调、说服，善于把自己的一些理念、思维传达给他人，从而能够获得外界的帮助。

管理沟通是指为实现组织目标而进行的组织内部和组织外部的知识、信息传递和交流活动。管理沟通侧重于从管理者的角度讨论如何高效率、低失真、情绪平稳地了解并收集信息，以及处理一些成员之间的人际关系问题。当然，组织与外部媒体、公众社区之间发生的公关行为也被纳入管理沟通的范畴。

根据企业运营的需要，管理沟通的内容总体上包括信息、知识和情感三个方面。

1．信息沟通

信息是企业运营的前提，企业的有效运转离不开信息，只有信息顺畅沟通，才能确保企业按既定目标运转。根据企业信息流动的特点，企业信息沟通可分为下述两类。

（1）任务信息的沟通

这主要是指在企业运转过程中各种工作任务协调中的职能型沟通。任何企业都有其自身的任务，只有完成自身的任务才有存在的价值，因此，任务沟通对任何企业来讲都是最重要的内容。在企业生产经营活动中，最重要的信息沟通内容主要包括企业的目标和价值、战略变化、预期的财务信息、人员变动情况等。

（2）数据信息的沟通

随着信息技术和网络技术的发展，信息已经成为企业生产经营中不可或缺的资源。企业拥有的信息多种多样，除了任务信息外，还包含大量数据化的信息。数据信息主要包括以下三个方面：一是市场数据信息，如市场占有率、市场营销费用、顾客信息等；二是财务数据信息，如财务状况、现金流动、成本费用等信息；三是行业技术信息，如技术指标等专业知识。

2．知识沟通

任何企业都是知识的集合体，知识在企业中占有重要地位，作为企业管理手段的沟通，也必然为知识沟通服务。

知识是一种能够改变某些人或者事物的信息。概括起来，企业中的知识主要包括以下类型：一是关于事实方面的知识，这种知识最为简单和明显。二是关于自然原理和规律方面的科学理论，这种知识可以通过学习科学知识获得。三是关于能力与才能，是某人或组织区别于其他人或组织的独特知识，是隐性知识。四是有关的专业知识，以及如何有效利用它们。

此外，企业中的知识还可以划分为显性知识和隐性知识、管理知识和技术知识、一般知识和创造性知识等。

知识沟通的特点包括沟通的频率较高、沟通的层次多、正式沟通与非正式沟通并存。

3．情感沟通

企业是由人组成的，情感是人内心世界的表达。一般来说，情感可以分为以下几种：一是情绪，是指员工的社会性情绪，包括愉快、痛苦、愤怒以及悲喜交加等。二是感受，是指较为高级的感情现象，包括交往需要、尊重需要等，具有稳定、持久、含蓄的特点。三是情操，是指最为高级的感情现象，包括道德观、理智感、审美感等，是人的社会需求和社会价值观的结合。

管理沟通不仅要进行信息沟通、知识沟通，还要进行心理上的情感沟通，尤其是人们的需求在不断增加时，企业更应重视情感沟通。组织中的情感沟通具有情绪调节和激励作用，可以使管理者了解员工对企业政策的好恶程度，并培养员工对组织的热爱和忠诚。

二、管理与沟通的关系

组织中的每一项管理工作都需要沟通，因此人际沟通是必不可少的，有时是企业内部之间的沟通，有时是企业与外部之间的沟通。企业管理是全程沟通的组织行为管理。沟通是管

理的基础，是企业组织的行为；管理是沟通的目的，管理的过程也就是沟通的过程。

沟通是企业管理的核心内容和实质。在企业管理过程中，人们普遍关注的是执行力的强弱，殊不知执行力只是沟通能力的一种外在表现。因为没有沟通，就没有理解，就不会有彼此的信任，而缺乏信任，就不会有愉快的合作和成功的管理，当然更谈不上什么执行力的加强。企业内部的团队合作精神、企业之间的联合与优势互补，企业与社会各方面的良好关系等，都离不开熟练掌握和应用管理沟通的原理和技巧。因此，建立良好的管理沟通意识，逐渐在任何场合都能有意识地运用管理沟通的理论和技巧进行有效沟通，会达到事半功倍的效果。

沟通更是管理创新的必要途径和肥沃土壤。许多新的管理理念、方法、技术的出现，无不是经过数次沟通、碰撞的结果，以提高企业管理沟通效率与绩效为目的，其根本目的是提高管理效能和效率。因此，现代企业管理就是沟通，沟通是现代企业管理的核心、实质和灵魂。

没有沟通，就没有一致的具体工作意见；没有沟通，就不可能进行充分的事实调研，没有客观的调研，正确决策也就无从谈起；没有沟通，员工就不能真正理解个人的工作职责；没有沟通，就没有奔向共同目标、优势组合的团队；没有沟通，就没有企业各个层次的人员对企业经营发展战略确切的理解；没有沟通，就没有文化传播和认同。在现代企业，管理不仅是控制，更重要的是沟通，沟通是对控制的超越。只有良好有效的沟通，才能促使企业员工自觉开展本职工作，并从内心深处确认自己工作的真实价值，从而实现无须控制的自我管理，达到管理的最高境界。

综上所述，沟通是管理的基础，管理是沟通的目的，沟通是企业管理的核心和实质。

三、管理沟通的作用

如前所述，管理与沟通密切相关，即良好的沟通会促进有效的管理，成功的管理则依赖有效的沟通。管理沟通具有如下作用。

1. 做好工作的前提

只有通过沟通让下属员工明白自己的工作目标、承担的责任、完成工作后的个人利益之后，员工才能明确自己的工作任务，自己选择什么态度去做。只有通过沟通，管理者才能准确、及时地掌握员工的工作进展、工作难题，并及时为下属工作中的难题的解决提供支持和帮助。这有助于他的工作按照要求，及时、高效地完成，进而保证整个单位、部门乃至整个企业的工作协调进行。

2. 组织的润滑剂

不同的员工具有不同的个性、价值观、生活经历等，这些个体间的差异必然会导致出现一些矛盾和冲突。通过管理沟通，员工可以懂得尊重对方和自己，不仅了解自己的需要和愿望，也能通过换位思考，彼此理解，建立信任，使工作关系融洽。

3．组织团结的黏合剂

高效的组织激励能帮助建立内部员工、员工与工作之间的关系，因工作而结成的关系在许多方面会影响员工的工作表现。良好的沟通渠道可以有助于留住积极向上的员工，构建和维持员工与工作的关系，这对更好地激励员工、提高员工的绩效，无疑会产生正面的效用。管理沟通可以将组织中的个体聚集在一起，将个体与组织黏合在一起，使其在组织的发展蓝图中实现自己的理想，或在构建自身的人生道路上促进组织的发展，同时与其他个体紧密协调合作，在实现企业愿景的努力和工作中追求个人的理想和人生价值。

4．实现有效管理的手段

有效沟通能力是企业成功实施管理的关键。所有重要的管理职能的履行，完全依赖管理者和下属之间进行的有效沟通。在作出重要决策前，管理者有必要从公司各部门人员处获得信息，然后将最终决策反馈给下属，以执行决策。沟通也是激励员工的一种重要方式。管理沟通可以激发员工的士气，引导员工发挥潜力，施展才华。为了进行有效的业绩评估，管理者需要给员工提供有关他们工作的反馈，并解释评估的依据。

研究表明，一些规模中等、制度健全的组织，其员工平均只将 15%的潜力施展在工作之中，主要原因是员工不清楚组织发展的目标，也不明白组织发展目标与个体之间的关系。良好的管理沟通可以通过上级与下级以及员工间的沟通和交流，增进员工对组织目标及愿景的了解和理解，从而激发员工内在的潜能，使大家团结一心，实现组织目标。

正是从这个意义上讲，有效的沟通是提高企业运行效益的一个重要环节。实施一种高效、科学的沟通技巧和方法，让每个管理者都遵照执行，在组织管理中是非常有效的。

【小课堂】

与同事的沟通能力测试

与同事沟通时要讲究方法、策略和技巧的有效运用。请通过下列问题对自己的沟通能力进行差距测评。

1．面对同事的缺点和错误时，你会怎样做？

A．委婉沟通，引导其发现

B．直言相告

C．跟我的关系不大

2．发现同事的优点或者同事取得好的业绩时，你会怎样？

A．及时赞美和祝贺

B．非常关心，想学习其经验

C．羡慕

3．当你听到同事在背后说别人的坏话时，你会怎么办？

A．不传话

B．有时会加以制止

C．在一定范围内告诉别人

4．你和同事之间经常怎样看待对方？

A．相互讨论双方的优点

B．相互讨论双方的缺点

C．能很好地谈论对方

5．交谈时，你会注意自己的语气和语调吗？

A．每次都非常注意

B．在重要场合会注意

C．很少注意

6．你在表达时，如何把握词语的使用？

A．总能找到准确的词语

B．偶尔找不到合适的词语

C．经常词不达意

7．同事在工作中出现重大错误时，你会怎么做？

A．直言相告并帮助补救

B．告知上级并共同补救

C．视关系而定

8．当同事对你的工作提出意见时，你会持何种态度？

A．积极沟通，找出差距

B．接受意见，自我检查

C．表面接受

9．当你和同事出现误会时，你会怎么办？

A．及时沟通，消除误会

B．通过第三方沟通

C．等待对方找自己沟通

10．当你进入一家新公司时，你如何认识新同事？

A．主动认识每个人

B．积极认识部门里的人

C．在工作中慢慢熟悉

【评分标准】选 A 得 3 分，选 B 得 2 分，选 C 得 1 分。

【结果评价】

24 分以上，说明你与同事的沟通能力很强，请继续保持和提升。

15～24 分，说明你与同事的沟通能力一般，请努力提升。

15 分以下，说明你与同事的沟通能力很差，急需提升。

第二节　管理沟通与人际沟通的区别

管理沟通与人际沟通是不能截然分开的，它们相互联系，但又有各自的特点。了解它们之间的相互联系和各自的特点，有利于我们增强沟通的管理能力。

管理沟通是指涉及组织特质的各种类型的沟通。它不同于人际沟通，但包括组织内部的人际沟通，并以人际沟通为基础。人们大部分的沟通都具有本能性、经验性和性格导向性，而管理沟通必须符合组织特质和管理要求，它以组织内的人际沟通为基础，强调沟通的科学性、有效性和合理性。科学性是指组织管理，沟通应该与组织结构、组织文化、管理流程及业务流程相匹配。有效性是指沟通要注重效率和效果，要注意管理沟通的三大成本：经济成本、时效成本和心理成本。合理性是指沟通者不能太感情用事，应该多一些理性思考，倡导理性沟通。

管理沟通与一般的人际沟通有以下几个方面的区别。

一、沟通的目的

一般的人际沟通的目的大多是情感的交流，如向熟人问好，或者老友相见交流近况。管理沟通是在组织中为了达成预定的管理目标而进行的活动。管理沟通的目标导向是沟通者希望通过沟通来解决管理工作中的实际问题，例如，为解决问题安排的讨论会、为激励下属作的面谈、为建立企业良好形象召开的新闻发布会等，这些沟通的出发点都是解决管理问题。

二、沟通双方的关系基础

人际沟通是以人际关系为基础的。而管理沟通注重人在组织中的职位、责任和义务关系，但又不能完全排除人际关系的影响。

三、沟通的环境

人际沟通的环境是广阔的社会环境。而管理沟通的环境是组织环境，组织为达成信息的互通必须有合理有效的组织结构，建立顺畅的流程、渠道。

四、沟通信息的复杂性

一般的人际沟通具有语言文字含义的复杂性、对沟通信息理解的复杂性，尤其是沟通双

方在见解、背景、经历和观念等方面具有差异性。而除具有一般的人际沟通的上述特点外，管理沟通还要考虑沟通心理的复杂性、信息发送者和接收者之间要考虑对方的动机和目的、如何改变对方的行为，这些因素更加剧了沟通信息的复杂性。

总之，管理沟通比一般的人际沟通复杂得多，需要管理者掌握更多的沟通技巧和更灵活的沟通策略。

第三节　影响管理沟通的主要因素

从本质上讲，管理沟通基于人际沟通，但管理沟通又不同于一般的人际沟通，它具有特殊的影响因素。下面从组织内部环境、组织外部环境、管理者的管理模式等方面来说明影响管理沟通的主要因素。

一、组织内部环境

我们主要从组织结构、组织文化和组织沟通氛围三个方面来讨论组织内部环境对管理沟通的影响。

1. 组织结构

在一个正式的、有目的的组织中，按照职位结构、不同的工作需要设计组织结构，确定一系列的工作职位，再根据这些职位的要求确定担任职务的人员，建立人与工作、工作与工作（人际）的相互关系，这就是组织结构的实质。组织结构决定了组织中的信息沟通的系统和管理沟通的方式。人们在完成工作的过程中需要根据工作关系相互配合并进行协调，这自然离不开管理沟通这一“润滑剂”。同时，组织结构本身又为管理沟通设定了一些必须遵守的规范和工作程序，因此，不同的组织结构会对管理沟通产生不同的影响。

在现代企业中，组织结构形式是根据其规模、运营特征等需要而确定的。若要克服因企业规模扩张而产生的弊病和混乱状况，就需要有新的组织形式与结构，而新的组织结构又对管理沟通提出了新的挑战。因此，要根据以人为本的原则和科学高效运作的原理，顺应组织发展和变化，创造出全新的组织结构。

2. 组织文化

组织文化是一个组织内共有的理念、信仰、价值观和习惯体系，该体系与正式组织结构相互作用，形成行为规范，是用来解决问题以及完成组织目标的行为标准，即组织文化统领诸多方面，如企业倡导的价值观、组织的资源配置、组织结构、人员的使用、绩效的评估、薪酬体系的执行等。组织文化必将影响组织成员包括沟通方式在内的组织行为。

一般来说，组织是指在共同目标下人员的集合。人与人之间无意识表现出来的交流方式、处事风格和生活习惯都各有不同，这些无意识的行为方式所表现出来的差异即可显现出不同的文化背景。事实上，人们在进入一个新组织时会敏感地意识到新组织的文化差异。

3．组织沟通氛围

沟通氛围是最能揭示其组织文化的行为模式，它对组织内部的管理沟通具有深刻影响。组织中的沟通氛围主要包括封闭式沟通氛围和开放式沟通氛围。

（1）封闭式沟通氛围

即在沟通过程中，人们带着防御意识进行交流，言语间处处表现得谨小慎微。当言者使听者感到不安时，听者就会表现出一种防御或反唇相讥的态度，并极力为自己辩解。显然，封闭式沟通氛围会削弱人们的判断力，并使人们总以防御性的警觉意识去寻找周边环境中可能存在的潜在危险。

（2）开放式沟通氛围

在充满开放式沟通氛围的组织中，组织成员受到鼓励，相互之间进行广泛而坦诚的沟通，组织内部从上到下充满包容与激励的气氛，允许出错，鼓励创新，组织成员不必担忧自己因说错话而受到惩罚。在这样的氛围中，人们愿意去尝试新事物，踊跃提出新问题或讨论一些不确定的事物。即便他们犯了错误，也会觉得这是自己学习和提高的机会。显然，开放式沟通氛围有助于在组织内部释放正能量，因为人们不必为了保护自己免受来自内部的威胁而费尽心思去揣摩、耗费精力去回避。

组织规模跨地域范围越广，多重文化存在的可能性就越大。因此，注重组织文化建设，促进跨文化交融，是保持有效管理沟通的基本保障。组织文化的建设离不开管理沟通，管理沟通的实施也与组织文化息息相关。管理沟通是传播与倡导组织文化的重要工具，良好的学习与合作的组织文化氛围是管理沟通得以顺利进行的保障。

二、组织外部环境

组织的外部环境通常包括两个方面：一是组织的利益相关者，如顾客、同行竞争者、供应商、投资人和融资机构、行业协会以及政府部门等；二是社会环境，如经济、技术、政治、社会、法律和文化等。

外部环境最大的特点是不确定性，包括以下两个方面。

1．环境的复杂性

环境的复杂性取决于环境的构成要素，它对组织的影响表现在组织结构的复杂性和集权化程度等方面。随着组织所处的环境日益复杂，组织会设置更多的职位与部门，并且配备更多的管理者来加强和协调组织对外的沟通和工作，导致组织结构越来越复杂，组织的集权化程度反而有所下降。

2．环境的多变性

环境的多变性不仅取决于环境中各构成要素是否发生变化，而且与这种变化的可预见性

密切相关。若可预见性强，则组织可以制定各种规章制度来规范、约束成员的行为；若可预见性弱，则要求组织具有弹性机制和柔性管理的模式，以适应不断变化的外部环境。组织外部的环境对组织的对外沟通影响很大。

三、管理者的管理模式

管理沟通过程是管理者对员工施加影响的一种管理过程。在这个过程中，管理者需要使用各种方法和技巧，对员工施加影响，以改变他们的行为，避免组织成员在行为上偏离组织的目标。管理者的管理模式也会对管理沟通产生影响，根据任务的性质、员工完成任务所需要的知识和能力，以及管理者对任务的性质、员工所掌握的知识和能力的判断，管理者应该采用不同的管理模式。

1. 命令式

如果在一定的时间里，组织必须按时完成一项复杂的工作，而下属经验不足，缺乏主动性，时间又紧迫，此时最适合的方式就是命令式的管理模式。命令式的沟通特点是自上而下，管理者应该毫不犹豫地将有关决策迅速、准确地传达下去，控制整个过程，并且对最终的结果承担所有的责任。

2. 指导式

当下属具有较强的工作热情和较丰富的工作经验时，管理者可以选择指导式的管理模式。管理者可以花时间与下属进行沟通，以友好的方式向他们详细说明工作性质，并激励他们努力工作。指导式管理最大的作用是使下属热爱其工作，为增强其能力给予持续的指导，为避免下属工作热情下降而多加鼓励和支持。同时，上级有义务帮助员工实现个人愿景。

这种管理方式的特点是：管理者掌握主动权，但要重视分析，并整合下属的建议和意见，在此基础上审慎作出决策。采用这种管理模式，管理者必须充分发挥下属的聪明才智，调动下属的积极性，也能控制过程与结果。

3. 支持式

若下属具有丰富的工作经验，而管理者与下属的关系又较为密切，此时最适合的管理方式是支持式管理模式。作为上级，管理者需要经常对下属良好的工作表现表示赞赏，明确他的绩效，与他一起讨论问题，倾听他的心声，共同进行头脑风暴，寻求改进方案。应该指出，倾力支持的行为对增进彼此的信任与信心、保持旺盛的工作热情，极为有益。

支持式的模式与前述两种模式的不同之处在于权力与责任的转移，下属与上级分担责任，上级为“教练”，基本上以培养下属解决问题的能力为己任，积极倾听，适时提供援助，共同分享成功的喜悦。

4. 授权式

如果管理者与下属的关系密切，而且下属能够独立有效地工作，此时管理者可以放心大胆地让员工自己去做，管理者可以选择授权型的管理模式。对具有一定成熟度的员工，管理者应该让他们承担重任，培训其他员工，共同讨论公司愿景，参与上层决策，与其他同事共享成功。

这种管理模式的特点是尊重并欣赏下属的能力与观点，上级应该寻找合适的下属，向他们授权。不仅要给予他们权力，更应对他们进行充分的能力培养。如果管理者只给下属权力，而不进行能力的培养，其实是一种资源浪费。如果管理者做到既授权，又对员工进行能力培养，那么不仅可以提高管理效率，提升下属的能力，更可以为组织培养人才。

不管是组织成员还是管理者，其面临的内外部环境都是极其复杂的，组织成员的个性和思想也各不相同，并且随着环境的变化而不断发展。因此，领导过程既要讲究科学，又要讲究艺术。面对的环境和因素越复杂，不确定性越强，领导者沟通的艺术性就要越强。如何使用一些技巧和策略，更好地实施管理过程，是管理者需要认真思考的问题。

第四节　有效管理沟通的层次与策略

有效的管理沟通不仅能够使组织成员就组织的愿景达成共识，了解组织成员在物质与精神方面的需求，提升组织管理效能与组织成员工作效率，促使组织成员积极参与管理，而且能激发全体成员的潜能和团队精神。有效的管理沟通能够激励员工发现问题，并且主动解决问题，快速实现组织目标，进而促进上级与下属之间、部门之间、组织内外部人员之间的相互沟通，使组织适应外部环境变化，有助于组织成员对变化的形势和遇到的风险有正确的认识，并作出快速的反应。

一、有效管理沟通的层次

管理沟通发生在不同的层面上，沟通的难易程度也就不同。管理沟通过程的复杂性，尤其是听者对信息的分析，增加了管理沟通的复杂性。

自我沟通是指信息发送者和接收者为同一行为主体，信息会传送到人们的大脑，引起思考，或在心里寻找解决问题的办法，这是人们内心层面的沟通。

人际沟通是指两个人之间或群体之间沟通时，信息由一个人传到另一个人（口头的或非口头的）。

组织内部沟通是指在组织中与他人进行沟通时，不同层次的部门使用各种信息系统发送、接收各类信息，讨论部门内或整个组织命运攸关的话题。

公众沟通是指人们从一个人或一个消息源处接收信息，并在同一时间将信息传递给许多人，就像报纸广告或电视广告所做的那样。

管理沟通因层次不同、客体不同，采用的沟通技巧和策略有所不同。

二、有效管理沟通的策略

为了达到管理沟通的目的，组织和管理者有必要做好以下几个方面的工作。

1. 重建组织结构

在激烈的市场竞争中，外部环境变化以及内部规模扩张导致的弊端和混乱状况，使传统的组织结构显得无能为力。管理大师彼得·德鲁克早在 1970 年就指出，知识型组织的思想交流与传播并不遵从等级制的直线型组织结构的渠道，直线型组织结构已经不能适应以知识为背景的组织的需要。因此，为了跟上时代发展的步伐，在激烈的市场竞争中立于不败之地，组织必须进行结构重组。

2. 营造新型的组织文化

新技术和新设备的应用使组织的员工队伍结构发生了很大的变化。广大知识型员工的出现对组织固有的文化提出了挑战，员工的激励与沟通会随着他们的工作性质、技术水平和家庭物质生活条件的变化而发生变化，因此，组织应该营造一种开放式的、学习型的、合作互助式的文化氛围，以满足员工受尊重和实现自我的需要。

每个企业的氛围和非制度约束就是企业文化。人们在这种言传身教的文化中学会了该做什么、不做什么。相反，到了其他企业，人们的行为就会随着新组织的文化而改变，这种改变与员工素质、出身无太大的关联。但是成功的企业在管理和理念上会存在相似的东西，而较高的员工素质和相似企业的工作经历，可以在心理和生理上使成熟员工较容易地去接受规范化的管理。

3. 健全高效的沟通体系

有效管理沟通是企业不断发展壮大的保障，而有效管理需要完善、高效的沟通体系来保障，健全完备、高效的沟通体系可以为组织的各种不确定性做好准备，以顺应多变的内外部环境。

4. 提升管理者的沟通能力

具备出色的管理沟通能力，是管理者成功实施管理的关键，所有重要的管理职能的履行完全依赖管理者与下属之间的有效沟通。这就要求管理者导入新的管理理念，运用新的管理模式，并从多个方面随时调整自己的沟通风格。例如，在工作中站在员工或他人的立场来考虑问题，即将心比心，换位思考；为了增强沟通的有效性，具有前瞻性和创造性，需要不断学习，持续进步；根据不同的沟通情境和沟通对象，采取不同的沟通策略；对自己的沟通风格及行为有清晰的认知，不断反思、调整并超越自我等。只有这样，管理者才能真正从传统的计划与预算、组织与人事以及管理与控制，转向确立企业愿景、开发人力资源和激励员工参与，从而真正实现有效的管理。

5．明确自己在组织中的位置

每个员工都有自己的上级，能够与上级良好沟通的人，才能成为上级信任、喜欢的优秀员工。在组织中，应该做好以下几点。

（1）尊重上级和同事是沟通的前提

尊重他人也是尊重自己。尊重他人是一种修养，是心理成熟的标志之一。尊重他人并不意味着贬低自己。在组织中普通员工都有上级，尊重上级实际上是尊重上级的职位，即使你的能力再强，也是下属；否则，会本末倒置，影响工作，也会影响自我的发展。

任何一位上级，提升到某个职位上，必有某些过人之处。他们丰富的工作经验和待人处世的方法，都是值得员工学习借鉴的，应该尊重他们精彩的过去和骄人的业绩。对上级的抱怨、背后对上级的指责等，都会给自己的发展带来不利的结果。

（2）做好本职工作是与领导沟通的基础

无论你从事什么工作，兢兢业业、踏踏实实做好本职工作是上下级良好沟通的基础。有的人常在上级面前夸夸其谈、言过其实，特别喜欢在上级面前表现自己，这些只能获得上级暂时的信任。只有把自己的发展目标与单位或企业的发展目标相融合，乐于助人，忠诚于自己的组织和事业等，这类员工才是上级和同事最喜欢的。

（3）要有与他人主动沟通的意识

要拥有良好的积极沟通的意识。上级的工作往往比较繁忙，而无法顾及方方面面，保持主动与上级沟通的意识十分重要。不要仅仅埋头于工作而忽视与上级和同级的主动沟通，要让大家知道你在做什么，做到什么程度，遇到什么困难，需要什么帮助，还要有效地展示自我，让你的能力和努力得到上级和同级的肯定。只有与上级保持有效的沟通，才能获得上级器重，从而得到更多的机会和发展空间。

（4）善于倾听，领悟他人的言外之意

在实际工作中，要学会倾听，提高领悟力。例如，在一次谈话中，上级对下级小王说：“那份报告一写好，就马上拿给我，我需要它。”小王误以为上级是要他停止现在所有的工作，当天就把报告第一时间写好。当他把写好的报告给上级看时，由于准备匆忙，报告中的数据有好几处不准确，上级认为小王不认真。其实上级的意思是要他在一个星期之内完成那份报告。

所以上级在给下级发布信息时，应该准确地表达信息。例如，将关于项目的“为什么，什么人，什么时间，什么地点，做什么，要怎么做”等问题讲清楚。模糊的信息可能会带来问题。此外，对大部分人而言，语言的沟通是不够的，还要配合图片、书面等多种媒介，通过多种手段来克服沟通的障碍。

“听话听声，锣鼓听音”，准确把握上级的指示精神，听明白上级的意图，是执行和落实好工作指示的关键，是体现执行力的第一步。善于领悟上级的言外之意，对自己的发展有着重要的意义。

【同步案例】

两种沟通，不同结果

公司为了奖励市场部的员工，制订了一项海南旅游计划，名额限定为10人。可是市场部的13名员工都想去，部门经理需要再向上级领导申请3个名额。如果你是部门经理，你会如何与上级领导沟通呢？

第一种沟通方法和结果：

部门经理："朱总，我们部门13个人都想去海南，可只有10个名额，剩余的3个人会有意见，能不能再给3个名额？"

朱总说："筛选一下不就完了吗？公司能拿出10个名额就花费不少了，你们怎么不多为公司考虑？你们呀，就是得寸进尺，不让你们去旅游就好了，谁也没意见。我看这样吧，你们3个做部门经理的，姿态高一点，明年再去，这不就解决了吗？"

第二种沟通方法和结果：

部门经理："朱总，大家今天听说去旅游，非常高兴，非常感兴趣。觉得公司越来越重视员工了。领导不忘员工，真是让员工感动。朱总，这事是你们突然给大家的惊喜，不知当时你们是如何想出此妙意的？"

朱总："真的是想给大家一个惊喜，这一年公司效益不错，是大家的功劳，考虑到大家辛苦一年。年终了，一是该轻松轻松了；二是放松后，才能更好地工作；三是为了增强公司的凝聚力。大家只要高兴，我们的目的就达到了，就是让大家高兴的。"

部门经理："也许是计划太好了，大家都在争这10个名额。"

朱总："当时决定10个名额是因为觉得你们部门有几个人工作不够积极。你们评选一下，不够格的就不安排了，就算是对他们的一个提醒吧。"

部门经理："其实我也同意领导的想法，有几个人的态度与其他人比起来是不够积极，不过他们可能有一些生活中的原因，这与我们部门经理对他们缺乏了解，没有及时调整都有关系。责任在我，如果不让他们去，对他们打击会不会太大？如果这种消极因素传播开来，影响不好吧。公司花了这么多钱，要是因为这3个名额降低了效果就太可惜了。我知道公司每一笔开支都要精打细算。如果公司能再拿出3个名额的费用，让他们有所感悟，促进他们来年改进。那么他们多给公司带来的利益要远远大于这部分支出的费用，不知道我说的有没有道理，公司如果能再考虑一下，让他们去，我会尽力与其他两位部门经理沟通好，在这次旅途中每个人带一个，帮助他们放下包袱，树立积极的工作态度，朱总，您能不能考虑一下我的建议？"

朱总接受了部门经理的建议。

资料来源：王建民．管理沟通实务［M］．北京:中国人民大学出版社，2023.

案例分析：

1．第一种沟通方法为什么没达到目的？

2．为什么第二种沟通方法效果更好呢？

思考与练习

一、单项选择题

1. 尊重上级和同事属于有效管理沟通策略的哪一种（　　）。

A. 营造新型的组织文化　　B. 健全高效的沟通体系

C. 提升管理者的沟通能力　　D. 明确自己在组织中的位置

2. 如果管理者与下属的关系密切，而且下属能够独立有效地工作，则应该采取哪种管理模式（　　）。

A. 命令式　　B. 指导式　　C. 持式　　D. 授权式

3. 组织内共有的理念、信仰、价值观和习惯体系能够影响管理沟通的效果，这属于影响因素中的（　　）。

A. 组织文化　　B. 社会环境

C. 组织沟通氛围　　D. 管理者的管理模式

4. 在单向沟通和双向沟通的对比中，属于单向沟通的特点的是（　　）。

A. 接收信息的人更有信心　　B. 速度较慢，但是更准确

C. 发送信息的人不会受到攻击　　D. 双方都要参与，相互反馈

5. （　　）强调自知之明，培养自我沟通、战胜自我的能力。

A. 个体沟通　　B. 人际沟通　　C. 组织沟通　　D. 口头沟通

二、多项选择题

1. 关于管理与沟通的关系说法正确的是（　　）。

A. 沟通是企业管理的核心内容和实质

B. 沟通更是管理创新的必要途径和肥沃土壤

C. 沟通是管理的基础

D. 管理是沟通的目的，管理的过程也就是沟通的过程

2. 管理沟通的作用包括（　　）。

A. 有助于员工的工作按照要求，及时、高效地完成

B. 有利于不同员工通过换位思考，彼此理解，建立信任，使工作关系融洽

C. 有助于将组织中的个体聚集在一起，将个体与组织黏合在一起

D. 激发员工的士气，引导员工发挥潜力

3. 管理沟通的有效性是指沟通要注意（　　）。

A. 生产成本　　B. 经济成本　　C. 时效成本　　D. 心理成本

4．管理沟通与一般的人际沟通的区别主要有（　　）。

A．沟通的目的　　B．沟通双方的关系基础

C．沟通的环境　　D．沟通信息的复杂性

5．说话时选择话题的要点是（　　）。

A．能充分显示自己才华　　B．了解自己说话的目标

C．寻找双方的共同点　　D．为自己争取最大的利益

三、判断题

1．管理沟通是围绕企业经营而进行的信息传递过程，与外界公众的交往不属于管理沟通。（　　）

2．管理沟通有别于私人交流和谈心的标志是沟通方式的不同。（　　）

3．在组织中管理工作的最大特点之一就是目标性，因此管理沟通具有很强的目标性、指向性和特定性。（　　）

4．管理沟通的反馈有两种：一是正面的反馈；二是无效的反馈。（　　）

5．组织文化环境会对组织中的管理沟通产生很大影响。（　　）

四、思考题

1．阐述管理与沟通的关系。

2．阐述管理者怎样进行有效沟通。

五、案例分析题

小王三个月前被提拔为公司的业务主任，并负责一个小城市的推广业务。他进入这家公司已经一年了，在开拓本地市场上立下了汗马功劳。本来单纯做业务时，他什么也不用多想，只要把业绩做好了，就可以拿到让人羡慕的业务绩效提成。正当小王春风得意的时候，公司对小王进行了提拔。作为主任，他不用再像以前一样直接与客户沟通，只需要维护好本地市场，并负责培养新人。根据公司的薪酬制度，他的收入也转成了行政人员的收入，提成额大大下降，收入大大缩水，于是很自然小王想到了加薪。根据公司制度，只有在公司工作满三年以后，才有加薪机会。但小王过分乐观了，他想，凭自己对公司的贡献，经理还能不破例吗？于是，小王在一次去总部述职的时候，也没想太多就直接走进了经理办公室，提出了加薪的要求。经理答应考虑一下。过了 10 多天后，从总部下了一纸调令，要调小王到总部学习，并派了一个人下来接替小王（这是公司想要撤换一个人的前兆），小王愤而辞职。

资料来源：佚名．管理沟通案例分析试题：小王的失误［EB/OL］（2013-04-07）(2021-11-15).

案例分析：

1．请运用管理沟通中相关知识指出小王与经理在加薪沟通中应该注意的事项。

2．请你为小王设计一个新的加薪沟通方案。

第三章　自我沟通

学习目标

1. 理解自我沟通的含义与作用，了解自我沟通的过程与特点。
2. 识别自我沟通与人际沟通的差异。
3. 认知自我沟通的方式，更好地去发现自我沟通的障碍。

素质目标

1. 能自我觉察，理解自己的状态变化，并形成坚忍不拔、锐意进取的精神状态。
2. 能在自我沟通及障碍克服中，形成自强不息、积极探索的科学精神。

案例导入

“第一神童”宁铂

提起宁铂，20 世纪七八十年代的人一定不会陌生，他是那个时代家喻户晓的“中国第一神童”。宁铂两岁半可背 30 多首诗词，3 岁可数到 100，4 岁识 400 字，5 岁上学，6 岁开始学习中医和使用中草药，8 岁下围棋、读《水浒传》，9 岁可作诗。1978 年，中国科学技术大学（以下简称中科大）招收了 88 个来自全国各地的“神童”，组成首届“少年班”，他是被少年班第一个录取的少年大学生。

一年过去，宁铂不喜欢中科大的专业，向学校申请去南京大学学天文专业，但被中科大拒绝。于是，他留在中科大学习理论物理。宁铂觉得自己被过度曝光，为名声所累，他更想做一个普通人。

在中科大本科毕业后，宁铂留校任教，19 岁成为全国最年轻的讲师。不过这已经是他能够创造的最后一个纪录了。之后他报考研究生三次，但每次都放弃了。

他很少作物理学科的研究，却把大量时间用于围棋、哲学和宗教。1988 年结婚之后，他练习气功、吃素，和妻子的教育观念冲突明显。1993 年因为与妻子的一次小口角，他跑出家门，四处游荡了半个多月。这之后的两年间，他一度下海，最远跑到了海南岛，最终却不得不回到中科大。2002 年，宁铂曾前往五台山出家，很快就被中科大找了回去。第二年，他离开中科大，研究佛教，也从事心理咨询。他考了心理咨询师证，现在是国家二级心理咨询师，“可以做自己心甘情愿做的事情”。

资料来源：叶雯. 中科大少年班成立 40 年 出家“第一神童”宁铂现还俗做心理咨询［EB/OL］. 2021-04-28.

一个严于解剖自己的人，往往是有自知之明的。但人要做到这一点，往往是比较难的，解剖别人易，解剖自己难。因此，人们常说“人贵有自知之明”，意思是说能清醒认识自己，对待自己，是最明智、最难能可贵的。

第一节　自我沟通的含义与作用

自我沟通是其他一切沟通活动的基础。任何一种其他类型的沟通，如人际沟通、群体沟通、组织沟通等，都必然伴随着自我沟通的环节；说服他人，首先要说服自己。自我沟通的目的是在取得自我认同的基础上更有效地沟通，以解决问题。自我沟通的目的和结果也必然会对其他类型的沟通产生重要的影响。

一、自我沟通的含义

自我沟通是指个人接收外部信息，并在自我个体内部进行信息处理的活动，是主我和客我之间进行的信息交流过程。在自我沟通中，信息的发送者和接收者为同一行为主体，自行发出信息，自行传递，并自我接收和理解。

自我沟通是能动的意识和思维活动过程。但是这种反应并不单纯是生理层面上的刺激和反应，能动的意识和思维活动是自我沟通区别于其他动物沟通的根本特点。人的意识不仅是自然界长期发展的产物，而且是劳动和社会的产物。在劳动和社会中，人不仅要认识事物的表面现象，而且要认识事物的本质和规律，长期的社会实践使人的意识、感觉和心理达到了更高的境界。劳动不仅推动了作为意识的物质基础的人脑的发达，而且促进了思维的工具——语言的产生。有了语言，人就能够使用语言符号来概括各种感觉，进行抽象思维活动，从而使人类的意识和思维活动产生了质的飞跃。

自我沟通也包含自我反省的能力，以及提升融入环境和与他人和谐相处的能力。也就是说，了解自己的行为动机、偏好和个性，以及这些因素如何影响自己的判断、决策及与他人交往的能力，这些都是形成自我沟通诸要素中的一部分。

自我沟通还伴随着人的情感和复杂的心理活动，它们在很多情况下对自我沟通的过程和结果产生重要的影响。

自我沟通从某种意义上讲是人的本能，只不过不同的人通过不断的自我修炼和自我完善，在自我沟通的能力上存在差别。我们把个体的自我的不断反思、学习和交流、不断思考

和总结，使自身的沟通能力得到不断提升的过程，称为管理沟通技能的自我修炼。

概括来说，自我意识是对自我及自我与周围关系的意识，即包括个体对自身的意识和对自身与周围世界关系的意识两大部分。从形式上看，自我意识可表现为自我认识、自我体验、自我调节；从内容上看，自我意识又可分为生理自我、社会自我和心理自我。自我认识是指一个人对自己的生理、社会、心理等方面的意识，属于自我意识的认识范畴，它包括自我观察、自我感知、自我概念、自我评价等。

二、自我沟通的作用

自我沟通对个人具有重要的意义，通过自我沟通，并在与社会其他人的沟通中认识自己、改变自己，不断实现自我发展和完善。

自我沟通是个体自我发展和自我实现的基本前提和保证。一方面，正是由于有效的自我沟通，个体对自我进行审视与反省，才树立起自己的奋斗目标，制订自我的人生规划，从而为以后的自我发展和自我实现奠定基础。一方面，自我沟通能使自己清醒地知道自身的特长与爱好，帮助自己选择理想的工作。一份理想、满意的工作既能使自己保持身心愉悦，又能充分体现自身的社会价值。如果整天做自己并不喜欢的事，则无异于自我折磨，严重地影响自身潜能的发挥。如果一个人通过自我沟通，正确地了解自己，清晰地知道自己的长处和短处，就能找到自己的真正归属。

通过自我沟通，人们可以了解自己的优劣势所在。研究表明，出色的管理者都有良好的自我沟通习惯，他们知道自己与他人的差距所在，不仅懂得怎样扬长避短，而且懂得怎样改进和提升自己，以弥补自身的不足，并善于和那些能够与自己优势互补的人一起工作。他们会经常反省自我，更深刻地了解自我，不断地完善自我。我们很难想象，一个不善于自我沟通、不了解自我的人，一个不知道自己的优劣势所在的人，能够率领或参与一个团队在市场上竞争，从容打拼。

通过自我沟通，可以了解自己与他人的差异，制订一个完美的自我完善计划，确定有价值的人生目标和职业目标；在工作中，改善与他人的关系；主动勤劳工作；了解自己的特长和爱好，选择一份理想的职业或工作，既能在经济上获得满足，又能保证心情愉快。

自我沟通是建立良好的人际沟通的基础。有效人际沟通的前提是有效的自我沟通。“要说服他人，首先要说服自己”就是对自我沟通重要性的概括。人们常说“人贵有自知之明”，即表明了自我沟通的重要性。事实上，自我沟通不仅关系到能否认知自我，而且事关能否与他人建立有效的合作关系。

自我沟通对管理者也具有同样的重要性。一个优秀的管理者一定是善于自我沟通的。对自己的正确认识，也会使管理者对组织中的他人有更多的了解；善于自我沟通，会使管理者和员工或同事更易于和谐相处，赢得大家的信任和信服；善于自我沟通，也会使管理者更愿意倾听他人的意见，并勇于修正自身的不当言行，由沟通不畅而引起的人际冲突也会大大减少。良好的自我沟通意识和正确的自我认知是成就一个出色管理者的基本前提。管理者和下属共同认同工作价值的过程，实际上是一个自我沟通前提下的人际沟通的过程。

第二节　自我沟通的过程与特点

一、自我沟通的过程

自我沟通的过程如图 3-1 所示。

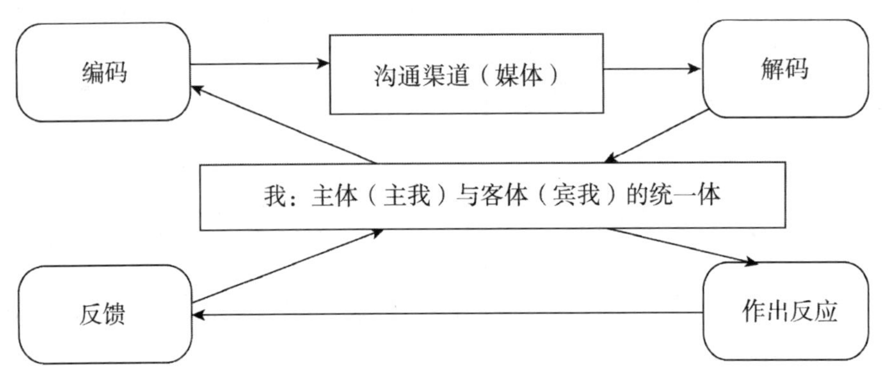

图 3-1　自我沟通的过程

自我认知是自我沟通的第一步。只有真正认识了自我，才能够在此基础之上作出正确的判断，采取合适的行动。认识自我包括认识自己的情感、气质、能力、水平、品德修养和处事方式，它意味着一个人真正做到功过分明、实事求是，既不在别人的溢美之词中忘乎所以，也不因他人一时的否定而自暴自弃。正所谓"不识庐山真面目，只缘身在此山中"。认识自我的时候，一定要跳出自我的藩篱，跳出"庐山"，用真实、客观、诚恳的态度理性地分析和审视自我，知道自己是一个什么样的人，喜欢什么，憎恶什么，畏惧什么，相信什么，怀疑什么。在自我认识的过程中，尤其需要警惕他人的夸奖和赞许。现代心理学将对别人赞美的偏爱称为自我肯定的需要，但是过分地执迷其中，会和认识自我产生冲突，让人辨不清自己的位置和方向。

自我定位是自我沟通的重要部分。每个个体都是独一无二、不可重复的存在，个体的生活质量和生活内容都是彼此迥异的，都有着区别于他人的潜力和特质。无论你的出身如何、相貌几分、学历高低，只要你能正确地认识自我、了解自我、相信自我，找准坐标系中的位置，并且坚定信念，勇敢地走下去，每个人都可以实现自己的人生目标。

通常人们都会在事业坐标轴上寻找到自己安身立命的位置，在这个坐标轴上努力奋斗，打造自己的生活。其实，生活中还有一个信仰、信念坐标轴。自我沟通除了包括自我认知、自我定位之外，还包括找到自己的信仰和信念坐标轴。在这个坐标轴上，人们寻找自己的信念力量和精神核心。而坚强的信念、强大的精神力量可以帮助我们战胜人生路上很多挫折和困难。

二、自我沟通的特点

自我沟通并不是孤立的、封闭的和绝对的主观精神活动，而是一个人的社会实践的活动。自我沟通在本质上是人的社会关系和社会实践的反映。

自我沟通表现出以下特点：一是主体和客体同一性，主客体“我”同时承担信息编码和解码功能。二是自我沟通的目的在于说服自己，自我沟通通常在面临自我原来认知和现在的外部需求出现冲突时发生。三是沟通过程反馈来自“我”本身，信息输出、接收、反应和反馈几乎同时进行。四是沟通渠道是“我”自身，沟通渠道可以是语言、文字，信息来自自身思考、他人经验或书本知识，也可以是自我心理暗示。

自我沟通是沟通里最重要的一种沟通方式，因此，要充分地与自己对话，了解自己真实的想法，再去面对生活。

生活中之所以有那么多“后悔”的事，不是因为冲动导致，而是因为自我沟通不够，来不及和自己对话，没问清楚自己想要表达的是什么，就去给生活作了回答。

近现代社会学和社会心理学的研究成果表明，人的自我并不是封闭的和孤立的；相反，它是在与他人的社会关系中形成的，具有鲜明的社会性和互动性。

第三节　自我沟通与人际沟通的差异

自我沟通与人际沟通的差异表现在如下方面。

一、沟通主客体

人际沟通中信息的发送者和接收者，是两个独立的主体。而自我沟通的信息的发送者和接收者是同一主体，即自我沟通具有主客体同一性。在自我沟通中，同一个体担负着信息的编码和解码的功能，因此，自我沟通的行为具有较强的内隐性。

二、沟通目的

人际沟通的目的在于传递信息、分享情感、说服或与他人达成共识。而自我沟通的目的在于反思和说服自己。当自我认知与外部环境发生冲突时，自我沟通便显得格外重要和必要。

三、沟通过程

人际沟通过程包括信息的发送者、编码、渠道、信息的接收者、解码、反馈及噪声等，而在自我沟通过程中，信息的发送者和接收者主客体合二为一，因此，信息发出、信息接收以及反馈几乎同时进行，没有时间的间隔。

四、沟通媒介

人际沟通可以通过语言、文字以及肢体语言等媒介来进行。而自我沟通可以借助语言和文字，如自言自语、微博、微信和日记等，也可以通过自我心理暗示等方式。

每个人的内心都有着无限的潜力和能力，每个人都是一座宝藏，只是尚未被挖掘而已。因此，我们要不断地进行自我沟通，通过不懈努力来挖掘自己内在的潜能，成为独一无二的自己。

第四节　自我沟通的主要障碍

与人际沟通相比，自我沟通常常因其内隐性而容易被忽视，因此，有人认为自我沟通是一件极平常的事，也有人认为人际沟通也许比较困难，而自我沟通是非常容易的。正因为人们对自我认识存在这样或那样的误区，所以自我沟通中常常会出现以下障碍。

一、缺乏自知之明

一个人如果缺乏自知之明，就不会对自己有客观的评价，尤其是对自己的缺点和弱点缺乏理性的认识，这样就会导致个人很难与自己的内心进行富有理性的自我沟通。由乔哈里视窗可知，人们对自我的认识存在盲点区和未知区，即人们对自我的认识是不完整的，如自己的优点和缺点、自己的特长和爱好、自己适合的工作、自己的个性等。每个人的盲点区和未知区的大小是不同的，有些人通过在人际沟通的过程中关注别人的反馈来增进对自我的认识，进而缩小盲点区。然而，由于个性差异或个人经历的不同，有的人性格内向、情感内敛，不善与人沟通，因而很难缩小自我认识的盲点区。显然，“我”与一个“陌生的我”进行对话并不是一件容易的事。

二、缺乏人生目标

设置目标是自我沟通、自我激励的一个重要环节。人生目标的树立与追求是认识自我、激励自我的内在驱动力。缺乏人生目标会使人意志消沉、胸无大志、不思进取；特别是在遇到困难和挫折时，就不会通过有效的自我沟通方式去积极直面问题，克服困难。如果一个人在自己的职业生涯中，既没有志向，也没有目标，做一天和尚撞一天钟，得过且过，很难想象他会对生活和事业充满激情。人生没有目标，缺乏激情，是自我沟通的最大障碍。哈佛大学曾经就目标对人生的影响进行了跟踪调查。调查的对象是一群智力、学历、环境等条件都差不多的年轻人，25 年的跟踪调查发现，他们的生活状况与人生目标状态存在密切的关联性。

调查结果表明，目标对人生有巨大的导向作用。取得成功之前的初始阶段，仅仅是一个选择。你选择什么样的目标，就有可能取得什么样的成绩，成就什么样的人生。

三、缺乏自信

自信是一种基于自我评价的积极态度。自信即自己相信自己，它是发自内心的自我肯定，也是进行有效自我沟通所必备的一种心理素质。一个人的自信建立在自身实力以及外界对自己的评价基础上。如果缺乏自信，就容易产生对自身能力和品质评价偏低的消极的自我意识，就会滋生出许多烦恼与自卑，使自己的预期与目标差距变大。因此，缺乏自信，不仅是自我沟通的大忌，也是个人职业生涯迈向成功之大敌。

四、缺乏自我倾听

自我倾听就是个体倾听自己的心声，即自己内心深处的反思。尤其当自己遇到困难、碰到坎坷时，更要让自己静下心来，扪心自问，仔细倾听发自内心的声音：自己究竟有多大的能力，自己究竟能做什么，问题究竟出在哪里。通过自我倾听，了解自己的潜意识和真实的欲望、感受和情绪，从而寻找解决问题的办法。缺乏自我倾听，会使我们在逆境或遇到困惑时迷失方向。

五、缺乏理性思维

自我沟通也是一个自我反省的过程，通常需要独处静思，对自我认知进行有序梳理和理性思维。

理性思维就是一种建立在证据和逻辑推理基础上的思维方式。显然，理性思维是进行有效自我沟通的基本保障。如果一个人缺乏理性思维，就常常表现为性情急躁、烦躁不安，尤其当身处感情的旋涡时，个人难以摆脱压抑的心理状态，对外界正面信息一概持逆反心理，思维混乱，无法冷静地做自我沟通。因此，要做好自我沟通，必须克服这种障碍。

第五节　自我沟通的方式

一、乔哈里视窗

美国心理学家约瑟夫·卢夫特（Joseph Luft）和哈瑞·英汉姆（Harry Ingham）在 1955 年提出了分析人际关系和沟通的乔哈里视窗（Johari Window）理论。他们用四个区间——开放区、盲点区、隐藏区和未知区（如图 3-2 所示），来说明人际沟通中信息流动的区域和状况。

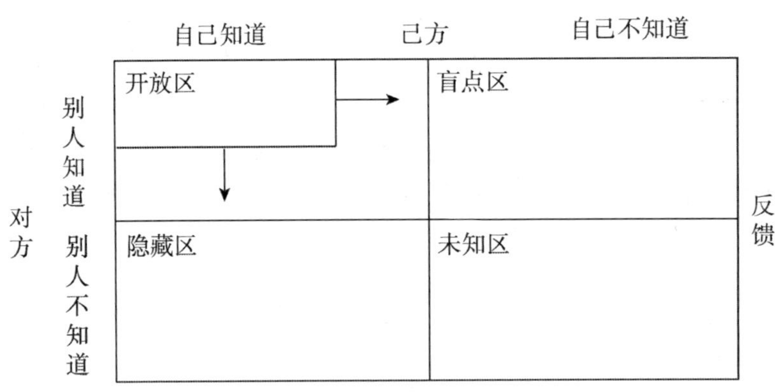

图 3-2　乔哈里视窗

乔哈里视窗的信息分为四个区间：一是开放区：你自己知道别人也知道的一些信息。开放区的信息是一些简单的个人信息，如姓名、外貌、性格、居住地、工作单位等。二是盲点区：关于自己的某些特质或缺点，可能自己意识不到，但是别人能够看到。这是你自己也不知道的关于你的信息，但是别人知道。盲点区的信息有性格上的特点、弱点，或者平时自己不在意的一些不好的行为、习惯等。三是隐藏区：关于你的某些信息，你自己知道，但是别人不知道。这包括你自己的隐私，别人还没发现的你的性格、爱好、行为习惯等。还有一种隐藏区的信息是别人不知道，只有你自己知道，如雄心壮志、阴谋、秘密等。四是未知区：关于你的某些信息或潜能，你自己不知道，别人也不知道。比如某人得病了，自己不知道，也没有去医院检查，别人也不知道，但事实上早已疾病缠身。

任何一个人都有上述四种信息，在他人看来，每一个人的这四种信息的多少是不一样的。

1．在开放区的技巧运用

对自己知道他人也知道的信息，这样的信息越多，说明这个人是一位善于人际交往的人，容易赢得他人的信任，容易与他人进行合作性的沟通。要想使你的开放区变大，就要多说、多问，问别人对你的建议和反馈。这从另一个侧面告诉我们：多说、多问不仅是一种沟通的技巧，还能够赢得别人的信任，是双方坦诚沟通的重要保证。如果想赢得别人对你的信任，你就要多沟通、多提问，取得相互了解和信任，因为信任是沟通的基础。

2．在盲点区的技巧运用

如果一个人盲点区的信息量大，那么他可能是不拘小节、夸夸其谈的人，他有很多不足之处，别人都看得见，而他看不见。造成盲点区大的原因是他说得太多、问得太少，他不去询问别人对他的反馈。因此，在沟通中你不仅要多说，而且要多问，避免造成盲点区过大的情况。古人说得好："知人者智，自知者明。"又说："知己知彼，百战不殆。"多说，有利于别人了解自己；多问，才能从别人那里照见自己。

3．在隐藏区的技巧运用

如果一个人隐藏区的信息量大，那么关于他的信息，往往只有他自己知道，别人都不知道。这是内心很封闭的人或者很神秘的人。人们对这种人的信任度肯定是很低的。我们在和他沟通的过程中，可能合作的意向就会弱一些，因为他很神秘、封闭，往往会引起我们的防范心理。为什么会造成某个人的隐藏区最大？是他问得多，但是说得少。关于他的信息，他不主动告诉别人。如果别人觉得你是隐藏区很大的人，或者别人觉得你是一个非常神秘的人，原因就是你与他人分享得太少了。

4．在未知区的技巧运用

在未知区，他和别人都不知道他的其他信息，换句话说，未知区大的人不说也不去问，可能是一些非常封闭的人。他不去问别人对自己的了解，也不主动向别人介绍自己。封闭很可能会使他失去很多机会。当竞争越来越激烈的时候，失去机会就意味着落后，甚至要被社会淘汰。因此，每一个人一定要尽可能地缩小自己的未知区，主动地让别人了解自己，主动地去告诉别人自己能做什么。

从心理学的观点看，自我认知包括三个组成要素：一是物质自我认知，是主体对自己的身体、仪表、家庭等方面的认知。二是社会自我认知，是主体对自己在社会活动中的地位、名誉、财产以及与他人相互关系的认知。三是精神自我认知，是主体对自己的智慧能力、道德水平等内在素质的认知。

管理者为了增强自身的沟通技能，要从社会自我认知和精神自我认知两个方面解剖自己。从外部动机看，就是要审视自身在社会中所处的地位，以及自身行为的道德水平。管理者如果不能摆正自己在组织和社会中的位置，就会导致沟通的失败。

自我沟通是一种个体思维的过程，可以随时随地进行，既可以在闲暇时进行，也可以在工作过程中进行；既可以在沙发上安静地进行，也可以在办公桌前进行。同时，自我沟通的时间可长也可短。

二、自我沟通的主要方式

1．自我考问

自我考问即自问自答，当个体遇到内心冲突、挫折、分歧等困惑问题时，向自己提问。通过自问找到自我认识上的偏差，同时进行换位思考（主观原因是什么、计划不周全之处等问题），进行自我分析和思考，直至给出答案。通过自我考问，可以帮助自己理顺思路，调整心态，纠正错误。

2．自我批评

自我批评是指对自身的缺点和不足进行自我检讨与纠正。通过自我反省事先意识到自己的错误，在内心坦然地接受自己对自己的批评，而无须考虑自尊与颜面，并很快在行动上加以自我纠正。

3．自我分析

自我分析是指借助自我认识能力，对自己进行全方位的解析和评价。在管理学上，常用的 SWOT 分析法也可以用于自我分析。通过对自我的分析，个体可以将自身的优势和劣势、可能的机会和威胁等，一一列举出来进行系统分析，评估自己的长处和短处，找出自己的发展机遇和所面对的威胁。

古人说“吾日三省吾身”。平日里我们苦思冥想，可以是自我考问、自我批评、自我分析。通过独处中的自言自语、日记、微博、微信等形式来进行自我沟通，要清醒、客观地审视自己的行为，必须以解剖自我、反省自我为前提。印度哲学家奥修在《静心：狂喜的艺术》一书中倡导人们与自然接触，内心平静，敞开胸怀，接纳一切。只有这样，我们才能抛开世俗的眼光，走出自私的自我，从内在动机和外在动机结合的角度，从物质自我、社会自我和精神自我全方位的角度去解剖自我、认识自我。如果没有这样的空间和时间，则很难有深刻审视自我的机会。

为了能够静心思考，首先要善于创造静的空间，把自己从烦琐的事务中解脱出来，从他人的干扰中解脱出来。人们除了在空间上营造与自然、人类和自我共鸣的环境外，还要努力在时间上延伸自我的价值。时间可以延伸到美好的过去，也可以延伸到美好的未来。

4．自我暗示

自我暗示又称自我交谈，要提高沟通技能，平时就要养成良好的自我暗示习惯。

暗示作为一个心理学概念，是指在无对抗态度的条件下，用含蓄、间接的方法对人的心理和行为产生影响，使人无意识地接受一定的意见和信念，或按一定的方式行动。

人们为了追求成功或逃避痛苦，会不自觉地使用各种暗示的方法。比如，在困难临头时，人们会相互安慰，从而减少焦虑；在追求成功时，人们会设想目标实现时的美好，勾画

出一幅激动人心的情景，这个情景就对人构成一种暗示，它为人们提供动力，增强耐受挫折能力，保持积极向上的精神状态。

暗示不仅对人们的心理或行为发生影响，还会引起人们的生理变化。在实验室里，反复给被实验者喝大量的糖水，经过检验，可以发现其血糖增高，出现尿量增多等生理变化。后来不给糖水，实验者用语言暗示，同样会发生上述生理变化。这一实验表明，语言暗示可以代替食物给人脑以兴奋的刺激，虽然被实验者并未喝糖水，但人脑仍然参加了体内糖的代谢活动。

自我暗示是指自己接受某种理念，对自己的心理施加某种影响，使情绪与意志发生作用，也是自我借助语言、文字、情景、体态、表情或其他符号的示意，进行自我交流、自我沟通的过程。

自我暗示的形式可以是多种多样的。在自我沟通的过程分析中已提出了自我暗示的媒介类型。比如，有人习惯通过写日记的方式表达自己的情感；有人习惯通过苦思冥想的方式来解脱自己；有人习惯看书，借助书中的人物来解读自己的矛盾心理；有人通过自我暗示达到自我沟通的效果：自我暗示是重要的且积极的自我沟通渠道。在自我沟通中，自我暗示是自尊的表现，训练自我暗示的技能，就是要求我们以积极的心态调整自我，通过自我沟通，培养内在的潜能，达到自我沟通的目的。例如，在社交晚会中，我们彬彬有礼地随着音乐的旋律，跳一支华美的交谊舞，以增强我们的自我形象。如果在自我沟通的过程中，把自己的形象和自尊都强化，而且在沟通前就呈现给他人，就能更好地调整自己的穿着、举止、接触别人的眼神、姿态等。

人的判断和决策是由人格中的“自我”部分，在综合了个人需要和环境限制之后作出的。这样的判断和决策，我们称其为“主见”。一个“自我”比较发达、健康的人，通常就是我们所说的“有主见”“有自我”的人。但是人不是“神”，没有万能的自我，更没有完美的自我，“自我”并不是任何时候都是对的，也并不总是“有主见”的。“自我”的不完美以及“自我”的部分缺陷，就给外来影响留出了空间，给别人的暗示提供了机会。

自我暗示具有双重性，既有积极的自我暗示，也有消极的自我暗示。积极的自我暗示能催人奋进，例如，运动员在比赛过程中振臂握拳，高声呐喊，以鼓斗志，表达必胜的信念；长途汽车驾驶员在车窗前悬挂平安吊坠，以求路途平安。而消极的自我暗示不仅会使人意志消沉、丧失斗志，严重的甚至可能置人于死地。曾经有一个人无意中被关在冷藏间，开始时他并未感到过分寒冷，但当他抬头看到“冷冻”两字后，心里顿时紧张起来，一种死亡的威胁笼罩在他的心头。他越想越怕，越想越冷，最后蜷缩成一团，在恐惧中死去。其实，当时冷冻机并未打开，寒气远不能置人于死地。他完全是由于在消极的自我暗示的作用下，因恐惧而导致心血管系统发生障碍，心脏功能急性坏死而导致死亡的。这个例子说明，拒绝和避免消极的自我暗示是非常必要的。

认识到自我暗示作用的这种双重性，我们在进行自我沟通时，就应当用积极的自我暗示鼓励自己，以积极向上的思维和语言提示自己，努力避免消极不良的自我暗示。运用自我暗示来调动自身潜在的力量，激励自我，改造自我，塑造一个全新的自我，使自己保持最佳的精神状态。

5. 自我调控

自我调控是指人们调整和控制自己的情绪，以便控制破坏性情感和冲动的发生。在很多场合下，如在下属与上司交换不同的看法、谈判出现僵持或处理危急事件时，要使沟通不受破坏性情绪的干扰，沟通者就需要通过自我调控，来实现有效的自我沟通。

沟通者在提升自我调控能力时，应注意以下几个方面。

（1）加强自制力

自制力是人们控制自己的破坏性情绪和冲动，较好地约束思想和言行的能力。换句话说，自制力也就是能够抑制住妨碍达到目标的心理因素和生理因素的个性意志。较强的自制力能够帮助人们自觉、灵活地控制自己的情绪，正视工作中的困难、恐惧和欲望等干扰因素，较好地调节和支配自己的思想和行为，坚定不移地实现预定的目标。

（2）培养沉着冷静的态度

当人们遇到突如其来的羞辱或难堪时，就容易产生冲动情绪。要实现沟通的目的，就需要从容地驾驭自己的情绪，抑制冲动，避免争论，胸襟宽阔。抑制冲动情绪的主要方法与途径：一是养成从容不迫的习惯；二是善于听取批评意见。

（3）适当宣泄

宣泄可以是找一个无人的地方把胸中的不快大声说出来、唱出来或者咆哮出来，甚至是通过舞弄拳脚等发泄自己的情感。适当的宣泄可以释放沉积于内心的愤恨和郁闷，对身心健康是有利的。但要注意的是，宣泄的对象、地点、场合、方式和方法要适当，避免伤害自己和他人的身心健康。

第六节　自我沟通的策略

成功的自我沟通实际上是一个不断认识自我、提升自我和超越自我的过程。因此，成功的自我沟通策略可以分为以下几个方面。

一、认识自我的策略

客观、正确地认识自我是成功自我沟通的基础。对自我认识的任何偏差都会导致沟通策略和决策中的失误。要客观正确地认识自我，必须注意以下两点。

1. 敢于和善于通过比较认识自我

通常，人们只有通过比较才能客观正确地认识自己。首先，要在和别人的比较中认识自己，发现自身的优势和不足。其次，要把现在的自己与以前的自己进行比较，认识自己的变化，明确发展方向。

在与别人比较时要注意，一味地与周围的成功人士相比较，可能会使人丧失信心；只与比自己差的人比较，很容易使人趾高气扬。与周围的同类人进行比较，既能正确地认识自己的价值和优缺点，又能使自己充满信心和明确方向的作用。

2．以人为镜，从别人的态度中了解自我

每个人的行为和观念都会被别人所认知，受到别人的评价。这种评价也具有像镜子一样让人们看清自己的作用。因此，别人的态度和评价是正确认识自我的一条重要途径。当然很难保证别人的态度和评价始终是积极、有效的。当别人的态度和评价与原先的自我认识不一致时，可能会引起消极的反应或自我认识的冲突。因此，人们既要积极主动地利用别人的态度和评价来认识自我，也要从中有选择地吸收真实、客观和有积极意义的见解。

心理学家瑞德等人通过实验证明，自我认知是在与他人的交互关系中形成的。同时，一个人的自我认知和评价也不是孤立的，而是通过把自己和与自己相类似的人加以比较来认识和评价的。美国社会心理学家费斯廷格把个人通过与他人的能力和条件相比较而实现对自己价值的认知和评价过程，称为社会化比较过程。可见，人们只有在与他人建立交互关系的过程中，在把自己与他人的能力和条件相比较的过程中，才能准确地了解自己。

由此可见，任何一个想要真正客观地了解自己状况的人，首先，必须抱着开放的心态与他人建立相互关系。在与他人建立交互关系的过程中，以别人对自己的看法为镜子，来客观地认识自己。当然，同样值得注意的是，并不是他人的评价总能起到积极作用。要想获得真实的自我认知，纠正自己的问题，就必须为人正派，且能从善如流，礼贤下士。其次，为了准确认识自己，往往需要对自己的能力、情绪与人格特点等进行社会比较。当然，为了保证比较的结果具有积极意义，选择合理的具有可比性的对象是关键。

二、提升自我的策略

1．以乐观的心态接纳自我

接纳自我是提升自我的前提，一个人只有接纳自我，以乐观的心态客观地认识自己的优缺点，才能与周围环境相适应。

一个人要能与别人和谐相处、良好沟通，首先就需要接纳自我，而且从内心深处接受自己的一切，包括自己的优点、缺点，这样才能理智地评价自己，正确地对待别人对自我的评价，客观地认识自己。一个不能接纳自我的人，必然很难接纳别人，在与别人沟通中容易出现各种障碍。可见，接纳自我本身就是一种自我提升的行为。

2．培养积极的自我意识

自我意识是人们认识自己和外界客观事物的基础。自我意识也是人们改造和提升自我的前提。一个自我意识消极的人，对周围事物以及自己与周围事物的关系的看法也常常是悲观的。而具有积极的自我意识的人，对待问题会更乐观，精神会更振奋，会随时准备作再次的努力，这样就能抓住更多的机会。

自我意识是由自我认识、自我体验和自我控制三方面所组成的。积极的自我意识会大大地提升人的认识能力；积极的自我意识能使人形成丰富的感情世界，在自我体验中表现出合理的情绪；积极的自我意识能使人拥有更坚强的意志和更强的自我控制能力。

3．增强自信心

自信是一种生活状态，一种包括对待自己和他人的看法与感觉在内的整体理念；自信也是一种通过语言和非语言的沟通所体现出来的形象；自信更是一种能够准确地理解他人并给予合理回应的能力。

缺乏自信心的人多半都会比较害羞，在与他人交往中往往缺乏信心，觉得难以与别人沟通。而足够的自信心能够增强一个人的自我意识，展现出积极的自我形象。自信心强的人也更愿意开展积极的沟通，能掌握更有效的沟通技能，使用更积极的语言；自信心强也能使人既尊重自己，也尊重他人，会更希望与别人合作，提供双赢的解决方案；自信心强的人非常了解自己的沟通目标，并致力于实现这一目标。对充满自信心的人，别人也更有可能采取积极的态度与他交往，他们也就拥有更多合作的机会。

要增强自信心，首先，要坦诚。坦诚就是对自己实事求是，肯定地表达自己的真实想法。当然，要坦诚地对待自我也并非易事。其次，在肢体语言上也要体现足够的自信。充满自信的人站姿挺直，镇定自若，轻松自在，双手自然下垂或放在大腿上；面部比较放松，表现出真诚、自信和共鸣；动作稳健，轻松自然。

尽管人们通常都希望展现出足够的自信心，但在那些真正需要展现出自信心的场合，往往发现自己的自信心又不足了。这是因为自信心并非与生俱来的，而是需要通过学习来获取的一种技能。同时，人们无法仅仅通过阅读或听课来使自己具备足够的自信心和自信技能，要想拥有足够的自信心，必须进行生活的实践。

三、超越自我的策略

超越自我或者自我超越是指对自我行为惯性的突破。在社会生活中，由于受价值观、风俗习惯和周围群体的影响，每个人都会养成某种习惯性的思维方式、行为模式和处世习惯。这种相对固定的思维方式、行为模式和处世习惯有时会严重地限制自我上升的空间。只有把自己从这些束缚中解放出来，树立自我超越表现的意识，才能不断获得发展和进步。

自我超越是追求个人成长过程中的最高境界。实现自我超越的方法有以下几种。

1．建立超越自我的目标

每一个具有自我超越理念的人，在个人成长中都会有一个追求的目标。自我沟通中所设定的目标是自我发展和自我提升的方向和精神支柱。为了实现所追求的目标，一个人会乐意接受他人的建议和忠告；会敞开自己的心扉，接受别人的思想，修正自己的观念和行为；也会不断审视和调整自己的动机，以达到与外部环境的协调和谐。

人的目标是属于方向性的，比较广泛、抽象，是希望达到的结果。从个人的长远发展看，所追求的目标具有更大的激励作用，但目标的落脚点在于具体的行动，因此，一个希望

努力实现自我超越的人，首先要确立自我超越的目标。目标的确定过程实际上也是一个自我定位的过程。为实现这个目标，他就会不断设定具体的、阶段性的愿景。不断设定愿景的过程则是自我不断积累知识和能力的过程，一个具有高度自我超越意识的人，在其成长和发展的过程中，还具有不断否定原来的目标和愿景的气魄和胆略，以实现真正的自我超越。因此，超越自我的过程也是一个不断超越原先设定的目标和愿景的过程。自我超越并没有终极境界，它是一个过程、一种终身的追求和修炼。

2．拓展社会比较对象

社会心理学研究发现，人的自我比较具有一种自我服务的倾向，会使人在很多情况下把自己有意无意地限制在一个有限的社会领域内。在某一领域内取得成功的人常常会放弃继续努力，原因是他们发现自己与许多人相比已经优秀多了。而遭遇失败的人，如果与更为失败的人进行比较也会找到安慰自己的理由。由此可见，限制社会比较对象也就会限制人们潜力的极大发挥。超越自我就需要拓展社会比较的对象。

从横向比较看，人们往往习惯与自己所属的小群体的人进行比较，在小群体内自认为表现出众就会沾沾自喜。殊不知"山外有山，天外有天"，如果与其他更为优秀的群体相比，就会发现自己的成功实在是微不足道。一个想要自我超越的人就应当扩展自己的社交范围，与更多的人进行交往沟通，在一个更广泛的社会交往背景下，通过与更优秀的人比较，发现差距，提升自己的发展目标。

从纵向发展变化看，一个人还要善于自我比较，在自我比较中不断修正自我超越的目标。自我比较既可以通过把理想中的我与现实中的我进行比较，找出差距，增强动力，也可以把现实中的我与过去的我进行比较，看到进步，获得激励。

3．挑战自我

每个人身上都蕴藏着巨大的潜能，但是很多人并未认识到自己身上的这种潜能，从而为自己的发展设置了人为的障碍，在放弃行动前为自己寻找各种借口，致使自己的很多才能就这样被自己人为地埋没了。

超越自我就需要大胆挑战自己传统的认知。自己到底有没有这方面的才能，能不能胜任某项工作，只有经过实践和努力才知道。不要经历过一两次失败就放弃努力。超越自我，就需要大胆地敢于向自我挑战，充分地激发自己身上的潜能，努力用自己的行动和实践去创造奇迹。

思考与练习

一、单项选择题

1．自我沟通的第一步是（　　）。

A．自我认知　　B．自我定位　　C．自我提升　　D．自我超越

2．以下（　　）选项不是乔哈里视窗的区间。

A．开放区　　B．盲点区　　C．外露区　　D．未知区

3．如果一个人表现为性情急躁、烦躁不安，尤其当身处感情的旋涡时，个人难以摆脱压抑的心理状态，对外界正面信息一概持逆反心理，思维混乱，则他的自我沟通障碍是（　　）。

A．缺乏自我倾听　　B．缺乏人生目标

C．缺乏自信　　D．缺乏理性思维

4．自认为有一个愉快的童年的人，日后多容易表现为（　　）。

A．完美主义者　　B．实干者

C．享乐主义者　　D．调停者

5．自我沟通可以借助语言和文字，以及自我心理暗示的方式实现。人际沟通则可以通过语言、文字以及肢体语言等媒介来进行，这属于人际沟通与自我沟通的（　　）。

A．主客体差异　　B．目的差异　　C．过程差异　　D．媒介差异

二、多项选择题

1．自我沟通的主要障碍有（　　）。

A．缺乏自我倾听　　B．缺乏人生目标

C．缺乏自信　　D．缺乏理性思维

2．自我沟通的主要方式有（　　）。

A．自我考问　　B．自我批评　　C．自我分析　　D．自我暗示

3．超越自我的策略有（　　）。

A．建立超越自我的目标　　B．拓展社会比较对象

C．挑战自我　　D．模仿他人

4．自我沟通的作用有（　　）。

A．有利于个体自我发展和自我实现　　B．有利于建立良好人际沟通

C．有利于管理者与下属相处融洽　　D．有利于和他人拉开差异

5．从心理学的角度上看，自我认知包括（　　）。

A．物质自我认知　　B．社会自我认知

C．群体自我认知　　D．精神自我认知

三、判断题

1．自我沟通是能动的意识和思维活动过程。（　　）

2．自我沟通是沟通中最重要的一种沟通方式。（　　）

3．人际交往的目的在于传递信息、分享情感、说服或与他人达成共识。（　　）

4．他人的态度与评价对正确的自我认知没有帮助。（　　）

5．缺乏自信是自我沟通的最大障碍。（　　）

四、思考题

1．结合实际谈谈你对自我沟通的认识。
2．为什么说自我沟通是人际沟通的基础？
3．你在实际生活、学习和工作中，是如何运用自我暗示进行自我沟通的？
4．根据乔哈里视窗，分析你自己和他人沟通的方式，指出存在的问题和改进的方法。

五、案例分析题

梦的解析

有位秀才第三次进京赶考，住在一个以前住过的店里。考试前两天他做了两个梦：第一个梦是梦到自己在墙上种白菜；第二个梦是下雨天，自己戴了斗笠还打伞。

这两个梦似乎有些深意，秀才第二天就赶紧去找算命先生解梦。算命先生一听，连拍大腿说："你还是回家吧！你想想，高墙上种菜不是白费劲吗？戴斗笠还打雨伞不是多此一举吗？"秀才一听，心灰意懒，回店收拾包袱准备回家。

店老板非常奇怪，问："不是明天才考试吗？你怎么今天就回乡了？"秀才如此这般解说了一番。店老板乐了："我也会解梦的。我倒觉得你这次一定要留下来。你想想，墙上种菜不是高种（中）吗？戴斗笠打伞不是说明你这次有备无患吗？"

秀才一听，觉得店老板的分析比算命先生的分析更有道理，于是精神振奋地参加考试，居然中了个探花。

资料来源：凯歌．高效能人士的黄金法则［M］．延吉：延边人民出版社，2002：383.

案例分析：

结合该案例，谈谈积极心态带给人的力量。

第四章　倾　　听

1. 理解倾听的含义与作用。
2. 了解倾听的过程与方式。
3. 知晓倾听的障碍。
4. 掌握有效倾听的策略。

素质目标

1. 通过对倾听的学习，能理解不同个体的需求差异，做到尊重他人的平等人格。
2. 在尊重平等人格的基础上，能做到善良、仁爱待人。

案例导入

人事处罚引起的矛盾

张先生是一位已有五年工龄的模具工，他工作勤奋，爱钻研。半年前，张先生利用业余时间自行设计制作了一套新型模具，受到设计部门的嘉奖。为了赞扬和鼓励张先生的这种敬业精神，当时的生产部主任王先生特别推荐他上夜校学习机械工程学。从那以后，张先生每周有三天必须提前一小时下班，以便准时赶到夜校。这也是经原生产部主任王先生特许的，王先生当时曾说过他会通知人事部门。

然而，上周上班时，张先生被叫到现任生产部主任鲁先生的办公室进行了一次面谈。鲁先生给了他一份处罚报告，指责他工作效率低，批评他公然违反公司的规定，一周内三次早退，如果允许他在公司继续如此工作下去，将会影响其他员工。因此，鲁先生说要对张先生进行处罚，并警告说照这样下去他将被解雇。

张先生接到处罚报告后感到十分委屈。他曾试图向鲁先生解释缘由。然而，每次鲁先生都说太忙，没有时间同他交谈，只告诉他不许早退，并要求他提高工作效率。张先生觉得这位新上司太难相处，不禁感到万分沮丧。

资料来源：康青．管理沟通［M］．北京：中国人民大学出版社，2022.

第一节 倾听的含义与作用

一、倾听的含义

美国著名的外语教学法研究者哈佛大学教授维尔加·里弗斯（Wilga Rivers）在《外语教学实用指南》一书中提到这样一个统计数据：一个人用于沟通的那一部分时间中，听占实际沟通时间的 45%，交谈占 30%，阅读占 16%，写作占 9%，听和说就占到了 75%之多（如图 4-1 所示）。对组织的管理者，除了观察、间接了解等方式之外，最有效、最直接的沟通方法就是与对方进行倾听与交谈。

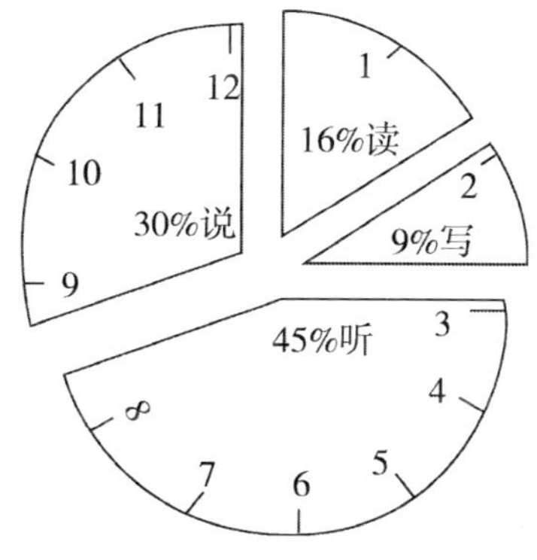

图 4-1 沟通时间分配图

教育家卡耐基说："做个听众往往比做一个演讲者更重要。专心听他人讲话，是我们给予他人的最大尊重、呵护和赞美。"每个人都认为自己的声音是重要的，并且每个人都有迫不及待地表达自己的愿望。在这种情况下，友善的倾听者自然成为最受欢迎的人。

通常我们会有这样一个印象，说比听需要更多的努力。事实上，真正的倾听比说需要更多的努力。良好有效的倾听比说话更让我们耗费精力。那种认为倾听在某种程度上相当于休息、是一种被动的努力的错误认识很可能会误导我们，让我们认为倾听是一件浪费时间的事情，而不是解决问题的有效方法。

国际倾听协会对倾听的定义是：倾听是接收口头及非语言信息、确定其含义并对此作出反应的过程。倾听，就是用耳朵听、用眼观察、用嘴提问、用脑思考、用心灵去感受的过程。

听和倾听有很大区别（如图 4-2 所示）。听，只是一个生理过程，它是听觉器官对声波的单纯感受，是一种被动的、无意识的行为；倾听不仅是生理意义上的听，更应该是积极的、有意识的听觉和心理活动。通过倾听，人们不仅可以获得信息，而且能了解情感。听是倾听的基础，因为只有听到了对方所说的话语，才能正确理解对方想要表达的意思；听也是倾听的一部分，因为倾听包括耳朵听、眼睛看、大脑思考、肢体语言传递反馈等。而倾听是听的延伸，因为倾听是通过捕捉对方的语言信息、识别对方的非语言沟通信号、分析和判断对方的意图，作出相应语言或非语言反馈的过程。

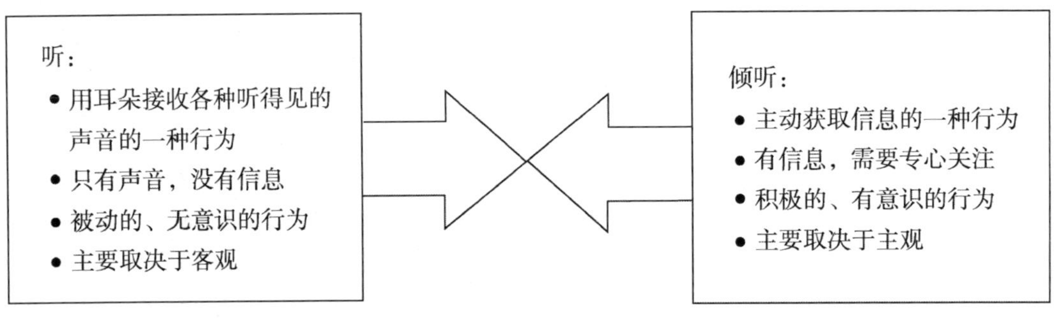

图 4-2　听与倾听的主要差别

可以说没有听的倾听是不完整的，它让倾听失去基础。倾听代表一种情感和心灵的感悟，如"于无声处听惊雷"。而没有倾听的听是无效的。用中国古语来说，那就是"充耳不闻""左耳进右耳出"的耳旁风。只有两者结合，才能达到有效的沟通。因此，倾听是一种情感活动，在倾听时应该给对方充分的情感的关注和积极的回应。

【小课堂】

倾听的自测题

下面 5 道题是人们表达感受的陈述，勾选你想要的反应。请注意不是你认为"应该"说的，而是你在一般情况下会说的。

1. "我整个下午头痛得要命！"

（1）也许你该吃些阿司匹林

（2）你也许不该喝那么多咖啡

（3）嗯，很遗憾

（4）嗯，很遗憾，头痛是什么时候开始的

（5）我也有过头痛，也许跟气压的变化有关

2. "我不知道该穿什么。"

（1）你为什么不穿那件衣服

（2）没人在乎你穿什么的

（3）我知道，很难作决定

（4）我知道那种感觉。你之前想穿什么

（5）我知道你的意思，我也不能决定该穿什么

3. "昨晚我几乎彻夜难眠。"

（1）也许你应该做更多运动

（2）你每天晚上在电视机前睡着，怪不得你昨晚睡不着

（3）很遗憾

（4）很遗憾，有没有想过是什么原因

（5）我自己昨天晚上也没睡好

4. “我讨厌干部会议。”

（1）你只是坐在那里很无聊，还是试着参与

（2）这是你工作的一部分，不是吗

（3）噢，我知道你的意思

（4）我听过这种事，你们的会议又是怎样的情形

（5）在我们的干部会议上，每个人都必须贡献自己的意见

5. “我做得比别人多，却没有人注意到。”

（1）也许你应该少做一点

（2）这是你的错，你总是为别人做事

（3）很不公平

（4）这样的情形有多久了

（5）我知道你的意思，我也是第一个上班、最后一个离开的

在这些案例中，选（1）是给忠告；选（2）是批评，让对话结束；选（3）是应声附和，让对话结束；选（4）是同理的评论，可以开启对话；选（5）是根据自身情况给出答案；有没有看到一些自己常常出现的表达方式？

【小课堂】

倾听的训练

形式：集体参与。

时间：5～10 分钟。

道具：任何一则包含一些数字或确切事件的新闻。

场地：室内。

目的：演示说明大多数成年人的聆听效率只有 50%。

程序：

（1）事先从报纸或杂志上摘录一则 2~3 段长的故事，不要进行任何介绍，在课堂上漫不经心地向学员提起：“也许你们中很多人几天前已经看到了这则报道。”

（2）大声朗读这篇文章。结束后你会看到学员们毫无兴趣，露出十分厌倦的面孔。

（3）这时，你拿出一个精致的礼品，说：“好，针对刚才大家都听到的故事，我要提出几个问题。谁能全部答对，就能赢得这个礼品。”

（4）问 5~8 个问题，如故事中涉及的名字、日期、地点等。

（5）几乎不会有一个人能全部答对。

分享倾听的体会：

（1）既然大家都听到了这个故事，为什么很少有人能记得非常清楚？

（2）为什么大家会不听呢？人们如何提高自己的聆听技巧？

（3）如果一开始就告诉大家仔细聆听会有机会赢得礼品，他们会不会听得更认真些？为什么？没有奖品刺激时，应当如何保证更好地倾听？

二、倾听的作用

在职场中倾听的能力决定了你受益的多少、成功的概率以及职业生涯的长短，倾听是你做出正确决策、找到最好解决方法的有效途径。如果你想在工作中表现更出色，不管是什么工作，倾听都会成为你可以运用的最有力的工具。

沟通学家尼科尔斯说过："言语的有效性并不仅仅取决于如何表述，而更多的是取决于人们如何来倾听了。"日本著名企业家松下幸之助更是把自己的全部经营秘诀归结为一句话："首先细心倾听他人的意见。"以上引述说明了倾听在生活、工作中的重要性。具体来说，倾听的作用体现在以下几方面。

1．倾听可获取重要的信息

倾听是获取信息最直接、最有效的办法。我们的信息至少60%是靠倾听得来的。头盔的应用就是由法国的亚德里安将军听来的；电报机的发明也是由美国画家莫尔斯听来的；"三通"电源插头是由日本松下幸之助无意间听来的。人际交谈中有很多有价值的信息，有时它们常常是说话者一时的灵感，而说话者自己没有意识到，但对倾听者却是启发。

通过倾听，我们可以了解对方要传达的消息，同时感受到对方的情感，还可据此推断对方的性格、谈话的目的和诚恳程度。对管理者来说，面对纷繁复杂的竞争市场，必须善于集思广益，懂得运用别人的头脑，制订出有效的决策方案。

2．善听才能善言

在外交界有一句话叫"智者善听，愚者善言"。在听别人说话时，我们可以更多地体察说话者的心思；不要急于表达自己的观点，甚至无心思考对方在说些什么，并在对方还未说完的时候就急于反驳。以一种消极、抵触的情绪听别人说话，最终自己的发言也会毫无针对性和感染性，难以实现有效的沟通。我国有个成语叫"言多必失"，人说得太多，就可能露怯。另外，倾听可以保守自己的秘密，掩盖自身的弱点，发现对方的不足，找到谈话的关键点。

交谈的过程是一种双向交流互动的过程，当对方说话时，听话人心不在焉地听，便会刺激对方停止交谈。当说话者得不到呼应，便会感到受到轻视、不被理解、浪费口舌，自然不会再有谈话的兴趣。而认真倾听别人的谈话不仅是对说话者的尊重和关心，也是对听话人本身的最好奖赏，善于倾听别人讲话是一种高素质的表现。

人人都有受人尊重的心理，而说话者这种心理的直接表现就是渴望听者专心倾听他的谈话。只有对方认真专心地听，才能大大提高他的说话兴趣，诱发他表达意见的欲望。

3．倾听可以获得信任和友谊

心理学家研究表明：人们从内心深处都渴望得到尊重和被认可。倾听除了可以掩盖自身的无知和不足外，还能够给人受尊重的感觉：倾听可以引起对方的谈话欲望，是理解他人如何感受、如何看待世界的一种承诺。这意味着将你自己的偏见和信念、渴望和私利搁置在一旁，设身处地努力从他或她的视角来看待事物，向对方表达的是："我在乎你的遭遇，你的生活和经历是重要的。"

倾听是一种了解他人的方式，更是一种与人交往的智慧。朋友之间需要倾听，父母与子女之间需要倾听，爱人之间更需要倾听。在组织中倾听来自各个层面的声音，有助于增加同事间的友谊。

对积极的倾听，人们通常会报以好感和感激，为你赢得信任和友谊。如果你是一位好的倾听者，则会发现自己对别人具有吸引力，朋友信赖你，友谊与日俱增。由于你善于倾听和理解别人，成功会来得更容易些，因为你知道什么是人们想要的，什么会伤害或激怒他们。

4．倾听是解决冲突和抱怨的最好方法之一

在企业中经常有客户提出各种问题、各种抱怨，但也有个别客户只是想找个对象发泄一下，或者由于个人生活中心情不好，看什么都不顺眼，借机发泄。这些情况都需要我们用心地去倾听。只有这样我们才能掌握尽可能多的信息，来处理和解决问题和冲突。

现代社会竞争激烈，在生活中许多人没有耐心听别人讲话。一个想成功的人要做的事太多，整天疲于奔波，性情也变得急躁，倾听别人谈话显得腻烦，甚至别人刚一启齿，还未等对方把话说到正题上，就予以否定，然后以十分武断的口气阐述自己的观点。这类人往往想通过短、平、快的方式，以雄辩的口才显示自己的能力，但这样做的结果，表面看好像达到了目的，事实上却得不到别人的认同，无法建立真正的友谊，达到心灵的沟通。如果有人当真忙得无暇顾及倾听他人的意见，那么至少可以肯定地说，这个人不会合理地安排时间，或者可以说这个人心胸狭窄，听不进他人的意见，到头来定会落得孤家寡人的处境。

5．倾听可以帮助管理者作出正确决策

在管理沟通中，倾听可以帮助缺乏经验的管理者减少错误：史玉柱在巨人集团破产以后一直寻找新的项目东山再起。他经常走进社区的公园，坐在老年人中间倾听他们的聊天，后来发现老年人对保健品还是比较信任与喜欢的，但是老年人一般都不愿自己购买保健品，而是希望子女给送，但又不好意思直接开口让子女送给自己保健品。于是史玉柱推出了脑白金等一系列保健产品，并且提出"今年过节不收礼，收礼只收脑白金"这样符合老年人心理需求的广告语，并且一举成功。

善于倾听是衡量一个管理者沟通水平的标志。没有时间听人谈话的管理者，通常是刚愎自用、自私僵化的人，这种人很难与员工实现有效的沟通，也就无法获得大家的信任与理解。有一位曾在一家大公司担任总经理的职业经理人说，在他任职初期，由于对该行业的独特性知之甚少，当有下属需要他帮助时，他几乎无法告诉他们怎么做。但尽管如此，他还是巧妙地运用了倾听的技巧，不论下属问什么，他总是回答道："你认为该怎么做呢？"于是

他们提出各种方法，他在仔细地倾听他们说话的过程中，了解到很多情况，然后帮助他们做出正确的选择。最后他们总是满意地离去，心里还想着这位刚上任的老总真是了不起。

波音公司前总裁康迪曾说："员工所表达出来的以及我所听到的，远远比我要说的更重要。"表达及被认可是自我表达与他人表达互动、互惠的过程，在这个过程中人际关系得到了平衡。高水平的倾听技巧会增强你的注意力和控制力。更重要的是，好的倾听技巧能使你从周围人身上引导出更成熟的想法。

"听君一席话，胜读十年书。"一个随时都在认真倾听他人讲话的人，在与别人闲谈中就可能成为一个信息的富翁。

第二节　倾听的过程与方式

一、倾听的过程

倾听是一个能动的过程，是对各种听觉和视觉刺激的接收、筛选和解读的过程，是一个对感知信息经过加工处理后能动地反映自我思想的过程。

1. 接收信息

首先从实际上听到和确认信息做起。物理接收可能会因噪声、听力受损或者疏忽而受阻。一些专家也将非语言信息作为这个阶段的一部分，因为这些因素会影响倾听的过程。全面听取信息，不能只听自己感兴趣的，要避免外界环境干扰，专心地听取信息，"听和观"结合；不仅要用耳朵听，还要用眼睛来观察；耳和手结合，"好记性不如烂笔头"，要及时把倾听到的重要内容记下来。

2. 筛选信息

采用抓取主旨法，抓住对方表达的主旨，筛选出重要信息。在倾听中运用关键词提取法，重点提取能够表达主旨的关键词汇和语句；还要使用过滤法，把一些无关紧要的、错误的、重复的、干扰的信息过滤出去。

3. 解读信息

根据自己的价值观、信仰、想法、期望、角色、需要和个人经验来进行信息的理解。这时需要把信息发送者的信息捕获后，通过实际自我判断、思维并进行评价。将事实与观点区分开，并领会信息的深意，深入理解说话者的表达意图，也可运用多种分析工具来帮助自己理解。

4. 反馈信息

在解读完说话者的信息后，信息接收者应该有所反馈。如果是一对一或者小组沟通，则

最初的反馈通常涉及语言反馈的形式。如果作为众多受众中的一员，则最初反馈也许是鼓掌、笑声或者沉默这样的形式，之后可能根据所听到的内容有所行动。

如果这些步骤没有做好，倾听过程的有效性就会大打折扣甚至整体失败，例如，在一个嘈杂的环境中工作，人们可能根本就听不到或听不清要传达给自己的信息。即使接收到了这个信息，如果与说话者之间没有共同的语言，也可能会导致所理解的意义与说话者的本意大相径庭。信息发送者和接收者可以通过认识及克服各种物理和心理障碍来降低失误率，从而达到有效的倾听。

二、倾听的方式

通常人们以各种方式倾听，倾听的方式会影响人们对听到的信息的含义的解读。

1. 心不在焉的倾听

倾听者心不在焉，几乎没有注意说话人所说的话，心里考虑着其他毫无关联的事情，或只是一味地想着辩驳。这种倾听者感兴趣的不是听，而是说，他们正迫不及待地想要说话，或者事不关己，保持沉默。这种层次的倾听往往严重地影响沟通效果，甚至会导致人际关系的破裂，是一种不礼貌的倾听方式。

2. 被动消极的倾听

倾听者被动消极地听讲话者所说的字词和内容，常常错过了讲话者通过面部表情、眼神等肢体语言所表达的意思。这种层次的倾听常常导致误解或错误的举动，失去真心交流的机会。另外，倾听者经常通过点头示意来表示正在倾听，让叙述者误以为所说的话被完全听懂。

倾听不仅是耳朵听到声音的过程，而且是一种情感互动的活动，需要面部表情、肢体语言和话语的回应，向对方传递一种信息：我在认真地听你说话，我尊重和关心你。

3. 积极主动的倾听

倾听者积极主动地倾听对方所说的话，专心地注意对方，能够倾听对方话语的内容，这种层次的倾听常常能够激发对方的谈话欲，但是很难引起对方的共鸣。

倾听要细心。古人云“天下大事，必作于细”。倾听中听者只有心细如发、见微知著，才能敏锐地感知说者的心迹，才能迅速地抓住问题的端倪。倾听者要有辨识能力，弄清事物的本来面目，就要会听言下之意、真实之声。人的经历和环境不同，个性特征、学识修养和思维方式也会不同。有的人说话直接反映他的真实想法，有的人则常常用反语、气话、怪话等曲折的方式来表达意见倾向。所以相同的话，不同的人来说，其含义可能是不同的。倾听还要听得清、听得准。“差之毫厘，谬以千里”，同样适用于倾听。“兼听则明，偏信则暗”，只有倾听多种声音，征求多种意见，经过分析辨别、综合衡量后才能找出最准确的信息。

4．享乐式的倾听

享乐式倾听是指倾听在一种轻松愉快的形式下进行，使得严肃的倾听变成了愉快的沟通方式。在咖啡厅喝咖啡、看电视或者听音乐会时，人们都会尽可能放松地倾听。

享受式倾听可以缓解压力，消除疲劳，调节神经兴奋度，进而提高倾听效率，因此，有些公司及公共场所用一些合适的背景音乐来刺激人们倾听。

5．充满同理心的倾听

一般人聆听的目的是获得确切的信息，并作出相应的反应，根本不是想了解对方。而同理心的倾听是为了“了解”，而非为了“反应”，也就是通过交流去了解别人的观念和感受。同理心的倾听要做到“五到”：“耳到”“眼到”“手到”“口到”“心到”。当我们能用同理心去倾听别人说话时，自然可以提供给对方心理上的极大满足，集中精力去解决问题或作好沟通。

充满同理心的倾听是一种高效的倾听方式。这种倾听者在讲话者的信息中寻找感兴趣的部分，他们认为这是获取有效信息的契机。倾听者不急于作出判断，而是感同身受对方的情感，设身处地对待事物，总结已经传递的信息，质疑或是权衡所听到的话语，有意识地注意非语言线索，询问而不是质疑讲话者。他们的宗旨是带着理解和尊重积极主动地倾听。这种注入情感的倾听方式在形成良好的人际关系方面起着重要作用。

人类的全部活动都是由积累的经验和以前作用于我们大脑的环境所决定的，我们从经历中早已建立了牢固的条件联系和基本的联想，在每个人的思想中都有意或无意地含有一定程度的偏见。由于人们都有根深蒂固的心理定式和成见，很难以冷静、客观的态度接收说话者的信息，这也会大大影响倾听的效果。

人类的经验中没有比渴望被了解更具有威力了。被倾听的意思是别人“把我们当回事”，对方知道我们的想法及感受，也就是说我们所说的话很重要。我们敞开心扉，透露我们的所思所想，渴望他人的了解，试图以这些方式克服与他人之间的分隔感。

倾听者的同理心为彼此建立了了解的桥梁，联系了愿意聆听与关心我们的人，也因此确认了我们的感受不仅是被认可的，而且是合理的。用同理心去倾听是改变关系的力量：当内心深处许多没有被表达出来的感受，以语言的方式被呈现出来，而且让我们更清楚自己的感受时，这个结果会使我们觉得有人了解自己，而且心存感激——我们与一个了解自己的人分享了“人生的经验”。

事实上，在生活和工作中极少数的人能做到用同理心去倾听。每个人都应该重视倾听，提高自身的倾听技巧，学会做一个优秀的倾听者。

第三节　倾听的障碍

倾听并不一定总能达到人们预期的结果，大多数的人在倾听时会出现失误，主要原因在于倾听中存在一些障碍，这些障碍极大地影响了倾听的效果。倾听主要有两大障碍：环境障

碍和倾听者障碍。

一、环境障碍

良好的环境对双方的交流很重要，环境干扰是影响倾听最常见的原因之一。不良的交谈环境时常会分散和转移人们的注意力，从而影响专心倾听：有人做过实验，一个人同时听到两个信息时，他会选择其中的一个而放弃另一个。也就是说，环境不仅从客观上而且从主观上影响倾听的效果。

环境中的声音、气味、光线、色彩、人群密集度等，都会对人的听觉、视觉、嗅觉和情绪等产生较大的影响。沟通时应注意选择合适的场所，营造积极的氛围，尽可能地排除倾听的环境障碍。尽量选择较为安静的场所，以积极、热情的态度投入沟通活动中，还可以运用幽默的方式调动沟通现场的氛围。

对环境的分析，可以从以下方面考虑。

1．环境的封闭性

环境的封闭性是指谈话场所的空间大小、有无遮拦设施、光照强度（暗光给人更强的封闭感）、有无噪声等干扰因素。环境的封闭性决定信息在传送过程中的损失概率。

2．环境氛围

环境氛围是人们对环境的主观感受。它影响沟通者的心理接受程度，也就是沟通者的心态是开放的还是排斥的，是否容易接收信息，对接收的信息如何看待和处置等。环境是温馨、和谐的还是冷清、杂乱的，是轻松的还是紧张的，是生机勃勃的露天还是死气沉沉的房间，这些都会直接影响沟通者的情绪，从而作用于人的心理。

3．人数对应关系

说话者与倾听者在人数上存在不同的对应关系，可分为一对一、一对多、多对一和多对多。人数对应关系的差异会导致不同的心理角色定位、心理压力和注意力集中度。在教室里听课和听同事谈心、听上级布置工作、听下属汇报，是完全不同的心境。听上级指示时最不容易走神，因为一对一的对应关系使倾听者感到自己的重要性，心理压力也较大，注意力自然集中。而听课时说话者和倾听者是明显的一对多关系，听课者认为自己在此场合并不重要，压力很小，所以经常开小差。如果倾听者只有一位，而发言者为数众多，比如原告和被告都七嘴八舌地向法官告状，或者多家记者齐声向新闻发言人提问，则倾听者会更全神贯注，丝毫不敢懈怠。

二、倾听者障碍

倾听者本人在整个交流过程中具有举足轻重的作用：倾听者理解信息的能力和态度都直接影响倾听的效果。倾听者本身的障碍主要可归纳为以下几类。

1．心不在焉

不专心倾听、三心二意是这种情况的典型表现。虽然倾听者身在现场，而且表面上似乎在用心地听讲，但倾听者本人要么另有所想，要么心不在焉，听取的信息完全或部分未进入倾听者的头脑中，这种倾听的效果肯定不好。

2．急于发言

人们通常有喜欢发言的倾向。发言在沟通上被视为主动的行为。人们容易在他人还未说完的时候，迫不及待地打断对方，这样的倾听往往不可能把对方的意思听懂、听全。

3．心理因素

有些人喜欢听和自己意见一致的人讲话，偏心于和自己观点相同的人。这种拒绝倾听不同意见的人，注意力就不可能集中在讲逆耳之言的人身上。

在现实中我们经常遇到满怀抱怨的顾客、心怀不满的员工、剑拔弩张的争论者，在这种场合信息发送者受自身情绪的影响，很难发出有效的信息，导致信息的准确性下降，从而影响了倾听的效果。

4．选择性倾听

选择性倾听是有效倾听的最常见障碍之一。人人都有评估和判断所接收到信息的天生倾向。我们往往选择那些自己熟悉、感兴趣、喜欢听的部分，漏掉很多有用的信息。这无疑会影响倾听的效果。好的倾听者会寻找方法来克服整个倾听过程中的潜在的障碍。

倾听者有时走神的一个原因是人们想得比说得快，大多数人每分钟说 120～150 个字。研究表明，由于个人原因，人类处理音频信息的能力大约是每分钟 500 个字。换句话说，当你在倾听时，你的大脑有很多的空闲时间，而如果不注意，它就会找到其他别的事情来想。因此，不要只花部分时间来倾听，而应该有意识地把注意力集中在说话者身上，并且用多余的时间分析你所听到的，准备好你可能要问的问题和相关工作的思考。

因此，在尽量创造适宜沟通的环境中，倾听者要以最好的态度和精神状态面对说话者。

第四节　有效倾听的策略

在现实沟通中，虽然人们不能完全避免一些因素的影响，但是可以通过一些倾听的技巧将这些因素造成的负面效果降至最低。

一、创造良好的倾听环境

倾听环境对倾听的质量有很大的影响，我们必须意识到环境因素的影响，以最大限度地

消除环境对倾听的障碍。

最好根据沟通目的和效果的需要，慎重地选择有助于倾听的时间和地点。某些人最好的工作时间是早晨，于是他们会把重要的工作安排在早晨。对多数人来说，一天中状态最差的时间是在午餐后和下班前，因为在饱食之后很容易疲倦，而人们在下班前不愿被过多的事情耽搁。因此，应避免在这些时间里安排重要的倾听内容。

谈话的地点也很重要。美国学者在一个更为宽泛的意义上提出了环境的概念，它不仅包括社会因素，而且包含人的心理、生理因素。他们认为良好的倾听环境应该是不受干扰的休闲环境。在这种环境中，双方有一定的安全感，并有与他人平等的感觉，这种环境可为非正式的。比如，谈判场所也可以选择非正式的，如在酒吧或咖啡厅。当然，具体的谈话环境的选择要根据谈话的内容和效果来选定。

二、排除倾听障碍

有效排除倾听障碍的方法如下：一是端正态度，集中精力，在倾听时适当记录，保持客观、完整地听完对方的表达内容和传递的信息；二是培养耐心，非必要不打断对方的谈话；三是积极回应，可适当点头、适时提问等。

倾听者要站在对方的立场考虑问题，设身处地为对方着想，这样较容易消除沟通的障碍；同时，让对方充分表达不同意见，把话说完，切不可随意打断对方的谈话；要学会察言观色，通过观察对方的语言和脸色，来判断他的沟通的真正意图。

三、不要预设对方的想法

人们习惯按照自己的思维理解、判断别人的言行，而且没意识到甚至懒于去核实他人的想法，因而往往容易误解他人，从而引起误解和冲突。

生活中预设对方言行的事情也比比皆是。一位芬兰导师对一位去芬兰进修的国内访问学者讲芬兰有条公路可以直达北极圈，一路上路旁都有牌子写着："小心鹿出没！"该学者不由得感叹："多环保啊！"可芬兰导师说："是怕把车撞坏了，鹿长得很大，也非常结实。"这个事例告诉我们，不要去预设对方的观点；我们的想法也要表达出来，不要让别人去猜。

四、保持良好的精神状态

在许多情况下，由于肌体和精神状态不佳，人往往不能认真听别人说话，因为倾听是包含肌体、情感、智力的综合性活动。提高倾听意识，保持良好的倾听状态，这是增加倾听魅力的关键步骤。

五、明确倾听目的

真诚地信任说话者会带来有价值的信息。你对你要倾听的目的越明确，就越能够有效地倾听。事先对信息的渴望和期待促使我们积极参与人际沟通，记忆会更加深刻，感受会更加丰富。

六、使用非语言

人的身体姿势会暗示他对谈话的态度。自然开放的姿态代表接受、容纳、尊重与信任。用各种对方能理解的动作与表情表示自己的理解，对对方说的话有积极回应，如微笑、点头、皱眉、摇头和记录等，给说话者提供准确的反馈信息，以利其及时说明和调整；还可以通过动作与表情表示自己对谈话和说话者的兴趣。

我们要学会察言观色，在倾听中顺利克服沟通障碍。

七、适当的反馈

倾听是一个互动的过程，要有反馈。在进行反馈的语言沟通中，倾听者经常会用提问的方式。

1. 倾听中的提问

提问能使倾听更具有含金量。在听的过程中恰当地提出问题，与对方交流思想和意见，往往有助于人们相互沟通。适时、适度地提问，不仅能够鼓励讲话者继续讲话，而且能够从对方谈话的内容、方式、态度、情绪等方面获得更多的信息，从而促进双方和谐关系的建立，因为这样的提问往往有尊重对方的意味。

提问应掌握一些必要的技巧。恰当的提问能够使倾听的效果锦上添花，而不适当的提问不仅使倾听的过程变得本末倒置，还有可能带来许多矛盾和问题，甚至引起别人的厌烦和不满。这里介绍几种方法。

（1）提问要明确

进行有效的提问是沟通双方共同的责任，因为它可以使双方受益，双方都能从提问和回答中获得对事物更深刻的认识。提出问题一定要做到明确具体。这里所说的明确具体，既包括表述问题的词义明确具体，便于理解，也包括问题的内容明确具体，便于回答。如果提出的问题含混不清或过于抽象，不仅回答者难以回答，还有可能造成误解。另外，在提问时还要尽量做到语言精练，观点明确，抓住重点。

（2）提问要少而精

恰当的提问有助于双方的交流，但太多的提问会打断讲话者的思路，扰乱其情绪。提多少问题比较合适，不可一概而论，要根据谈话的内容、交谈双方的个人风格特点而定。但是

不管你具有什么样的个人风格和特点，在交谈时都必须牢记一点，那就是多听少问。

（3）提问要紧扣主题

提问是为了获得某种信息，问什么问题要在倾听者总目标的控制掌握之下，要能通过提问把讲话者的讲话内容引入自己需要的信息范围：这就要求提出的问题紧紧围绕谈话内容和主题，不应漫无边际提一些不相关的问题，因为这既会浪费双方时间，又会淡化谈话的主题。

（4）提问应注意把握时机

提问的时机十分重要，交谈中如果遇到某种问题未能理解，应在双方充分表达的基础上再提出问题。过早的提问会打断对方的思路，而且显得十分不礼貌。一般情况下，在对方将某个观点阐述完毕后应及时提问。及时提问往往有利于问题及时解决，但及时提问并不意味着反应越快越好，提问的最佳时机还需要倾听者灵活地捕捉。如果在不适当的时机提出问题，则可能会带来意想不到的损失。

（5）提问应采取委婉、礼貌的方式

提问时应讲究提问的方式，避免使用盘问式、审问式、命令式等不友好、不礼貌的问话方式和语气。如果交谈的气氛较为紧张，则有些人会对他人的行为、语调或话语产生防卫性反应。解决方法之一就是用开放性的、友好的问句代替“为什么”型的问题，因为简单的问句“为什么”，易被看成威胁性的提问。

此外，提问应适应对方的年龄、民族、身份、文化素质、性格等特点。有的人率直热忱，你也应坦诚直言；相反，有的人生性狡猾多疑，你最好旁敲侧击，迂回进攻，否则很可能碰钉子。

2. 倾听中的反馈

反馈的方式有语言反馈和非语言反馈、正面反馈和负面反馈、书面反馈和口头反馈等多种形式。反馈态度应该是坦诚的，反馈语言要明确具体，还要把握适宜的反馈时机。

尽管反馈在沟通中十分重要，但反馈也必须适度。因为不适宜的反馈会让对方感到窘迫，甚至产生反感。如果以判断方式作为反馈，这一判断最好能保持中立态度，不要简单地评论。另外要记住的是，反馈只能是反馈，不能直接作为建议，除非对方有这样的要求。

积极反馈信息、适度提问、复述和沉默，是有效倾听的重要方式，能够提高有效倾听的技巧。

【同步案例】

职场沟通：倾听比说更重要

周末去朋友家聚会，大家的讨论都定格在明年的学习计划上。有个朋友说，她明年的第一门功课，就是要学会倾听，学习不再打断别人说话，让别人把想说的话说完了，再表达自己的想法。听起来很意外，这还需要学习吗？在座的人不是已经为人父母了，就是上班很多年了，难道还不会倾听吗？

她笑着说：“以前领导召集大家开会的时候，多少次我们都在抱怨，怎么还没结束呢？总是不自觉地去打断，或者思想走神，根本没有深刻理解领导的意思，结果做了很多无用功，又不停地与领导沟通，解释自己的意思，其实都是因为自己首先没有听明白领导的意图和想法，才会产生后来的沟通不畅。”

的确，这种情况在职场中很常见，很多人都会觉得沟通是一件很难的事情。随着工作节奏的加快，我们不再愿意接收太多不需要的信息，总是显得行色匆匆，因为太忙，就连说话都变得简短。

很长一段时间，“说”成为我们更多人选择的沟通方式。在吵架的时候，我们放任心情地说，表达自己的愤怒；别人对自己不理解的时候，我们绞尽脑汁地为自己辩说；想对父母尽孝心的时候，我们把自己的心意说给父母听。更多的人愿意用“说”作为唯一的沟通方式，因为它更快、更直接，但大家却遗忘了“只有会听的人才会说”这句话听比说做起来更需要毅力和耐心，只有听懂别人表达的意思才能沟通得更好，事情才能解决得更圆满。沟通就好像一条水渠，要两头通畅，要打开我们的耳朵，倾听别人的话。关上耳朵、张开嘴巴的谈话，不能算是沟通。倾听是说的前提，只有先听懂别人的意思再说出自己的想法和观点，才能更有效的沟通。

多听，有时候也是一种积累，听别人谈成功、说失败，那就是在为自己的将来储蓄财富。听和说是不能分开的两个环节，只听不说的人不能成功，只说不听的人也不能成功。在工作中每个人都需要和别人沟通，但是听得多还是说得多，就要看我们拥有怎样的态度。做一个先听后说的人，会让沟通更顺利。

资料来源：王建民．管理沟通实务［M］．北京：中国人民大学出版社，2023.

案例分析：

你怎样看待沟通中的说与听？请谈谈你的理解和认识。

思考与练习

一、单项选择题

1．有这样一种倾听，倾听者的目的是为了了解某种知识、技能或就某一问题征求别人意见。这种倾听属于（　　）。

A．获取信息式倾听　　B．质疑式倾听

C．情感移入式倾听　　D．享乐式倾听

2．倾听者要站在对方的立场考虑问题，设身处地为对方着想，只有这样，才能增进相互理解。这是有效倾听的（　　）策略。

A．创造良好的倾听环境　　B．排除倾听障碍

C．不要预设对方的想法　　D．保持良好的精神状态

3．集中精力，集中思想，积极思考，保持开放式姿势，使倾听在一个宽松的氛围中进行，这是有效倾听的（　　）策略。

A．创造良好的倾听环境　　B．排除倾听障碍

C．不要预设对方的想法　　D．适当的反馈

4．讲话的低速度和思维的高速度给人的大脑留下了充足的“走神”的时间，也给不熟练的倾听者带来麻烦。这是影响倾听的（　　）因素。

A．讲话速度与思考速度的差异　　B．思想不集中

C．假装专心　　D．措辞晦涩

5．倾听者听并不倾听到全部信息，只是倾听信息的大致内容或梗概，目的在于把握信息的主题和中心思想。这种倾听属于（　　）。

A．投入型倾听　　B．字面理解型倾听

C．随意型倾听　　D．假专心型倾听

二、多项选择题

1．提高倾听的效果的要点有（　　）。

A．保持目光交流　　B．捕捉内容要点

C．沉默无声地倾听　　D．揣摩词语,体味言外之意

2．说话者与倾听者在人数上存在不同的对应关系，包括（　　）。

A．一对一　　B．一对多

C．多对一　　D．多对多

3．倾听的作用体现在（　　）。

A．倾听可获取重要的信息

B．倾听可以获得信任和友谊

C．倾听是解决冲突和抱怨的最好方法之一

D．倾听可以帮助管理者作出正确决策

4．有效排除倾听障碍的方法有（　　）。

A．端正态度，集中精力　　B．培养耐心

C．随意打断对方的谈话　　D．积极回应

5．倾听的环境障碍主要表现在（　　）。

A．空间大小、有无遮拦设施　　B．光照强度

C．有无噪声　　D．人群密集度

三、判断题

1．演讲不是一般的讲话，演讲带有艺术性、技巧性。（　　）

2．冲突常常由思想层面的分歧和对立外化为具体的攻击性行为。（　　）

3．管理沟通是围绕企业经营而进行的信息传递过程，与外界公众的交往不属于管理沟通。（　　）

4．倾听属于特殊的言语沟通，有效的沟通始于倾听。（　　）

5．倾听就是靠耳朵听到对方所讲的内容。（　　）

四、思考题

1．听和倾听的区别有哪些？

2．如何有效地克服倾听的障碍？

3．结合自己的实践，谈谈有效倾听的技巧。

五、案例分析题

没有说清楚还是没有听清楚？

有一天，总经理给新来的总经理助理小曹布置了一项任务，要求她向各个部门下发岗位职责空白表格，并要求各个部门在当天下午 4 点之前上交总经理办公室，总经理问小曹是否明白总经理的意思，小曹说完全明白，于是就去执行了。

结果，到了下午规定的时间，技术部没有按时上交。总经理问小曹：你向技术部怎么传达的？小曹说，完全按正确的意思传达的，总经理又问为什么技术部没有上交，小曹说技术部就是没有上交，不知道为什么。

总经理把小曹和技术部经理召集到总经理办公室，问这个事情。技术部经理回答说，当时他没有接到小曹传达的关于上交时间的要求。而小曹却说，自己确实传达了，为什么公司其他 11 个部门都听到了就技术部没听清楚？技术部经理说，确实没有听到。

到底是小曹没有说清楚还是技术部没有听清楚？没有书面的东西，谁也说不清楚。

资料来源：康青．管理沟通［M］．北京：中国人民大学出版社，2022.

案例分析：

假如你是小曹，当传达总经理布置的任务时，你会怎么做？

第五章　群体与团队沟通

学习目标

1. 了解群体与团队的差异。
2. 明确群体沟通的含义和沟通要素。
3. 识别团队的种类。
4. 掌握团队沟通的要素。

素质目标

1. 认识到团结的重要性，能在学习和工作中维系所在团队的团结性。
2. 能通过管理沟通，提升组织凝聚力，促进团队内部的平等和协作。

案例导入

学校里来的年轻人

肯特·西克斯是州立大学的二年级学生。他在家乡最大的一个工厂找到了一份暑期工作。他在工作的第一天向仓库主管报到，主管将他安排到一个小组中，这个小组负责从货车上卸下原材料，并装上成品。

工作两周之后，肯特吃惊地发现这些工人完成的工作是如此之少，好像他们都站在那里闲聊，甚至在工作的时候跑到其他地方躲起来。肯特经常发现只有他一个人在装车，而其他人袖手旁观。当肯特向这些工人抱怨的时候，他们清楚地告诉他，如果他不想干可以辞职，但如果他向上级投诉，他将会后悔。肯特被这些工人有意地排除在外，诸如一起休息、周五下班后一起到街对面的酒吧喝酒。他找到一个年长的工人，并对他说："我搞不懂你们是怎么回事，我只是努力去做我自己的工作，报酬很好，我只是不想在这里闲混。我几周后就会离开这里回到学校，我希望能更好地了解你们；但说实话，我确信我很高兴自己不像你们这样。"这个年长的工人回答："年轻人，如果你在这里工作的时间和我们一样长，你也会和我们完全一样。"

资料来源：鲁森斯．组织行为学［M］．王磊，等译校．9 版．北京：人民邮电出版社，2004.

人是社会中的人，个人的能力再强也不能脱离社会而生活，个人总是在他人直接或间接的帮助下，才获得生存并获得成功的。

当下社会学习型、知识型组织理念和实践的兴起，各种以任务或项目为中心的团队应运而生，团队工作方式已经成为企业和其他组织赖以生存和发展的一种必要手段。这对管理者提出了更高的要求，他们需要摒弃原有的管理风格，去适应新的管理模式。团队管理者的能力决定了团队工作的有效性，团队的管理者必须重视、理解、创造一种良好的团队沟通氛围。

第一节　群体与团队的含义和区别

一、群体与团队的含义

“物以类聚，人以群分。”群体与个体相对，是个体的共同体。个体往往通过群体活动参加社会生活并成为社会成员，在群体中获得安全感、责任感、亲情、友情、关心和支持。

不同的个体按某种特征结合在一起进行共同活动、相互交往，就形成了群体。群体（Group）由两个或更多相互作用和相互影响的个体所组成。所有的群体都有一个共同的特征，即群体成员间有着彼此的互动，而且群体的存在是有原因的。例如，为了满足某种需要，提供信息或者实现统一的目标等。

团队（Team）是一群由基层和管理层人员组成的共同体，它合理利用每一位成员的知识和技能协同工作，解决问题，达到共同的目标。团队的构成要素是目标、计划、人、定位、权限。

二、群体与团队的区别

群体是团队的基础，群体可以向团队过渡；团队始于群体，但团队能够达到更高的管理目标。为了更清晰地了解群体与团队的区别，可以从以下方面来加以考察。

1. 从成员关系看

团队中成员之间的关系是指成员之间相互交往、相互影响、分享合作、相互依赖的程度。团队成员的关系比群体成员之间的关系更加紧密。

2. 从工作流程看

成员的工作流程是指成员之间沟通、协作、组织、领导、支持、开发和创造的情况。团队里的工作流程比群体更加清晰和有序。

3. 从聚集的目的看

成员聚集在一起的目的是指成员之间的目标、愿景、任务、活动和结果的关联性。团队

聚集的目的比群体更加具有关联性。团队不仅是一群人，而且是一群具有共同目标的人。他们为了完成某项特定任务，需要共同承担领导职能，并互相协作。

群体的类型形形色色，聚集程度有浅有深，目的多种多样，有的可能是为了某个倡议，有的可能是为了共同的志趣爱好，有的则可能只是为了聚在一起娱乐或聊天。例如，在一个电影院一起看电影的观众、一起跟团旅游的游客。

图 5-1 揭示了群体沟通的特点。在这个模式中，我们假设了一个自发组成的三人登山小组，他们为了各自的目的走到一起，只是因为兴趣相同。这个小组是随意组成的，并没有明确的任务。他们会进行沟通，以与环境相适应，但彼此之间不承担任何责任。

图 5-2 揭示了团队沟通的特点。在这个模型中，我们假设了一个以任务导向的三人小组。每个成员均为一个共同的目标保持一种相互协作的工作关系，每个人都是某个领域的专家，他们不断互相配合、互相帮助，以融合产生更大的能量：为了达到团队目标，每个人都应承担领导团队的责任。

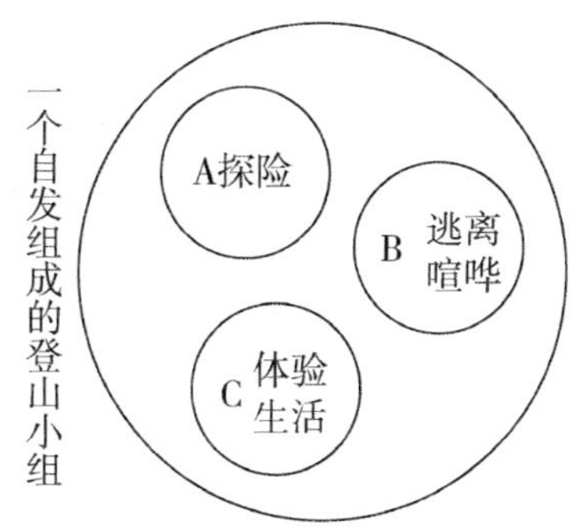

图 5-1 一个三人组成的群体沟通模式

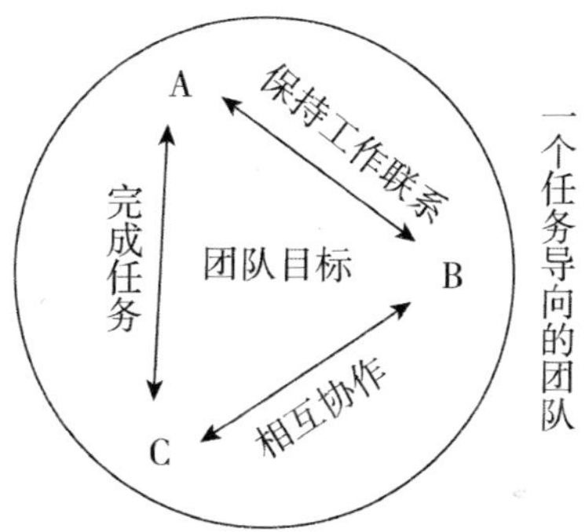

图 5-2 一个三人组成的团队沟通模式

图 5-1 和图 5-2 简化了群体沟通与团队沟通的差异性描述，使两者之间的区别更为直观。

总之，群体成员往往有各自的目标，只是比较被动地接受任务，而且对组织并不具有强烈的归属感。

第二节 群体沟通

一、群体沟通的定义

群体沟通是指两个或两个以上相互作用、相互依赖的个体，为了达到基于其各自目的或特定目标而组成的集合体，并在此集合体中进行交流的过程。

人的社会活动主要通过两个途径进行：一个是正式的；另一个是非正式的。正式的社会活动是指人们在群体中按照计划完成公开的、特定的、有目标的活动。非正式的活动主要是指人与人之间自发的思想感情交流活动。

群体根据自身在社会生活中所发挥的作用，也可划分为正式的和非正式的两种。正式群体是由组织创立的工作群体，有明确的工作任务和工作分工。在正式群体中，个体应从事的工作均由组织目标规定，并直接指向组织目标。与正式群体相比，非正式群体则具有社会属性，它是为满足人们的社会交往需要而在工作环境中出现的一种自发形式，如足球迷、歌迷等。非正式群体往往在友谊和共同爱好的基础上产生。

二、群体的种类

在组织中群体大致可分为以下三类。

1．结构型群体

在组织形成初期，首先出现的群体是高级管理层，它是由组织的建立者和愿意为组织的成长作贡献的人组成的。如果组织能成功地协调运转，就会有越来越多的人加入这个组织，从事不同的工作，从而形成不同的部门，产生不同的岗位，这里形成的部门就是第二个层面出现的群体。如果组织继续发展，部门之下又会划分若干工作小组处理具体不同的工作，这些工作小组就是第三个层面出现的群体。这就是结构型群体产生的过程。

2．协调型群体

任务小组是最常见的以协调为目的的群体。在企业中，任务小组是由不同部门的员工组成的，其目的是协调各部门，提高企业整体效率，以解决某个特定的具体问题。现在组织中也出现了一些非正式的群体，由各部门员工自愿参加，定期或不定期聚会，讨论与工作相关的问题。还有一些群体是为了缩短产品周期而诞生的。例如，难题攻关小组群体帮助企业攻克难题，提高生产效率，从而促进企业的发展。

3．决策型群体

公司董事会是一个特殊的群体，也是一个最强有力的群体，其目的是为企业的发展作决策。董事会成员是由公司所有者选出的为公司发展勾画蓝图的人。他们大多有从商、参政、受过良好教育的背景，因此，可以在事前预测可能出现的问题。这个群体的成员拥有很大的权力，可以聘请和解雇公司的高层管理者。

三、影响群体凝聚力的因素

凝聚力是一个群体对每个成员的吸引力和向心力，以及群体成员之间相互依存、相互协调、相互团结的程度和力量。它可以通过群体成员对群体的忠诚度和彼此之间的友谊的态度

等来说明，还可以表现为群体成员众志成城、齐心协力抵御外来攻击或同其他群体竞争的能力。凝聚力代表了一个群体及其成员的吸引力。凝聚力具有可循环性，一个群体一旦具备了凝聚力，就能得到许多它所需要的结果，反过来又使凝聚力得到加强。

一个具有凝聚力的群体，其成员和群体相互间有更高的忠诚度。显然，凝聚力的大小将对个体成员是否遵守群体决策产生直接影响。在具有高凝聚力的群体当中，成员之间一般乐于互相交往、互相关心、互相帮助。尽管高凝聚力群体确实倾向于制定期望每个成员都遵守的严格规范，但与那些低凝聚力群体中的成员相比，其成员感到更能够公开发表不同意见。

影响群体凝聚力的因素包括以下几个方面。

1. 群体的领导

领导对群体凝聚力有着重要的影响。领导者是群体的核心，领导班子自身是否团结一致、齐心协力、坚强有力，会直接影响群体凝聚力。如果领导班子自身不团结，互相扯皮、拆台，群体便失去核心，因而难以形成群体凝聚力。如果领导班子是团结的、协调一致的，而主要的领导者有较高的权力性和非权力性影响力，众望所归，那么群体成员就会紧密地团结在领导班子的周围，使群体产生较强的凝聚力。

不同的领导方式对群体凝聚力影响也不同。心理学家在研究中也证实，在民主、专制、放任等领导方式中，民主型领导方式能使成员有充分表达自己意见的机会，成员有较强的参与意识，成员之间团结协作、互助友爱，因而有较高的凝聚力。而专制型和放任型领导方式往往降低凝聚力。

2. 群体的同质性

群体的同质性是指群体成员之间的相似性。彼此相似就能相互吸引。例如，群体成员有共同的奋斗目标、理想、信念，相同的需要、动机、兴趣与爱好，相同的民族与文化背景，相似的个性及个性心理特征等，这些都是群体的同质性。一般来说，同质性有相互吸引的作用，同质性越强，群体凝聚力也就越高。但是，当群体成员之间存在利益冲突时，工作性质相同，工作能力和水平相当，彼此不服气，可能会出现嫉妒等现象，这样会破坏群体凝聚力，造成群体内部的不团结。

3. 群体的外部压力

当某一群体受到外来的侵犯、攻击、竞争、威胁时，群体内部每个成员都面临生死存亡的威胁和压力，任何人没有单独逃避的可能。这时只有群体成员更加紧密地结合在一起，才能抵御外来的压力。一个企业面临激烈竞争的威胁，为了在竞争中求得生存和发展，也需要员工团结一致、齐心协力，增强群体的凝聚力。

4. 群体的精神

实践表明，如果某个群体在组织中具有显著的地位和影响，工作卓有成效、更具挑战性，群体的经济效益高，则群体成员会产生较强烈的认同感、集体荣誉感、成就感和归属感，都希望维护群体的荣誉，保持群体的先进性，因此，群体的凝聚力较强。群体成员会相互接纳、齐心协力、共同奋斗，使群体取得更有效的成就。相反，如果某个群体的社会地位低，工作绩效差，经济效益也低，则群体成员可能都想离开该群体，其吸引力、团结力、向心力就较差。

5．群体的规模和规范

从规模来看，小群体比大群体往往凝聚力更强，更趋向一致性。群体的人数过多、规模过大，容易造成意见分歧，信息交流与信息沟通受阻，从而降低群体的凝聚力。若群体规模太小，则会失去平衡力量，矛盾难以调解与解决，也会降低凝聚力，影响工作任务的完成。适度规模的群体可以增强凝聚力。

若群体有良好的行为规范与气氛，有共同的行为准则、健康的群体舆论和良好的信息沟通，则群体的凝聚力强；反之，若气氛差、缺乏好的行为规范与行为准则、缺乏健康的舆论和信息沟通，则群体的凝聚力弱。

一个缺乏凝聚力的群体会使组织内部矛盾尖锐、人才流失、利益亏损。群体凝聚力对群体行为和群体效能的发挥，对完成群体任务起着重要的作用。群体凝聚力是衡量一个群体是否有战斗力、是否成功的重要标志。因此，管理者在重视生产指标和组织目标的同时，必须加强群体的凝聚力和成员的协作力。

四、群体沟通的策略

在组织中群体沟通的策略主要包括以下两个方面。

1．遵守规则

规则是群体中各成员都应该自觉遵守的规定，它有利于群体步调一致、统一行动，有效、快速地解决问题。例如，组织中的小组开会，小组成员应该准时参加，这里说的“准时”就是日常工作中一个基本的组织行为规则。在对待小组成员某种冲突时，可以支持大家说出不同的意见，承认并积极面对冲突，要求把问题公开，面对面地辩论，这也是一个组织规则。由此可见，规则是与组织的文化融合在一起的。组织的价值观影响群体的规则，上级鼓励和支持的价值观最终会在员工的行为中得以体现，而群体的规则会影响成员的行为方式，这正是组织内部群体的沟通方式。

2．制定决策

在群体决策制定的过程中最能体现群体的沟通方式。群体参与决策的人数越多，信息量越大，考虑问题就可能越周全；决策得到越多人的支持，也就越容易得到贯彻。群体决策的制定分为以下阶段。

（1）群体的定位

首先，应确定其性质：群体属于临时组建的，还是需要维持较长时间的。

其次，明确群体召开会议的目的以及完成的工作任务。

通过群体会议，成员之间可以增进了解，为今后的共事打好基础。

（2）群体的冲突

群体成员在明确了任务之后，就要着手讨论如何采取有效的步骤和方法去完成任务。在这个阶段中，既有许多新的主意提出来，又有很多意见被否定或者被修改，也有可能被废弃。总而言之，群体成员在世界观、处事风格、个性等方面的差异开始显现，因此，在此阶段极易产生冲突。

（3）群体决策的产生

经过群体冲突阶段之后，群体在许多问题上开始达成共识。这是一个相当艰难的过程，它需要一些成员在某些问题上作出妥协。有时群体成员既想说服对方改变主意，又不能伤害对方的自尊。在此过程中，彼此应该相互信任，或者在思想意识和观念上的差异不能太大，否则，群体就有可能解体，或者有一些成员就要退出。当然，决策的实施很重要，必须有一些规范进行一定的约束。

（4）群体意识的增强

群体成员通过上述三个阶段的信息交流和互动，增进了彼此的了解和认识，并且逐渐形成了群体意识。这个阶段的群体显示出合作的氛围，大家会共同回顾决策过程中的各阶段，确认有关方案或最后决策的内容，为完成任务做准备。可见，群体成员之间需要通过不断的沟通和更多的群体实践活动来增强归属感和情感，从而确保群体持久、有效地运作。

第三节　团队沟通

一、团队沟通的定义

随着组织形式和组织活动内容的改变，团队管理的方法也必然随之改变。管理方法的许多改变在于进行民主的管理，组织各类活动将更多地依赖说服教育，而非强制命令。每个团队成员都是组织的主人，他们将积极参加各类活动，进行自我控制，并为组织活动出谋划策，自觉地为实现组织目标而努力。因此，团队成员间的有效沟通就发挥出越来越大的作用，甚至能决定一个团队或一个企业的兴衰成败，因此，进一步探讨和研究团队沟通是非常重要而有意义的。

团队沟通是指两名或两名以上的能够共同承担领导职能的成员为了完成预先设定的共同目标，在特定的环境中相互交流、相互促进的过程。团队的一切活动都要通过沟通来实现。

学者们通过大量的调研证明，员工参与管理的程度越高，他们对市场变化的反应就越敏感。而这种对外界变化快速反应的能力是大型组织很难具备的。实践证明，团队是一种有效的组织形式：传统的组织模式效率低下，而且对快速变化的市场缺乏敏感性。以团队为单位的运作形式十分精干、灵活机动，反应及应变能力强，员工参与度高的管理团队或自主式管理的团队已经开始取代传统的层级组织。

二、团队的类型

组织经常通过建立团队来完成任务，成立特别小组，以满足特殊需要或处理具体事务，许多组织把这种特别小组作为对特殊环境作出快速反应的方式。突发事件、自然灾害、技术创新或组织外部环境的不断改变，要求组织成立新的团队以适应相应的变化，因此组织可以根据内外部环境的变化建立特别小组，以监测运作的情况。组织中最常见的团队工作方式有两大类。

1. 项目团队

顾名思义，项目团队是为了完成一些特定的项目、产品或服务而产生的。通常，项目团队可分为三种。

（1）开发型

这种团队是由一起设计、开发某种新产品或服务的人员组成的，如产品开发小组等。

（2）解决问题型

这种团队旨在处理一个特殊的事件或解决一个问题，如××组委会、质量监督小组等。

（3）功能型

这种团队是跨职能运行的，团队成员需要对两个上级负责，即成员所属职能部门的上级领导以及该项目团队的管理者，如跨职能工作组。

项目团队中管理者的目的是管理各职能部门交界的空白处，也就是要做好协调管理工作，以确保项目顺利进行。

2. 工作团队

工作团队是由提供产品或服务的整个工作过程或部分工作过程的一群人组成的。工作团队中最重要的问题就是授权。为了使工作团队更有效地工作，管理层必须向工作团队授权。如果要求一群人在一起工作解决问题，这些人却无权决定实施自己谋划的方案，这样的工作团队就是毫无意义的。

按照实际授权的程度，工作团队又可分为以下三种：最低授权型、中等授权型和高度授权型。

工作团队的成员除了负责团队的所有工作外，还承担绩效评估、奖惩执行及薪酬管理等方面的责任。

三、团队沟通的要素

团队沟通的要素包括团队领导者的素质、团队规范的制定和团员成员的角色。

1. 团队领导者的素质

领导者的素质包括胜任工作的能力、值得他人信赖的能力、适应环境的能力、把握方向

的能力、职业精神以及高效的沟通能力。

在一个团队中，技术卓越超群者不一定具备领导能力，只有那些善于在任务前做好充分准备而成功完成任务的人，即具有超前意识和工作能力的人，才真正具备领导者的素质。

一个人的可信度是通过以下各个方面来体现的：个人自身的能力、令人信赖的品质、与团队保持一致的目标、充沛的精力。此外，人们往往还会依据其地位、级别、年龄、性别、影响力等因素判断一个人的可信度。

一位成功的团队领导者必须随时调整其行为，以适应团队的目标、价值观、特有的风格以及在具体情形下团队成员的需求，只有具备适应环境能力的领导者才是称职的。

坚持道德标准的领导者能够在团队中营造一种平等公正的沟通氛围，不会将自己的意志凌驾于他人之上，同时可以积极地影响团队成员，从而确保团队沿着正确、健康的方向前进。

团队领导者必须对自己的能力充满信心，全身心地投入团队运作的各个过程，并且勇于承担团队所赋予的使命。

2. 团队规范的制定

在团队中需要制定规范以约束成员的个体行为。规范为团队确立了一定的秩序，在团队沟通中，许多秩序来自规范。

规范是在团队中发展起来的，包括行为、思想和感觉。在团队内部，规范的形成与延续需要团队成员的默契与相互认同。如在团体组织开会时，通常小组开会的时候都是按照顺序来发言的，按组长、副组长、级别的排列或工龄的长短依次进行，而不是随意地抢先发言，除非团体另有安排。这就是团体中不成文的规范。一旦发生被触犯的情况，其他成员就会以不同的方式对“违规者”施加压力，迫使其遵守。因此，团队内的沟通有时会显得很微妙。刚入职团队的新成员应该接受团队中的这种潜移默化的影响。

3. 团队成员的角色

每个团队均由若干成员组成，这些成员从团队成立之后到团队解体之前都扮演着不同的角色。根据团队成员扮演的角色能否对团队工作起到积极的作用，角色可分为以下两类。

（1）积极的角色

积极的角色包括善于确定团队的目标，并激励下属完成任务的成员：领导者、谋略者、信息员、协调员、追随者和旁观者，他们善于以局外人的眼光对团队工作作出评价，并提出建设性意见和建议。

（2）消极的角色

消极的角色包括绊脚石、自我标榜者、支配和干扰者、逃避者——与他人保持距离、对工作消极应付的成员。

四、优秀团队的特征

优秀的团队必定是高效的，它具有以下特征：

1. 共同的价值观

一般来说，企业核心文化由三大块组成。

（1）愿景

愿景是企业对内部的承诺，即企业最终实现的目标。如迪士尼的愿景是“成为全球的超级娱乐公司”。

（2）使命

使命是企业对外部或是对社会的承诺，即企业对社会需要承担什么责任。如阿里巴巴的使命是“让天下没有难做的生意”。

（3）价值观

价值观是基于人的一定的思维感官而作出的认知、理解、判断和抉择，从而认定事物、辨别是非的一种思维或取向。对企业管理来说，通俗地讲，企业的价值观就是为践行使命和愿景而指导企业员工的最终行为准则。价值观对行为动机有导向的作用。比如 IBM 的核心价值观是“成就客户，创新为要，诚信负责”。

愿景、使命和价值观构成一个三角：以团队成员普遍认可的、共同的价值观为底座，支撑与实现企业的双翼——愿景和使命。所以，共同的价值观是企业成功不可缺少的条件，是优秀团队的第一大特征。

2. 相互信任与尊重

古语云：“士为知己者死。”团队成员之间的信任是非常重要的。对团队来说，信任就是指团队成员相信同事的言行。信任是真正意义上的团队协作的基础，是建立高效团队至关重要的条件。在团队中，信任和尊重尽管为两个不同的概念，但这两个词是相辅相成、相互促进的关系。在一般情况下，信任自然会带来尊重；同时，尊重也会产生信任、促进信任。

3. 魅力与激情

魅力主要是指团队领导、团队负责人的个人魅力。不管团队大小，团队领导均要有打造和驾驭团队的能力：打造和驾驭团队在很多时候体现了这个团队领导的个人魅力。不论是企业还是部门，领导或决策人的作用都至关重要。

古语云：“千军易得，一将难求。”一个团队的决策者除了要为人正派，品德高尚，在知识、经验、胆略、才干和能力方面有过人之处外，还应严于律己，处事公正，讲原则又不乏灵活性。总的来说，决策者要具有领导的个人魅力。

苹果公司的乔布斯被认为是最有魅力的领导者之一。乔布斯吸引了大量人才加入苹果公司，比如原百事可乐的总裁约翰·斯卡利。乔布斯邀请约翰·斯卡利来苹果公司时，苹果还是个小公司，约翰·斯卡利不愿辞去稳定的大公司的总裁职务，一直在犹豫。但乔布斯的一句话最终打动了他：“你想卖一辈子糖水，还是改变世界。”约翰·斯卡利最终加入了苹果公司，显然他认为乔布斯是能带领他改变世界的人，这就是乔布斯的个人魅力所在。

激情是指团队成员充满热情地工作与生活，团队激情是团队成员即员工激情的综合体现。充满激情，员工不仅可以释放出潜在的巨大能量，还可以发展出一种坚强的个性；充满

激情，员工可以把枯燥乏味的工作变得生动有趣，使自己充满活力；充满激情，还可以感染周围的同事，拥有良好的人际关系；更为重要的，充满激情，可以感染客户，从而实现更成功的工作业绩。

4．互补与创新

团队成员之间，尤其是团队核心成员之间的知识、能力与性格最好是互补关系。因为团队任务需要一个整体去完成，而不是个人单打独斗，能力互补的成员能有效拓展团队优质完成任务的广度和宽度。当然，互补需要以共同的价值观为前提。

俗话说："金无足赤，人无完人。"只要我们能正确认识到自己的缺点，然后去避免，去寻找在自己欠缺的方面表现优秀的伙伴，一起发展与成功，这就是互补。

巴菲特和查理·芒格是互补的典型。他们两人被称为黄金搭档，在工作上简直是天作之合，一个善于抓细节，另一个善于作统筹。巴菲特自己这样形容查理·芒格带给他的帮助："查理拓展了我的视野，让我以非同寻常的速度从猩猩进化到人类：没有查理，我会比现在贫穷得多。"比尔·盖茨也认为："如果没有芒格的辅佐，巴菲特恐怕很难做得这么好。"

在企业的各部门中，不同学历、专业和经验，不同性格和经历的员工需要有一个合理的分布，一个优秀的团队需要多种知识和技能的横向联合。要有精明的决策者、全面的组织者、踏实的执行者、机敏的反馈者、冷静的咨询者、廉明的监督者，做到"八仙过海，各显其能"。有了互补的伙伴，才有适合创新的土壤。当下的世界企业只有不停地创新，才能保证不落后，才能保持持续发展的可能。只有能够创新、勇于创新的团队，才能真正为企业创造高绩效。

5．授权得当，赏罚分明

授权需要沟通，授权过程其实就是一个沟通的过程，只有沟通明确了、到位了，授权才算真正地完成。沟通也离不开授权，有了一定的授权，才会更好地促进沟通；完全没有授权，沟通势必无法进行或寸步难行。

执行需要跟踪，需要出结果，无论是跟踪过程发现问题还是对结果的最终评价，都离不开奖惩。奖惩的作用是对执行进行监督及对结果进行评估。

只有组织横向、纵向沟通良好，执行强有力，授权合理充分，赏罚分明，团队才会有力量，目标才能完成。

6．归属感与凝聚力

归属感是指个体与所属群体间的一种内在联系，是某一个体对特殊群体及其从属关系的划定、认同和维系。归属感是这种划定、认同和维系的心理表现。

心理学家研究认为，缺乏归属感的人会对自己从事的工作缺乏激情，责任感不强。

归属感的形成是一个由浅入深、渐进互动的过程。在组织中影响归属感的因素有合理的待遇与报酬、公平合理的制度、舒适的工作环境、关心与关怀（感情）、个人规划（前景与事业）。归属感的培养是一个长期的、复杂的、动态的过程，需要我们共同努力。格力电器董事长兼总裁董明珠曾提出，一个人要学会对企业、对他人负责，同时具有拼搏与奉献精神，具备这样的素质后，在任何岗位都可以做得很成功。

归属感与奉献是相辅相成的，没有归属感，就谈不了奉献；如果没有持续奉献，也很难有归属感。

团队的领导者要在团队中营造一种集体的凝聚力，就是增强团队对成员的吸引力、成员对团队的向心力，团结团队中的每个成员，从而为将团队打造成一个优秀的团队而打下坚实的基础。只有让团队里的成员产生集体归属感和荣誉感，团队里的每个成员才可能自发地从内心散发出友爱互助的情怀。这样，友爱互助和集体荣誉感两者才能相辅相成、交相辉映、共同升华，一致为打造一个优秀的团队添砖加瓦。

在一个团队中，可能数名成员扮演同一个角色，也有可能一名成员扮演多个角色。另外，这种角色是动态的，往往会因团队领导的不同风格，团队工作的目的、性质、结果，以及工作环境的变化而变化。

五、团队沟通的策略

不同的团队在不同的发展阶段要采用不同的沟通方式。

1. 不同发展阶段的团队沟通

团队的形成和发展大致可分为四个阶段：初创阶段、初见成效阶段、持续发展阶段和成熟阶段。

（1）初创阶段

这一时期的团队沟通表现为谨慎相处型。由于团队刚建立，缺乏稳定性，这时的团队尚未确立统一的愿景，缺乏运作规范，领导职责不明确，成员之间也在相互适应中。从本质上讲，新形成的团队缺少组织文化，成员缺乏对团队的认同。这个阶段的团队成员或表现出谨小慎微，即通过评价其他成员的态度和能力来决定自己该怎样做，他们对团队的归属是暂时性的；或者表现出很强的个人主义意识，缺乏对本团队的认可和忠诚。这个阶段团队的工作效率很低，因为成员之间需要时间相互适应。

（2）初见成效阶段

这一时期的团队沟通表现为相互竞争型。一旦团队确立了统一愿景，团队便开始完成组织所分派的任务。在这一阶段，尽管团队成员提出了有关团队使命、目标、运作规范及领导者等问题，但团队本身因为尚未形成团队文化，其成员还是没有明确的团队意识。不过，这一阶段相对上一阶段多了一些活力和协调。团队成员为了其在组织中的地位或影响力而相互竞争，成员之间在目标和主导性问题上发生争执，并且想方设法争取领导权。与此同时，团队成员对彼此的知识和技术能力开始有所认识。

由于团队成员的经历不同，特别是团队中的相当一部分人过去曾在一个紧密协作的团队中工作，这一过程中的竞争关系可能会弱一些。有些团队在这一阶段可能会陷入困境，无法在操作程序和优先权的问题上达成共识，甚至有时连应对常规问题都存在困难，更不用说如何面对那些新的难题了。

有些团队在第二阶段会止步不前，由于无法达到组织创建团队时的目标而出现功能失调。同样，即使是成熟的团队也会停滞不前，因拒绝接受新思想、新观点而背离原定的团队目标。另外，由于团队成员存在个性差异，在团队工作过程中，一些成员的性格显得与其他人格格不入。在这个阶段陷入困境的团队很可能从初见成效转变为功能失调。

（3）持续发展阶段

这一时期的团队沟通表现为和谐型。当团队度过竞争阶段之后，建立起了大家认可的正式或非正式的团队运作规则和工作程序，团队成员之间的合作显得比竞争更重要，他们能够像一个整体一样发挥作用。尽管成员在有关新方法或职位认定等问题上会存在分歧，但是这一阶段的团队成员对不一致持开放的态度，认为团队中的每个成员都可以发表不同的观点，提出不同的意见。

（4）成熟阶段

这一时期的团队沟通表现为协作进取型。进入成熟期的团队能够紧密协调地合作，因为团队成员已将团队文化完全消化吸收，进而融为自我意识的一部分。他们了解团队对每个成员的期望，因此会将时间和精力花在实质性问题，而非一些程序性问题上。和谐的团队通常为自己制定很高的标准，因为他们了解自己的能力，并且相信每个人都能够履行自己的职责。团队成员以自己是团队的一员而自豪，也以自己能为团队的成功作出贡献而感到骄傲。

处在成熟阶段的团队，一方面更具协调性，另一方面存在变得僵滞的危险。由于团队成员都了解各自的特点和办事方式，因此会变得自以为是，做事很容易想当然，而不是深思熟虑。集体的意见代替了团队讨论中有建设性的观点，这样就会轻易地抹杀掉个体的特性和建设性意见。如果团队进入这一阶段，则会很少去寻找或接受新的观点和思维方式，容易形成团队的官僚主义。团队中成员的关系既是一种协调性极强的沟通渠道，又是团队自身健康运作的束缚绳索，使其无法为组织创新和提高组织效率发挥应有的作用。

2. 团队决策的模式

团队决策是为充分发挥集体的智慧，由多人共同参与决策分析并制定决策的整体过程。其中参与决策的人组成了决策团队，而决策制定是团队互动的核心。

团队是为完成某项特定任务而创建的。这样的任务往往难度较大，时间紧迫而且团队会遇到各种困难和问题，这就意味着团队成员需要针对这些困难和问题，不断加以分析、作出决策，并有效解决问题，最终完成任务。因此，决策构成了团队的关键任务。

团队成员所具有的社会文化背景和信奉的价值观会被反映在团队决策中，团队氛围受文化价值观的影响。良好的团队氛围是团队决策实现的前提。

团队决策的方法可以是多种多样的，甚至在决策过程中也常常会发生变化。人们在团队决策中通常采用以下三种模式。

（1）议会讨论法

议会讨论法的具体程序如下：首先由某个团队成员对某个建议或提议进行陈述，其次由大家共同展开辩论、修改、完善，最后投票表决。虽然这种方法既烦琐又耗时，但它确保了多数人参与、充分沟通以及发表各自见解和投票的权利。议会讨论法最适用于议会及各类正式商务会议。

（2）头脑风暴法

这是开发团队创意最常用的方法，由美国人最早提出。这种方法的主要目的是鼓励团队成员畅所欲言，从而集思广益、引发创意。

采用头脑风暴法应该遵循以下原则：杜绝批评和嘲讽；鼓励随心所欲、自由畅想；欢迎献计献策，多多益善；寻求最佳方案。

这种决策过程的前提是团队中的每个成员都必须自觉遵守游戏规则或者有人充当协调员来维护这些游戏规则。

（3）德尔菲法

德尔菲法又称专家意见法，是依据系统的程序，采用匿名发表意见的方式，即团队成员之间不得相互讨论，不发生横向联系，只能与调查人员交流，对多轮次调查专家对问卷所提问题的看法进行反复征询、归纳、修改，最后汇总成专家基本一致的看法，作为预测的结果。该方法是由兰德公司（美国联邦政府的一个智囊团）于 20 世纪 50 年代发明的。它是主要借助“监督小组”和“解答小组”之间的有效互动，收集专家意见，用来构造团队、沟通流程、应对复杂任务难题的管理方法。其具体程序如下：

一是监督小组首先就某一个问题设计出一套问卷，然后由解答小组解答。解答小组的成员可以是某一领域或多个领域的专家，也可以是普通人，其具体成员构成取决于问卷的目的、专家人数，可根据预测课题的大小和涉及面的宽窄而定，一般不超过 20 人。它在一定程度上反映出解答小组成员的知识面和判断力。因此，选择合适的人参与解答小组是成功实施德尔菲法的重要前提。

二是解答小组成员在互不联络的情况下，单独完成问卷。

三是当解答小组完成问卷之后，监督小组将问卷进行汇总，然后将数据、资料反馈给解答小组。同时，为进一步了解小组中意见相同和分歧的情况，再提供一份问卷让解答小组完成。这一程序有时可能需要重复多次，当然问卷需要不断进行修改，以适合具体情况。这样多次反馈并用统计方法对数据信息进行处理，其结果比较客观。

四是监督小组最后就问卷结果写出分析报告，供决策者使用。

五是根据有关标准检测各个方案。

六是挑选最佳解决方案。

思考与练习

一、单项选择题

1．收集专家意见，用来构造团队、沟通流程、应对复杂任务难题的管理方法是（　　）。

A．头脑风暴法　　B．议会讨论法
C．德尔菲法　　D．调研法

2．团队成员对不一致持开放的态度，认为团队中的每个成员都可以发表不同的观点，提出不同的意见的团队管理阶段是（　　）。

A．初创阶段　　B．初见成效阶段
C．持续发展阶段　　D．成熟阶段

3．团队成员个人主义意识较强，缺乏对本团队的认可和忠诚，工作效率很低的团队管理阶段是（　　）。

A．初创阶段　　B．初见成效阶段
C．持续发展阶段　　D．成熟阶段

4．沟通是管理中的黏合剂，可以理解为（　　）。

A．沟通可以将个体与团体捆绑在一起　　B．沟通有利于消除摩擦
C．沟通促进个体发展　　D．沟通不可或缺

5．团队沟通中，善于增强团队凝聚力，提高团队成员士气的成员是（　　）成员角色。

A．信息员　　B．协调员
C．评估者　　D．激励者

二、多项选择题

1．团队决策的模式有（　　）。

A．议会讨论法　　B．冥想法　　C．头脑风暴法　　D．德尔菲法

2．项目团队可分为（　　）。

A．开发型　　B．解决问题型　　C．功能型　　D．工作型

3．按照实际授权的程度，工作团队又可分为（　　）。

A．无授权型　　B．最低授权型　　C．中等授权型　　D．高度授权型

4．影响群体凝聚力的因素包括（　　）。

A．群体的领导　　B．群体的异质性
C．群体的外部压力　　D．群体的精神

5．在组织中的群体沟通的策略是（　　）。

A．遵守规则　　B．制定决策　　C．当面辩论　　D．集体调研

三、判断题

1．发言就是讲话，两者没有什么区别。（　　）

2．根据信息载体的异同，沟通可以分为语言沟通和非语言沟通。（　　）

3．演讲的语言特点是结构复杂，修饰成分多，句子长。（　　）

4．网络沟通即时方便高效，因此组织无须对网络沟通进行管控。（　　）

5．通常人们在瞬间接收信息并作出反应，第一感官显示的是图形，其次是文字，再次是色彩。 （ ）

四、思考题

1．举例说明群体与团队的差异。
2．你认为团队成员应扮演好怎样的角色？
3．领导者的素质对团队的影响如何？
4．为什么在团队发展的第二个阶段团队成员的有效沟通尤为重要？
5．描述影响该团队工作效率的沟通行为以及所采用的决策模式。

五、案例分析题

王明是一家特许零售店的区域经理，这个特许零售店在全国共有 100 多家分店。作为区域经理，他负责广州的 9 家分店。区域经理是各分店和总部之间的联络员，职责包括监控个体商店，以确保其遵守特许协会的规定，处理分店的客户抱怨，介绍新产品和管理地区广告项目。

王明已在这家公司干了 7 年，他负责广州的 9 家分店与总部之间的沟通工作。最近有一件事让他烦恼不已，这就是关于各分店的营业时间问题。传统的营业时间是从上午 9 点到晚上 9 点，从星期一到星期天。总部要求分店的营业时间每周至少 84 小时。但是，最近有几位经理，特别是城市郊区的，强烈要求改变营业时间。他们认为，晚上 6 点以后生意就少了，可以提早关门。与此同时，市内的分店却想开得长些，因为晚上的生意更多。然而，根据特许协议的规定，一个地区的所有分店应该维持同样的营业时间。

这个问题一直没有得到妥善的解决，它成了王明走访时一个经常讨论的话题。现在王明决定召开一次会议，以便能够系统分析及解决分店营业时间的问题。

王明开始思考应该采取何种会议形式、到会的人应该有哪些、要做哪些会前准备等问题。

资料来源：百度文库.

案例分析：

请你帮王明一起思考这些问题，并思考王明召开会议是不是个好主意。

第六章 组织沟通

学习目标

1. 了解组织沟通的含义、特点与作用。
2. 熟悉组织沟通的过程。
3. 认识影响组织沟通的因素。
4. 明确组织沟通的渠道与方式。
5. 掌握提高组织沟通效率的策略。

素质目标

1. 通过对组织沟通的学习，能突破以往的职责思维边界，从组织及其结构的全局去理解系统运转。
2. 对待上级、同事，秉持办事公道的职业道德。

案例导入

百安居的管理沟通

百安居（B&Q）是世界著名的仓储式家居装饰建材连锁超市，曾获“英国最佳雇主”称号。百安居认为管理重在沟通，并通过建立各种渠道倾听员工的心声，使员工的想法和建议充分受到尊重。

百安居传统的沟通方式强调上下级之间的双向沟通和一对一沟通，员工遇到问题可以直接找上级反映，不存在戒备森严的等级制度。

百安居还制定了完善的沟通反馈制度。例如，每月召开一次的“草根会议”，实际上是各家商店和总部的各个部门一起定期召开的基层会议，任何一位员工都可以在会议上提出问题和建议。而公司高层领导都很重视这种倾听员工心声的机会，他们会分别参加各个会议，面对面地了解员工的想法，并公开进行对话。对会上提出的问题，管理层和相关部门会制订行动计划，然后跟进解决，并在下一次会议上向员工通报解决的情况。

如果员工觉得有些问题当面交谈比较尴尬，或者离总部比较远，则可以选择发邮件到专门的电子邮箱或者打电话。百安居设立了一个对员工免费的 24 小时录音电话，叫作 Easy

Talk，员工可以向总裁或总经理反映任何问题。Easy Talk 每天由专人接听整理，然后汇报给高层领导，并及时对来电作出反馈。

另外，百安居还通过员工调查的形式来了解员工的真实想法。了解员工的实际需求，尊重员工的意愿，是百安居一贯遵循的原则。

资料来源：肖晓春．人性化管理沟通［M］．北京：中国经济出版社，2008.

良好的沟通是企业成功的金钥匙。它不仅有助于企业管理，而且会使组织成员感受到尊重和信赖，从而产生极大的责任感、归属感和认同感，使员工心甘情愿为企业效力。

第一节　组织沟通的含义、特点与作用

彼得·德鲁克指出，管理包括“在组织内部和外部进行信息联系”，管理者共同的管理职责包括“加强组织内的信息沟通和联系”。日本经营之神松下幸之助说：“企业管理过去是沟通，现在是沟通，未来还是沟通。”通用电气公司总裁杰克·韦尔奇说：“管理就是沟通、沟通、再沟通。”这些世界顶尖管理理论和实践家告诉我们：沟通是管理活动和管理行为中重要的组成部分，是企业和其他一切管理者最为重要的职责之一。正因为如此，国内外许多企业纷纷开始重视对管理者沟通能力的培养和锻炼。

一、组织沟通的含义与特点

组织沟通是指发生在组织中的人际沟通，是在组织结构环境下的知识、信息及情感的交流过程。在组织沟通中，仍然是组织中的人们在相互地进行沟通，而不是组织本身。

在组织中，人际沟通构成组织沟通最普遍的形式。组织沟通不同于一般的人际沟通，它有如下的特点。

1．组织沟通有明确的目的

组织沟通的目的是影响对方的行为，使之与实现组织的整体目的相符，并最终实现组织目标。这种行为的改变包括知识的增加、态度的改变或行为的变化。

2．组织沟通活动是有计划的

组织沟通活动是按照预先设定的方式，沿着既定的轨道、方向、顺序进行的，是作为一种日常管理活动而发生的。

3．组织沟通与公司的规模有关

如果公司规模大，沟通途径就会比较规范，沟通过程也就会较长；如果公司规模小，则其组织沟通可能不完全依赖正式、规范的沟通体系和顺序，沟通过程也较短，沟通的结果也

容易控制。

4．组织沟通是管理的一项日常活动

组织对信息传递者有一定的约束，管理者必须对自己的沟通行为负责，并确保实现沟通目的。

二、组织沟通的作用

在组织内部，组织沟通具有管理沟通的一般作用，如实现有效管理、构建工作关系，是组织的润滑剂、黏合剂、催化剂等。

此外，企业的生存和发展离不开与外界的沟通。只有与组织外部的政府、顾客、股东、社区及媒体等进行相互沟通与信息交流，企业才会走向社会，并树立良好形象。组织外部沟通不仅有助于企业获得充分的外部支持以及提高经济效益，也是企业回馈社会的重要途径。组织沟通对组织外部的作用如下。

1．获取信息和知识

组织在与外界沟通的过程中主要进行信息的交流，需要有关价格、竞争、技术、财务以及商业和政府服务等方面的信息。这些情况有助于企业了解有关产品研制、生产、质量、市场、战略及各种生产要素间的组合等信息，并为企业内部决策提供基础资料。

2．协调组织间的关系

组织与外部沟通的同时，伴随着物质流、资金流和人才流，最终将协调组织间的关系。

3．维护组织形象

良好的企业形象，对改善企业与供应商、合作企业、顾客、政府等的关系都有积极作用。

4．为顾客提供服务

在竞争激烈、顾客决定企业能否生存的情况下，企业最普遍、最重要的外部沟通功能就是为组织的顾客提供服务交流活动。对于企业来说，只有与顾客关联，才能体现企业价值。而与顾客的关联离不开沟通。

第二节　组织沟通的类型

信息在组织进行沟通时流动的渠道可以分为两种类型：正式沟通和非正式沟通。二者是同时存在的，管理者应该有效地利用这两种渠道来提高组织沟通的效率。

一、正式沟通

正式沟通是按照组织结构所规定的路线和程序进行的信息传递和交流，如组织间的信函往来、组织内部的文件传达、汇报制度等。人们一般将官方、有组织或书面的沟通视为正式沟通。

正式沟通具有信息精确、逻辑性强、内容规范、信息量大、概括性强、重点突出等特点，且具有极强的权威性和保密性。沟通渠道越正式，对内容的精准性和对受众定位的准确性要求就越高。但是正式沟通往往比较刻板，缺乏灵活性；如果不是书面语言，层层传递之后存在信息失真和扭曲的可能。同时，由于正式沟通一般是单向沟通，缺乏反馈机制，沟通效果难以保证。

正式沟通的方式主要包括组织系统正式发布的命令、指示、文件，组织召开的正式会议，组织正式颁布的法令、规章、手册、简报、通知、公告，组织内部上下级之间和同事之间因工作需要而进行的正式接触等。按照信息的流向，正式沟通可以分为纵向沟通、横向沟通与交叉沟通三种形式。

1．纵向沟通

（1）上行沟通

上行沟通是指信息在组织中从较低层次传向较高层次的一种传递方式。其主要是下属依照规定向上级提出正式的书面或口头报告。除此之外，许多机构还采取某些措施以鼓励上行沟通，如报告、面谈、调查、座谈会、电话、提案、意见等。如果没有上行沟通，管理者就不可能了解员工的需要，也可能不知道自己下达的指示或命令正确与否，因此，上行沟通在组织中非常重要。

（2）下行沟通

下行沟通是指信息在组织中从较高的层次传向较低层次的一种传递方式。有人认为下行沟通就是信息从管理者传递给一线员工的沟通。其实不然，很多下行沟通都是发生在管理层内部的。下行沟通是传统组织中最主要的沟通方式，一般以命令、说明、面谈、演讲、会议、电话、训话等方式传达上级组织或其上级所决定的政策、计划、规划之类的信息。例如，生产副总经理可能指示车间经理加紧制造一种新产品，车间经理再向主管人作出详细指示，主管人以此为依据指示一线的员工。

不论是在上行沟通还是在下行沟通中，信息的传递都会出现遗漏或者误解。如图 6-1 所示，展示的是某企业在纵向沟通中，一线员工的意见和建议从基层反映到管理层出现了扭曲和偏差。

一个组织过于庞大，当中间层次太多时，信息便会在传递过程中发生变质，这是组织沟通中最常见的障碍之一。造成这一障碍的主要原因就是中间的传递人员在接收到信息之后，会不由自主地掺杂一些自己的主观因素。据研究分析，一条 100%正确的信息从最高层传出来，最后达到信息接收者的时候，就只有 20%的正确性了。这也是我们在第一章讲过的“沟通漏斗”现象。

管理者	接收到的消息
董事长	管理和工资结构是非常出色的；福利和工作条件是好的，而且会更好
↑ 副董事长	我们非常喜欢这种工资结构，希望新的福利和工作条件将会改善；我们非常喜欢这里的管理工作
↑ 总经理	工资是好的，福利和工作条件还可以，明年还会进一步改善
↑ 主管	工资是好的，福利和工作条件勉强可以接受，我们认为应该更好一些
↑ 工人	我们感到工作条件不好，工作任务不明确，保险计划很糟糕，然而我们确实喜欢竞争性工资结构，我们认为公司有潜力解决这些问题

图 6-1　纵向沟通效果图

想要解决这一问题，一方面需要增强组织中各个层次人员的责任心和沟通能力，避免信息传送的失真；另一方面需要积极地调整组织结构，明确各个机构的分工，减少冗杂信息传送过程。一个优秀的组织需要一个优秀的管理者，更需要能够有效地沟通。因此，需要管理者增强自身能力，治理有方，沟通有效。

领导是一个集体的核心，成员是这个集体的元素，只有元素之间相互配合得好，集体才能发挥最大的功效，而元素之间的相互配合有赖于领导的有效组织。

作为一个组织的领导，与下属的沟通是非常重要的，但是由于身份的特殊，很少有下属愿意主动地与领导交流。因此，作为一个组织的领导，需要主动跟自己的下属多交流，消除因为自己管理者身份造成的与员工的沟通障碍，从而更好地了解员工的情绪、组织的运转情况，以便能更好地、全面地作出组织决策。

2. 横向沟通与交叉沟通

横向沟通是指信息在组织中同一层次的不同部门之间的传递和交流。交叉沟通（也称斜向沟通）是指信息在组织中不同层次的不同部门之间的传递和交流。横向沟通和交叉沟通通常采用的形式是会议、面谈、电话、文书、备忘录、报表等。在现实中，各种组织根据具体情况广泛地存在横向沟通和交叉沟通，因为事实证明它们有助于增强沟通效果。这两种沟通都跨越了不同部门，脱离了正式的指挥系统，但只要在进行沟通前先得到主管的允许，并在沟通后把任何值得肯定的结果及时向主管汇报，这种沟通便是值得积极提倡的。

图 6-2 是组织中的纵向沟通、横向沟通和交叉沟通示意图。

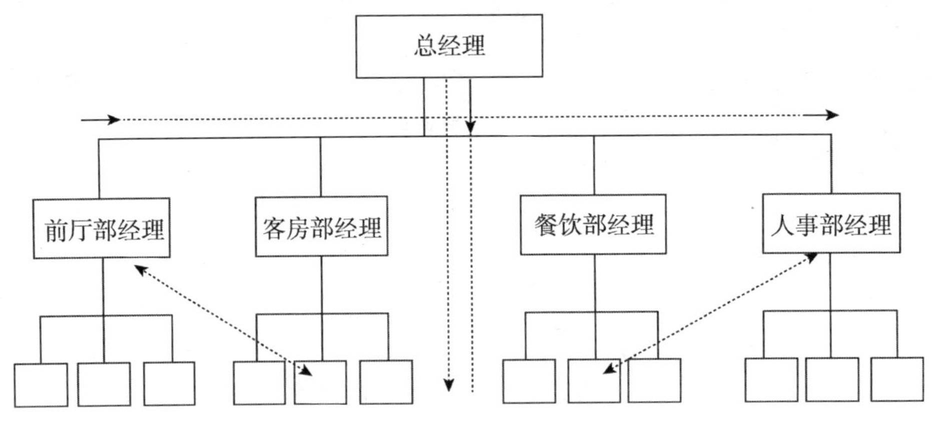

图 6-2　组织结构与信息流

二、非正式沟通

非正式沟通是以社会关系为基础、不遵循组织内部的规章制度的一种沟通方式。它的沟通对象、时间及内容等都是未经计划和难以辨别的。因为非正式沟通是由于组织成员的感情和动机上的需要而进行的行为，其沟通渠道是组织内的各种社会关系，这种社会关系超越了部门、单位及层次。非正式渠道不是由管理者建立的，管理者往往很难控制。非正式渠道无所谓好坏，主要在于管理者如何运用。在相当程度上，非正式沟通是形成良好组织氛围的必要条件。相比较而言，这种沟通有较大的弹性，可以是横向的和斜向的，而且传递速度很快。

在很多情况下，来自非正式沟通的信息反而易于受到信息接收者的重视。由于这种沟通一般是以口头方式进行的，不留证据，不负责任，有许多在正式沟通中不便于传递的信息却可以在非正式沟通中传递。

非正式沟通往往起源于人们爱好闲聊的特性，闲聊时的信息被称为传闻或小道消息。根据专家的研究，组织中 80%的小道消息是正确的。但组织并不能过分地依赖这种非正式沟通途径，因为这种信息遭到歪曲或发生错误的可能性较大，而且往往无从考证，尤其是与员工个人问题紧密相连（如晋升、待遇、改组等）时，常常会发生所谓的“谣言”，这种谣言的散布对组织往往会造成较大的麻烦。

非正式沟通的优点是不拘泥于形式，直接明了，传播速度很快，容易及时了解正式沟通难以提供的内幕消息。其缺点是难以控制，传递的信息不确切，容易失真，而且可能导致小集体、小圈子的盲目乐观或者担心和恐慌，影响组织的凝聚力和人心稳定。所以管理者应该予以充分注意，杜绝起消极作用的小道消息，并利用非正式沟通为组织目标服务。

当组织制定出整体工作目标后，管理者应该督导全体员工去执行。如果管理者不能一直监督员工执行的情形，则员工不但会脱离正轨，而且会认为管理者并不在乎这项计划。因此，四处走动的管理方式就是要随时与员工保持密切接触。这样，员工会觉得你很亲切，你愿意听他们说话，同时，管理者可以随时知道员工在做些什么，许多潜在的危机就这样被发现并且得到解决。

第三节　组织沟通的方式

组织沟通的方式是指组织沟通所采取的具体方法和手段，有时也称沟通方法。组织在沟通的过程中可选择的方式有许多种，即使在同一沟通过程中，也可以组合多种方法或者不断变换方法。

一、组织内部的沟通方式

要搞好组织内部的沟通，除了要掌握企业内部人际关系类型、了解各种沟通模式之外，还必须具备一套系统的、完善的沟通制度，这样才能取得最佳的沟通效果，使企业走上科学化、程序化、规范化的道路。内部沟通制度主要包括员工建议制度、领导来访接待制度、例会制度等。企业应根据本企业实际情况制定相应的沟通制度，并将其落到实处，切实贯彻执行。

1．指示与汇报

（1）指示

指示是上级指导下级工作，传达上级决策经常采用的一种下行沟通方式，它可以使一个项目启动、更改或终止。指示一般是通过正式渠道进行的具有权威性、强制性等特点的沟通方式。

指示可以具体分为书面指示和口头指示、一般指示和具体指示、正式指示和非正式指示等。在决定指示是书面的还是口头的时候，应考虑的问题是上下级之间的信任程度和持久性，以及避免指示的重复等。如果上下级之间信任程度较高、持久性好，则采用口头指示和通知即可。对重要的决议或命令，为了避免司法上的争执和增加其权威程度，或是为了对所有有关人员宣布一项特定的任务，则应该用书面指示。

（2）汇报

汇报是下级在总结工作、汇报思想、反映情况、提出建议时进行的一种上行沟通方式。

汇报可分为书面汇报和口头汇报、专题汇报和一般性汇报、非常正规的汇报和较为随意的汇报。有些汇报不仅要用书面的形式，还要加上口头的方式，如政府的工作报告等。有些汇报则只需要书面的或口头的形式。不同的组织，其对汇报方式的规定是不同的。

2．会议与个别交谈

组织沟通的本质是组织成员间交流思想、情感或交换信息。采取开会的方式，就是提供交流的场所和机会。会议这种沟通方式具有以下一些特点：可以集思广益，与会者在意见的交流过程中可以获得一种满足；在意见交流后，也会产生一种共同的见解、价值观念和行动指南，还可以密切相互之间的关系。会议可以使人们了解决策的过程，从而竭尽全力地去执行会议的决议。通过会议，组织可能发现人们所未曾注意到的问题，并加以认真研究和解决。

个别交谈是指组织成员之间采用正式或非正式的形式，进行个别谈话，以交流思想和情感，或征询谈话对象对组织中存在的问题和缺陷的看法，或对其员工的看法和意见等。个别交谈具有无拘无束、双方都感到亲切并且相互信任的优点。这对双方统一思想、认清目标、体会各自的责任和义务都有很大的好处。此外，在个别交谈中，人们往往愿意表露真实思想，提出有些不便于在会议场所提出的问题和意见，从而使沟通双方在认识、见解等方面更加容易取得一致。

3. 员工手册

员工手册主要是用来向新员工或来访者详细介绍企业发展概况、规章制度、工作性质及有关要求的一种沟通形式。员工手册涉及企业的建议制度、医疗方案、利润分享、劳保措施、退休制度、娱乐设施、培训教育以及企业的政策等多项内容，使员工在工作和生活中能非常方便地查找到所需的专门信息。员工手册不仅能使员工更好地了解企业，而且能让员工清楚地知道自己该做什么、怎样去做、向谁负责。

4. 内部刊物

内部刊物主要是以企业内部员工为读者对象的刊物，主要有简报、快讯、电子读物等形式，内容包括时事通讯、企业消息、文化艺术、体育娱乐等。内部刊物一般定期或不定期发行。许多企业的内部刊物大多以免费赠阅的方式发行：内部刊物是企业内部沟通的重要手段之一，企业内部刊物的相关工作人员必须掌握写作、编辑、摄影、设计等知识和技能，不断提高内部刊物的质量。

5. 宣传告示栏与网站

宣传告示栏是另外一种类型的沟通方式，许多组织在其公众场合都有海报栏、信息栏。这是一种非常有效的组织沟通方式。它具有成本低、沟通面广、沟通较为准确和迅速的优点。

随着技术的飞速发展，公共宣传告示栏已向网络化转变，如电子公告牌（BBS）、微信群等。内部刊物也在向这种无纸化、网络化的方向转变，其类似的方式有组织内的有线电视、组织内的网络通告等。

6. 培训

培训是组织和员工发展的重要途径。所谓培训，就是教育一个组织的成员在他们的工作中更熟练地运用工作技能、知识及组织文化的过程。随着外部环境的变化以及组织所承担的任务的复杂性，员工需要通过培训来获取和更新知识及技能，培训已经成为组织进行群体认同以及工作整合的重要组成部分。培训也是大量信息沟通的过程，是信息聚合的过程。另

外，通过培训活动也会达到其他的管理目的，如改善组织的社会气氛及文化行为，以便增进对组织目标的认同和理解。

7. 意见箱

意见箱是最常见的保障上行沟通的途径之一。意见箱产生的初衷是提高产品的质量和生产效率，管理者相信一线员工肯定对此有独到且有效的见解。收集生产建议的意见箱后来渐渐演变成收集员工反馈信息、倾听员工心声的上行渠道了。

在组织中设立意见箱可以避免沟通中的“过滤”“扭曲”等现象，以便高层管理者能够直接收到下层传来的信息。另外，当下级的正当权益得不到有效的保护时，组织往往通过企业内部的投诉来加以协调。

8. 座谈会

定期的管理者见面会和不定期的群众座谈会，也是组织中一种比较重要的沟通方式。管理者见面会是让那些有思想、有建议的员工有机会直接与主管领导沟通。群众座谈会则是在管理者觉得有必要获得关于员工真实思想、情感的第一手资料，而又担心通过中间渠道会使信息失真时采取的一种管理者与员工直接沟通的方法。群众座谈会是由上而下发起的，管理者是主动沟通方，而管理者见面会是应下级的要求而进行的沟通。

为确保座谈会上轻松、愉快、畅所欲言的气氛，座谈会最好在一种非正式的气氛下召开，有必要引导员工就某些话题展开讨论，以激励员工，并避免会议转变成恶意的声讨会。

除了这里所列出的几种沟通方式之外，组织内部的沟通方式还有讲座、郊游、联谊会、聚餐等正式或非正式的方式。

二、组织外部的沟通方式

组织外部沟通构成了组织有机的外部社会关系，与组织内部沟通紧密相连（如图 6-3 所示）。

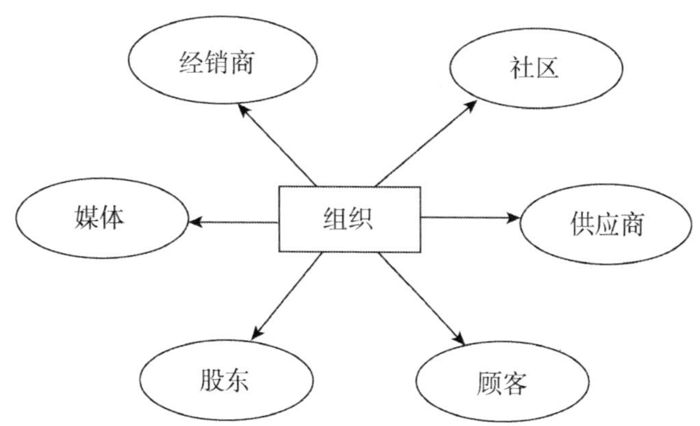

图 6-3　组织与外部社会沟通图

1. 企业与上下游企业沟通的方式

企业的生产经营活动离不开上下游企业，与上下游企业之间紧密沟通，联合求发展几乎是企业竞争制胜的唯一选择。企业与上下游企业沟通的方式主要包括以下两种。

（1）建立电子通信网络

随着计算机与通信技术的迅猛发展，电子通信网络在改善上下游企业之间的沟通方面所起的作用越来越大。企业可充分利用现代通信设施，建立企业与供应商、经销商之间的有效沟通与联络，大大缩短交货时间，提高服务水平，降低企业经营成本。

（2）增加信息交流

对紧密型合作的上下游企业，企业要采取重大举措时，应邀请对方参与，至少要尽早让对方获悉，这样可以减少许多猜疑、不信任感和误会；还可以通过开展一些庆祝活动等，保持企业与合作伙伴之间经常性的互访，增加感情，增进了解，改善工作关系，增加信息交流的机会。

2. 企业与媒体沟通的方式

媒体是企业与一般公众进行沟通的最广泛、最有效的渠道之一。各种媒体对企业来说都是一把双刃剑。当媒体对企业作正面宣传时，无异于免费广告，然而当其对企业进行负面报道时，就如同雪上加霜。企业与媒体沟通的主要方式包括三种。

（1）新闻发布

这是企业与新闻媒体沟通的基本方式之一，企业的许多活动都是新闻的理想题材，如公司历史、产品和服务、企业营销、企业形象及社会活动等。

（2）记者招待会

对企业而言，这是一种给新闻界留下深刻印象，并进行自我推销的很好的方式。

（3）企业高层直接参与沟通

企业的高层管理者直接参与同媒体的沟通，对企业大有益处，不但可以增加企业发言的权威性，还可以使公众更加了解管理者和企业的实际情况，也能使媒体产生受尊重的感觉。

企业可以以积极、主动的态度，引导新闻媒体报道由企业精心策划的新闻，很多新闻事件都可能成为社会关注的热点，如周年纪念会、讨论会、对杰出成就的奖励，为一项有专题价值的项目进行的对顾客、员工或股东的调查，公司在市场上的重大举措、一次大型比赛等。制造的“新闻事件”要有足够的宣传价值，以引起新闻媒体的关注。制造新闻需要预先制订周详的计划，慎重考虑新闻界和公众的各种可能的反应，并且要紧密围绕企业的目标；操作中应努力做到适度、得体，避免哗众取宠和低级趣味。

3. 企业与股东的沟通方式

股东是企业的特殊公众。与股东沟通的目的主要是获得广大股东的信赖与支持。企业与股东之间的沟通可以通过中报、年报、召开股东大会等形式，向股东通报有关企业的境况，树立股东对企业投资的信心。

4．企业与社区的沟通方式

企业不是建立在真空之中的，总是与周边环境发生各种关系，社区是企业最直接的外部环境。企业管理者要主动保持与社区的沟通，积极参加社区讨论、赞助慈善活动、组织志愿者活动等，这样可以帮助企业从社区中获得资源和支持，使社区成为塑造企业形象的可靠依托。

5．企业与顾客沟通的方式

顾客是企业最重要的外部公众。以优质的产品和服务赢得顾客的满意，是企业生存与发展的基础，也是使企业价值得以体现的根本所在，企业与顾客几乎时刻在进行沟通，企业的产品和服务则是企业与顾客沟通的基本载体。企业需要通过不断地调查来明确顾客利益之所在，同时要随时检验自己是否做到了与顾客的充分沟通。最后，企业还需掌握与顾客沟通的方法，改善沟通的效果。企业与顾客沟通的方式包括以下六种。

（1）提供优质产品和服务

对许多顾客而言，他们与企业的唯一接触就是他们购买了企业的产品和服务，企业的产品和服务就成了传达企业信息的唯一工具和载体。因此，提供优质产品和服务是企业与顾客沟通的根本所在。

（2）直接接触沟通

与顾客直接接触沟通，就是要不拘泥于形式，通过各种可能的渠道、方式与顾客直接地、不断地保持沟通联系。这不仅是留住顾客的绝妙办法，而且是企业不断创新、改进老产品、推出新产品的源泉。深入接触顾客，倾听顾客的意见，建立与顾客畅通的沟通渠道，有时会给企业带来意想不到的收获。

（3）充分利用微信和邮件

互联网时代，微信和邮件是更加便捷的沟通方式，注重顾客的每一条微信、每一封邮件，同时慎重地予以回信，这是与顾客沟通、建立长期稳定关系的绝佳机会。

（4）顾客调查

顾客调查是企业与顾客沟通的基本内容，通过调查，有助于把握顾客需求的现状及变化趋势，从而采取相应的措施，以达到更高程度的顾客满意水平。顾客满意度调查的方法多种多样，其具体运用视调查对象与调查目的而定。顾客满意度调查的方法如下：

①问卷调查。这是最基本的调查方法。通常对比较明确的顾客，即在能够具体掌握顾客资料的情况下，企业只要使用印刷好的问题和备选答案进行问卷调查就可以了。

②样本调查。对不确定的研究，即没有顾客资料时，企业可利用大量样本法进行调查。没有顾客资料的情况多是消费品，特别是日用消费品。由于被调查者都有使用该种产品或服务的体验，因此随机选取大量样本，请对方回答使用过的多家企业的产品的满意程度，这样不但可获得顾客对自己企业满意度的资料，还可获得顾客对其他企业满意度的资料，从而能够满足某些企业试图与其他企业进行比较的调查需要。

③聘请专职调查员。在大量取样的调查方式难以进行的情况下，如出租车行业的调查，可以聘请外部人员作为本企业的特别调查员，由那些不属于企业内部的调查员，站在客观、

公正的立场来进行调查。

④试用。企业从目标顾客群中按一定标准选出具有典型代表性的潜在顾客，让他们试用本企业的产品及服务，并从顾客角度对其进行评价。通过这种方式，企业也能掌握顾客对企业产品及服务的可能感受。

⑤调查顾客潜在需求的特殊方法。一般的调查往往仅限于发现顾客显现的需求。要进一步探寻顾客潜在的需求，还需要采取一些特殊的方法。例如，设立专门的咨询柜台，了解顾客的迫切期待与愿望；从日常与顾客的交谈中努力搜寻可供参考的线索；同时使用多种方法，将所得结果交叉整理，系统分析；当顾客从同行业的其他企业转移到本企业，或从本企业流失或正要流失时，要再三询问他们移动的原因，以便找出问题的根本原因。

（5）广告

广告是组织通过报纸、广播、电视等媒介有计划地发布组织信息的方法。在媒介发达的今天，广告方式被广泛采用。

（6）公关

公关作为组织对外沟通的一种最基本、最重要的方式，是组织处理好与顾客、供应商、经销商以及社区、政府和新闻界关系的基本方法。公关主要通过开展一些诸如公关事件策划、社会调查、舆论控制、新闻制造、公关广告等活动，塑造企业的完美形象，使企业与公众及社会环境相互适应，共同发展。

第四节　组织沟通的影响因素

影响组织沟通的因素很多，我们可以将它们概括为如下因素。

一、社会环境

社会环境是影响组织沟通的基本因素。不同的社会环境具有不同的文化价值观，这些价值观又左右着人们的沟通行为。在美国的社会文化氛围下，员工个性率直，下属可以直言不讳地向上级乃至上级的上级提出自己的意见，管理人员的办公室的门是敞开的，随时欢迎下属来沟通情况、交换想法，所以其沟通程度较深。在德国，公司高层管理人员的办公室的沉重而厚实的门都是关得严严实实的，并不欢迎下属的随意造访。在日本，则等级森严，沟通在一般情况下都是逐层进行的，而且沟通信息的范围十分有限，许多日本人都感觉到因缺乏沟通而压力十足。但在日本这种文化环境之下，非正式的沟通较为普遍，他们下班后，往往三五成群地去酒吧。在我国，组织沟通受环境影响也比较多，因此，在正式渠道之外还有一个常规的非正式渠道。

二、组织结构形式

组织结构形式在某种程度上决定着组织内的权力线和信息流动的渠道。组织内的正式沟通渠道在很大程度上取决于组织结构形式，组织结构形式对有效的组织沟通有决定性的作用。组织行为学告诉我们，传统的组织结构形式包括直线型、职能型、直线参谋型等。目前，随着计算机网络的迅速发展，又出现了网络型组织、虚拟组织等形式。

三、企业文化

企业文化是企业在长期的生产经营实践中所创造和形成的具有本企业特色的精神和某些物化的精神。它包括共同的价值观念、行为方式及经营风格，以及蕴含在企业制度、企业形象、企业产品及员工行为中的文化特色。由于企业文化是企业员工价值观的根本体现，在很大程度上影响着员工的各种行为，所以对组织的沟通也有十分重要的影响。企业文化中的精神文化反映企业的核心价值观，对员工的精神面貌、工作态度、沟通的积极性等有决定性的作用。而企业的制度文化又直接以文件规范的形式规定着企业中信息传递的流程和传递的方式、各种信息的披露程度和层次。

四、组织角色

组织中的每个人都处在不同的位置，都具有不同的组织角色。例如，上层管理者和下层的员工，其组织角色各不相同；不同的职能部门中的人员，相应地表现为不同的组织角色。人员所扮演的角色不同，看问题的方式和角度便不一样，就会产生不同的态度、观点与利害关系，每逢接触到新的信息时，就会从本角色加以估量，因而导致不同的意见和结论。组织角色对沟通影响的典型事实便是上下级之间沟通的问题。管理者角色不仅要求上级注意任务职能，而且要注意社会情感职能。也就是说，上级一方面必须指导和控制下属的工作，另一方面必须注意下属的情感需要和愿望。而许多上级可能难以平衡这两种角色要求。

组织沟通中一种最为频繁的沟通路径是：中层管理者—基层管理者—员工，即纵向沟通。这表明：组织沟通是否到位，将直接关系到工作结果是否有效。

五、沟通环境

沟通环境是影响组织沟通的一个重要因素。这种环境包括组织的整体状况、组织中人际关系的和谐程度、组织文化氛围和民主气氛、管理者的行为风格等。同样重要的是，特定的沟通过程所处的环境对沟通有着非常直接的影响。例如，当企业面临外界的巨大威胁时，原来很难沟通的劳资关系可能会缓解。

当企业采用会议沟通时，会议地点选在非常正式的会议室与选在一个风景旅游区相比，其沟通效果大不一样。当管理者欲做下属的思想工作时，在办公室里和咖啡厅里便会产生不同的结果。

沟通的渠道选择和媒介的不同，对组织沟通也具有重要的影响。

组织沟通是企业最为常见的管理行为。上述诸要素的科学合理配置、选择与否对组织沟通的效果都有不同程度的影响。

第五节　组织沟通的有效策略

组织要想改进沟通的有效性，必须根据组织的特点和工作环境条件，选择并设计合理的沟通渠道，采用恰当的沟通方式，针对影响组织沟通的因素采取具体的有效策略。

一、合理的沟通渠道

组织可以根据行业特点和组织中的人员结构，并结合组织结构形式选择恰当的沟通形式，以便使组织内各种需求的沟通都能够准确、及时且有效地实现。

一般说来，正式沟通效果较好，较为严肃，约束力强，易于保密，并可以使信息保持权威性。其缺点在于依靠组织系统层层传递，沟通形式很刻板，沟通速度较慢，也存在信息丢失和扭曲的可能。而非正式沟通具有较大的弹性，可以是横向或是斜向的，一般也较为迅速，有时来自非正式沟通的信息反而更获得信息接收者的重视。但是过分依赖这种非正式沟通也有很大危险，因为这种信息遭受扭曲或发生错误的可能性相当大，而且无从查证。

二、恰当的沟通方式

组织沟通效率的提高不仅取决于合理的沟通渠道，沟通方式的选择对效率也有重要的影响：因为组织内沟通的内容千差万别，针对不同的沟通内容和需要，应该采取不同的沟通方式，管理者在面对不同的沟通内容时，应采用适宜的沟通方式。下面列出四个方面的考虑因素，可供组织沟通时参考。

1. 沟通任务的复杂性

依据沟通任务的复杂性，按由简到繁的顺序，任务可分为传达命令、给予或要求信息或资料、达成一致意见或决议，此时，应该先行分析不同意见间有何共同之处，通过非正式沟通进行协调，再将非正式沟通商量的结果经由正式途径加以肯定。

2．沟通所涉及资源

如果一项要求、命令或决议涉及大量的人力、物力和财力，需要有人对这种资源的支出及效果负责，为求责任分配，最好通过正式的和书面的沟通方式进行。

3．沟通人员的特点

有人做事以达成目标或任务为导向，对目标导向的人最好采取非正式和口头沟通的方式。沟通者的语言能力也是影响沟通方式选择的重要因素。

4．人际关系的协调程度

若协调程度高，则表示组织成员间接触频繁、关系密切、互助合作。在这种状况下，沟通常常采用口头而非正式的方法；反之，如果成员之间极少往来，互不相干，则沟通只能依赖正式及书面的方法进行。

三、改进组织沟通的措施

1．建议运用意见箱和征询制度

建议运用意见箱，员工把有关改进的书面意见投入箱内。征询制度提供了一种答复员工提出的有关组织问题的正式手段。当问题和答复范围广泛时，这种制度会促进双方沟通，并且是最有效的。

2．对上级主管人员进行沟通培训

有证据表明，适当的沟通培训能够改进主管人员的沟通技能。有效的培训方案通常用录像形式介绍正确处理典型的沟通问题的模型，然后由主管人员对问题进行角色扮演；当他们表现出有效的技能时，培训人员要对他们进行强化。例如，在通用电气公司，这种培训所提出的典型的沟通问题包括讨论不适合需要的工作习惯、审查工作绩效、讨论薪金变化及处理下属的问题等。

3．员工调查和调查反馈

对现有员工的态度和意见进行调查，可以提供一种有用的上行沟通的手段。特别是匿名调查，通常是利用保证无个性特征回答的调查表进行的，员工感到可以自由表达他们的真实观点。

在调查结果反馈给员工后，随着管理部门的答复和相应的变革计划的实施，企业将加强下行沟通。调查反馈向员工表明，他们的评论已被管理部门听到和考虑。作为对员工所关心的问题的答复，变革计划表明了对进行双方沟通的一种支持。

【小课堂】

与下属的沟通能力测试

1. 当你给下属分配任务时，你站在（　　）的角度上同下属沟通。

A. 绩效伙伴

B. 责任人

C. 管理者

2. 你如何通过沟通为团队成员分派任务？（　　）

A. 团队沟通，协商分配

B. 单独沟通，协商分配

C. 通过沟通，直接指派

3. 当下属在工作中遇到问题时，你通过（　　）与下属沟通。

A. 鼓励性沟通

B. 启发性沟通

C. 告知性沟通

4. 当团队成员的工作需要协调时，你会（　　）。

A. 与双方当面沟通

B. 和其中的一方沟通，说服他

C. 促使双方沟通

5. 你的下属初犯错误，现在让你同下属沟通，你沟通的内容应是（　　）。

A. 帮助他分析犯错误的原因

B. 进行指导，以免重犯

C. 严厉斥责

6. 对比较重要的事情，你一般采用（　　）的方式同下属沟通。

A. 面对面沟通

B. 书面交代

C. 电话或电子邮件沟通

7. 为了鼓励下属完成任务，你与下属沟通的方式应该是（　　）。

A. 进行信任性沟通

B. 进行奖励性沟通

C. 进行情感性沟通

8. 面对下属的不认同，你与下属沟通的方式应该是（　　）。

A. 让下属说出自己的想法并进行共同分析

B. 详述自己的理由

C. 用自己的经验说服下属

【评分标准】

选 A 得 3 分，选 B 得 2 分，选 C 得 1 分。

【结果评价】

18 分以上：说明你与下属沟通的能力很强，请继续保持和提升。

9～18 分：说明你与下属沟通的能力一般，请努力提升。

9 分以下：说明你与下属沟通的能力很差，急需提升。

【小课堂】

与上级的沟通能力测试

下属与上级沟通时要讲究方法，并合理运用沟通技巧，以保持良好的上下级关系。请通过下列问题对自己的该项能力进行差距测评。

1. 当你面对工作中的难题时，你是如何解决的？（　　）

A. 与上级沟通，寻求支持

B. 与同事沟通，寻求支持

C. 自己想办法

2. 你一般采取（　　）的方式和上级沟通。

A. 面对面沟通

B. 电话或电子邮件沟通

C. 定期书面沟通

3. 当你和上级的意见不一致时，你应采用（　　）的方式表达自己的意见。

A. 面对面沟通

B. 书面报告给上级

C. 其他

4. 面对不同沟通和处事风格的上级，你应采用（　　）的方式同其沟通。

A. 站在对方立场

B. 注意沟通技巧

C. 对事不对人

5. 面对比较强势的上级，你应采用（　　）的方式同他沟通。

A. 思路清晰，逻辑缜密

B. 先赞同，再提意见

C. 书面或电话沟通

6. 面对效率型的上级，你应采用（　　）的方式同他沟通。

A. 简单明了，直指问题

B. 尽量采用封闭式问题

C. 加强时间观念

7．面对权威型的上级，你应采用（　　）的方式同他沟通。

A．表示出足够的尊重

B．请教

C．书面建议

8．面对指导型的上级，你应采用（　　）的方式同他沟通。

A．请示汇报

B．书面建议

C．询问

9．你应（　　）地使用电子邮件与上级沟通。

A．尽量简单，直指结果

B．直接陈述观点

C．非常注意措辞

10．你是否在与上级的沟通中经常与其产生冲突？（　　）

A．从来未发生过冲突

B．很少有这种情况

C．偶尔会因为观点不同而有冲突

【评分标准】

选 A 得 3 分，选 B 得 2 分，选 C 得 1 分。

【结果评价】

24 分以上：说明你与上级沟通的能力很强，请继续保持和提升。

15～24 分：说明你与上级沟通的能力一般，请努力提升。

15 分以下：说明你与上级沟通的能力很差，急需提升。

【同步案例】

思想政治工作对沟通的重要作用

在企业生产运营的过程中，我们会接触到不同的部门，如管理部、财务部以及销售部等，它们在企业的发展中有着至关重要的地位。值得注意的是，当下我国企业发展中还存在一系列问题，其中最突出的问题就是思想政治教育工作没能有效展开。这就要求企业高度重视思想政治教育工作的展开，采取可行的措施，不断提高员工的道德修养，进而促进企业的持续、健康、平稳发展。

一、企业组织内部沟通存在的问题

众所周知，企业是以营利为目的的经济组织，企业内部组织都在为了同一目标而努力。那么，企业的有效运转到底依靠什么？显而易见，依靠的是管理者的管理，而管理中最重要的一个环节就是沟通。目前，我国企业组织内部沟通存在如下问题：

首先，受内部分工、合作等因素的影响，企业会衍生出不同层次的权责制度体系，这种

体系最终会导致员工之间地位的差异；当两者间的地位差异较为明显时，领导与下属的沟通就会流于形式，也就无法将思想政治工作做到位。

其次，大多领导以及员工不明确思想政治教育工作的意义，在很多普通岗位的员工看来，那种长篇大论的文章与他们没有任何的关系。

最后，很多员工为了保障自身的利益比如升迁、与领导关系等，会隐瞒一些私密问题，这样思想政治教育教师获得的信息就会呈现片面性，也就谈不上对症下药，并及时解决员工工作以及生活中存在的问题。

二、企业思想政治工作中实现有效沟通的措施

1. 对待员工应采用正确的方式

我们可以根据人性假设理论将员工定位为复杂人，也就是说不同的员工需求不同，同一员工在不同的时间点，需求也会不同。这就要求相关工作人员要能够及时地了解员工存在的差异，对不同的员工及时采取不同的措施，再根据时间、地点、条件以及对象等的变化，选择适合员工学习的模型。在向员工传授思想政治知识点时，讲师要能够放低姿态，通过平等的沟通，让员工心甘情愿地将自己的思想状况完整、细致地表达出来。此外，讲师在与员工沟通的过程中一定要注意取得员工的信任，在最短的时间内与员工建立深厚的情感，在谈话的过程中也一定要注意沟通内容的确切性，让员工可以及时、确切地体会要传达的思想政治内容。

2. 充分发挥激励机制与沟通协调功能

要想建设和谐企业，必须加强并改进员工的思想政治工作，采取可行的措施，不断地调动员工工作的积极性、创造性以及主动性。科学、合理的激励机制不仅有利于增强企业的创新活力、为员工营造良好的工作环境，还有利于激发员工的工作热情，提高企业的凝聚力和向心力。总之，当员工为企业的发展积极奉献力量时，就应当得到鼓励与支持，要尊重一切与企业发展愿景相匹配的创新思想，肯定并支持员工的创新成果。思想政治工作的协调功能是指构建和谐企业的重要手段，针对那些心理上存在不平衡、不适应的员工，企业要通过及时的沟通与交流帮助员工理顺情绪，不断消除员工存在的心理障碍，在调整人际关系的同时最大限度地保持并促进企业的稳定发展。

3. 整顿队伍，强化素质

企业要不断地调整并充实企业思想政治工作队伍，在充分结合培训规划的基础上，切实安排并抓好培训工作，全面提升思想政治工作人员的素质，进而提高队伍的整体战斗力。这不仅有利于烘托企业良好的氛围，还有利于提升企业的人气。企业一方面要调动能够调动的一切力量，切实做好造势工作，高度重视思想政治工作；另一方面要将思想宣传工作融入企业的改革与建设中，实现思想政治教育工作与企业全面发展的结合，通过不断创新，建立起具有创新性、研究性的企业。

三、结语

综上所述，企业思想政治工作是一项凝聚人心的工作，它在企业的发展中有举足轻重的地位。切实做好企业思想政治工作，不仅是创造奇迹、构建和谐企业的基础，还是我们党不

变的优良传统。企业对待员工应采用正确的方式，确保在充分发挥激励机制与沟通协调功能的同时实现员工素质的提高。

资料来源：杨阳. 思想政治工作对沟通的重要作用［EB/OL］. 2021-11-15.

思考与练习

一、单项选择题

1. 组织内部沟通的内容不包括（　　）。

A. 组织战略　B. 组织结构　C. 组织制度　D. 客户需求

2. 信息在组织中从较低层次传向较高层次的一种传递方式是（　　）。

A. 上行沟通　B. 下行沟通　C. 横向沟通　D. 交叉沟通

3. 对现有员工的态度和意见进行调查属于组织沟通改进措施的（　　）。

A. 运用意见箱　B. 建议征询制度

C. 对上级主管人员进行沟通培训　D. 员工调查和调查反馈

4. 组织结构中最传统也是最常见的形式是（　　）。

A. 直线职能型组织　B. 矩阵型组织

C. 扁平型组织　D. 流线型组织

5. （　　）是自我沟通能力和人际沟通技能在组织特定沟通形式中的综合体现。

A. 个体沟通　B. 人际沟通　C. 组织沟通　D. 口头沟通

二、多项选择题

1. 一般来说，组织内部的沟通渠道包括（　　）。

A. 上行沟通　B. 下行沟通　C. 外部沟通　D. 横向沟通

2. 组织沟通的方式有很多，常用的内部沟通的方式包括（　　）。

A. 发布指示　B. 召开会议　C. 员工手册　D. 内部刊物

3. 企业搞好内部沟通，建立沟通制度是很有必要的，一般的内部沟通制度包括（　　）。

A. 员工建议制度　B. 领导来访接待制度

C. 例会制度　D. 以上都不是

4. 企业对外沟通主要包括（　　）。

A. 与媒体的沟通　B. 与顾客的沟通

C. 与领导的沟通　D. 与员工的沟通

5．管理沟通策略中的信息策略原则是（　　）。

A．从客观情况描述入手,引出一般看法，再就问题提出自己的具体看法

B．站在间接上司的角度来分析问题

C．就事论事，对事不对人

D．不对上司的人身作评论

三、判断题

1．沟通就是把信息传递给对方。（　　）

2．组织在处理和解决危机事件过程中应积极主动地公布相关信息，以避免公众产生误解。（　　）

3．人际沟通“白金法则”的出发点是他人。（　　）

4．内部沟通是组织内上下级之间、部门之间、员工之间的沟通。（　　）

5．文化冲突是一种客观现象，谁都无法回避。（　　）

四、思考题

1．组织沟通的含义和特点分别是什么？

2．影响组织沟通的因素应该如何排序？为什么？

3．如何合理利用组织结构形式提高组织沟通的效率？

4．正式沟通和非正式沟通的差异有哪些？结合个人在班级或社团中的工作，谈谈对非正式沟通的体会。

五、案例分析题

王经理的沟通

最近，王经理发现部属小张在工作上有了明显的退步。小张过去一向是准时完成他交代的工作任务，并会及时将业务报告上交。但最近几个星期，小张总是不能按时完成他交代的工作任务，业务报告也要拖延一段时间才上交。部门开总结会议的时候，原来一直很活跃的小张也很少发表自己的意见了。这天，小张的业务报告又一次迟交。站在王经理面前，小张嗫嚅着解释自己迟交报告的原因。王经理决心和他好好谈谈，弄清楚事情发生的原因。于是，王经理给小张倒了一杯咖啡，与他一起在沙发上坐了下来。

“小张，你是我们公司的优秀员工，在公司的工作表现一向非常出色，我也一直很关心你，很看重你的意见。但是，最近你变了……家里发生什么事了吗？”小张的脸立刻变得通红，好一阵子才点了点头。“我可以帮忙吗？”小张这才告诉王经理，医生发现他母亲背上

长了一个恶性肿瘤，他非常担忧，想请两周假回家照看母亲，但因最近工作繁忙，又担心因为请假时间过长而会对自己造成不利的影响。

王经理安静地听小张讲述自己内心的积郁，谈话进行了将近一个小时。到了快结束的时候，王经理表示同意小张的请假要求，工作会暂时由别人替补，等他回来再继续接任。小张的情绪很快就恢复了正常。

资料来源：百度文库。

案例分析：

案例中发生的事件在很多组织中都很常见，王经理的沟通有什么特点？

第七章　会议沟通

学习目标

1. 了解会议沟通的含义与类型
2. 明确会议的组织与议程。
3. 了解会议中的角色与作用。
4. 掌握有效管理沟通的策略。

素质目标

1. 通过对会议组织的学习，养成求真务实的工作态度。
2. 通过对会议中角色及其作用的学习，能正确认识工作中每个岗位、个人的价值和作用，并做到爱岗敬业、勇于负责。

案例导入

世界互联网大会

世界互联网大会是中国举办的规模最大、层次最高的互联网大会，也是世界互联网领域的高峰会议，由中华人民共和国国家互联网信息办公室和浙江省人民政府共同主办。

2021 年世界互联网大会乌镇峰会于 2021 年 9 月 26 日在浙江省桐乡市乌镇开幕，来自一些国家政府、国际组织、行业机构、中外互联网企业、高校智库、科研机构的 2 000 多名代表，以线下和线上等形式，共同围绕“迈向数字文明新时代——携手构建网络空间命运共同体”这一主题展开交流。

据悉，本次大会的 20 个分论坛围绕 5G、人工智能、开源生态、下一代互联网、数据与算法等网络技术新趋势、新热点设置议题，回应各方对数据治理、网络法治、互联网企业社会责任、全球抗疫与国际传播等方面的普遍关切。

此外，大会期间举办的世界互联网领先科技成果发布，约有 15 项顶级互联网科技成果亮相；“互联网之光”博览会吸引了 300 余家中外企业积极参与，展示人工智能、大数据、网络安全等领域的最新技术产品；“直通乌镇”全球互联网大赛继续以创新创业竞赛形式，探索互联网发展的新技术、新模式、新业态。

大会首次推出"携手构建网络空间命运共同体精品案例"发布展示，并发布《世界互联网发展报告2021》《中国互联网发展报告2021》蓝皮书。

从筹办各项接待工作至活动的圆满结束，整场活动下来会务组、参会嘉宾对乌镇印象深刻，更是对乌镇的执行力及服务给予高度的赞扬。

资料来源：余俊杰，王俊禄．2021 年世界互联网大会乌镇峰会聚焦数字文明［EB/OL］．2021-10-18．

会议在管理工作中起着十分重要的作用，它是组织信息沟通的主要手段，也是决策的重要方式。企业为了开展必要的商务活动，经常会召开各种类型的会议。有关资料显示，一些管理者用于参加各种会议的时间占其工作总时间的三分之一，由此可见，会议沟通是管理沟通的一种必不可少的形式。

第一节　会议的含义、目的与类型

一、会议的含义

会议是群体或组织中相互交流意见的一种形式，是由两个人以上参与的有组织、有目的、短时间聚集的集体活动的形式。从会议的定义可以看出，会议具有普遍性、目的性、组织性和时间性的特征。

1．会议是人类社会发展的产物

会议同人类社会的其他社会现象一样，是人类历史发展的产物，也是人类群居生活习性的产物，普遍存在于人类各种社会形态之中。随着社会的发展、人类文明的进步，会议在现代社会中的地位不断提高，作用不断增强，已经成为不可缺少和不可取代的一种沟通形式，这已是众人皆知的事实。

2．会议是有明确目的的活动

任何会议的进行都是有目的的，开会通常是为了解决一个或多个特定的问题。

3．会议是有组织的集体活动

会议的定义明确地指出，会议必须是至少两个人参与的集体活动，在这样的集体活动中，大家就某个问题充分地发表自己的意见并进行讨论，然后根据讨论的情况进行进一步的决策。

4．会议是短时间的集体活动

会议的召开一般有一个时间界限，在日常生活中，除了特殊情况外，一般的会议是以小

时来计算的，充其量是以天来计算的。所以从总体上说，会议是一种短时间的集体活动。

管理者要领导众多的人来工作，会议安排与布置工作必不可少。会议是上下级交流的机会，是管理者发出信息并接收反馈的机会，是实施管理的主要工具。一个成功且有效的会议，不仅需要会议的主持者具有超强的组织能力，还需要与会人员的配合，在严谨有序中完成沟通，实现会议的目标。

二、会议的目的

会议的目的是指会议召开的理由，即所要讨论的问题是否必须通过会议的方式得以解决，或者通过会议能够更有效率地解决。如果信息能够通过备忘录和电话传递，或者与会人员未作准备，或者关键人员不能参加，或者会议成本超过其可能的潜在收益，或者即便纳入日程但开会无益，会议就不应该召开。根据不同的目的和要求，会议既可以被看作一个集思广益的过程，也可以被当作一种信息传递的方式。

会议可以把信息同时传达给很多人，在组织中通过会议给予下属指导和激励，让更多的人参与问题的解决和决策的制定，管理者需要听取部门汇报工作，部门要给小组委派工作任务。

会议的目的大致包括以下三个方面。

1．交流信息

管理者通过会议可以将有关政策和指示传达给与会者，也可以从与会者那里及时得到反馈，并获得其他方面的有关信息。

2．给予指导和激励

企业通过把员工组织起来进行培训，以提高他们某些方面的技能，使他们更好地适合工作环境。

3．制定决策

会议可以帮助澄清误会，处理各种冲突，并利用与会者的知识和技巧来解决问题。会议也可以帮助营造民主的气氛，给管理者提供共同参与和共同讨论的机会，最终作出良好的决策。

一个有效的会议应该能使与会者心情舒畅并积极参与，让大家通过有效的方式得以沟通，从而获取有用的信息或达成一致的合作协议。

三、会议的类型

按照会议目的分类，会议一般可以分为五类。

1．谈判会议

其目的是解决双方在利益上的冲突，采用互动的方式讨论，力求达成一致的意见。

2. 通知会议

其目的是传播信息，采取单向沟通的方式，一般没有讨论，否则会影响信息的有效传递。

3. 解决问题会议

其目的是利用团体的力量解决问题。通常，要将待解决的问题摆在桌面上，与会者提出解决的方法。在这类会议上，人们都会为探求解决的方法而努力。

4. 制定决策会议

其目的是在不同的方案中权衡利弊，作出抉择。与会者不仅要参与讨论和决策，而且要遵守会议的决议。

5. 交换意见会议

其目的在于集思广益，常采用“头脑风暴法”讨论。每一位与会者都可以讲自己对问题的看法，并从相互的发言中得到启发，激发灵感，产生创意。这类会议鼓励提问和讨论。

第二节　会议的组织

“凡事预则立，不预则废。”会议要开得成功，会议的准备至关重要。

一、会前准备

在确定会议的召开后，应该进行会议的准备，需明确以下几点。

1. 会议目标

会议的召开要有明确的目标。

2. 会议议程

在确定了会议目标的前提下，要想把会议开得有效率，还必须拟定相关的议题和议程。

3. 会议文件

为了顺利地召开会议，会前应搜集和整理与议题相关的信息。如果内容太多，则有必要装订成册，以主要摘要的形式准备会议文件。

4. 会议主席和主持人

会议的成败在很大程度上取决于会议的主席和主持人。会议的主席负责确定会议的议题

和日程，会议的主持人负责会议进行的议程。会议的主持人应具有敏捷的思辨能力，沉着自信，表达能力强，富有幽默感，并且有较强的领导能力。一般情况下，主持人常由群体中职位高的管理者担任。

5. 参会人员

根据会议主题，通常选择那些对会议内容比较了解并且工作与会议相关的人员参加会议。另外，要依具体情况限定与会者的人数。有的会议出席人数的多少与会议的有效性不一定成正比。

6. 会议场所

影响会议场所选择的因素有很多，具体选择何地应该视会议的性质而定。如果是仪式性的会议，那么可以在会议室或宾馆的会议厅举行；如果是决策性的会议，则可以安排在一个能够促进真正沟通意见的环境中举行。会议地点必须事先确定好，要事先列好相应的清单，并在会前进行核实。清单包括以下内容。

（1）会议室要有足够的座位。

（2）视听器材，如幻灯机、多媒体播放机、麦克风等。

（3）分发充足的准备材料。

（4）茶歇时的食品供应，如茶水、水果和点心等。

（5）备好参会者使用的记录本、纸张、铅笔和桌签等。

7. 会场的布置

（1）会议的会场布置内容

①主题明显突出。在会议场地放置主题条幅、投影展示、会议背景架。

②准备有序。提前一周写会议方案流程，提前三天确定主要来宾人数名单，提前一天布置好会场里的背景、音响、投影、桌椅、桌布、桌签（多准备桌签及打桌签的纸，以防人员变动）。

③会场环境。会场内可以放一些绿色植物或者在会议桌上摆放一些桌花，缓和会议气氛；灯光明亮柔和；每个人桌上准备一瓶矿泉水或一个茶杯，会议时间长的话，可以安排一个专门负责倒茶水的工作人员。

④迎宾。设置会议签到、会议导视牌、迎宾工作人员，为来宾提供最便捷的服务。

（2）常见的会场布置形式

①礼堂式。在会议厅内面向讲台摆放一排座椅，中间留有较宽的过道。这种摆台形式的特点在于，在留有过道的情况下，最大限度地摆放座椅，将空间充分利用起来。礼堂式会场布置形式通常适用于新闻发布会、论坛、辩论会、启动仪式等。这样的会场布局是参会人员比较多的情况下会议场地布置的首选，也是最常见的会场布置形式。

② U 式。将桌子连接摆放成长方形，在长方形的一端开口，椅子摆在桌子外围，通常开口处会摆放有投影仪的桌子，中间通常会放置绿色植物以作装饰。这种会场布置形式通过不设置会议主持人的位置，来营造比较轻松的氛围，并且会多摆设几个麦克风，以便参会人员

自由发言。

③长桌式。将会议室里的桌子摆成方形中空，前后不留缺口，椅子摆在桌子外围。通常桌子都会被围上桌裙，中间通常会放置较矮的绿色植物，投影仪会有一个专用的小桌子放置在最前端。此种类型的摆桌常用于学术研讨会类型的会议，前方设置主持人的位置，可分别在各个位置摆放上麦克风，以方便不同位置的参会者发言。此种会议场地布置方式容纳人数较少，对会议室空间也会有一定的要求。

④圆桌式。圆桌式会场布置形式适用于中式宴会，如答谢会、招待会、茶话会等。

⑤V 式或课堂式。会议室的桌椅按照 V 形摆放，类似教室桌椅摆放方式，每个座位的空间将根据桌子的大小而有所不同。这种会场布置形式的特点在于：可针对会议室面积和观众人数在安排布置上有一定的灵活性；参会者可以有放置资料及记笔记的桌子，还可以最大限度地容纳参会人员。V 式会场布置方式适用于论坛、新闻发布会、研讨会、培训等需要观众作记录的会议。

以上会议布置形式如图 7-1 所示。

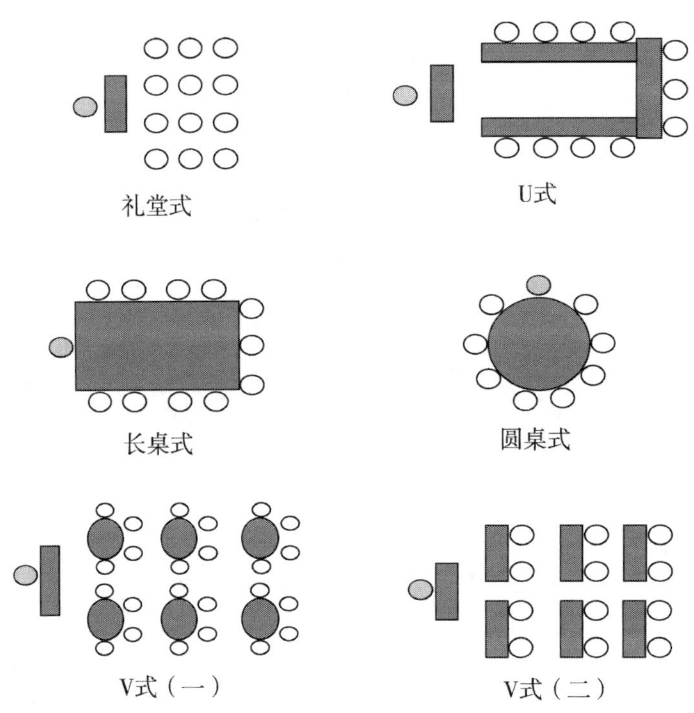

图 7-1 会议布置形式图

（3）会场布局的类型

①小型会议。小型会议是指参加人员较少、规模不大的会议。全体与会者都应排座，不设立专用的主席台。小型会议的排座有以下三种形式：一是自由择座。这是指不排定固定的具体座次，而由全体与会者完全自由地选择座位就座。二是排座。一般面朝会议室正门的是会议主席座位。其他的与会者在其两侧自左而右（国际规则）或自右而左（国内规则）地依

次就座（如图 7-2 所示）。三是依景设座。这是指会议主席的具体位置，不必面对会议室正门，而是应当背依会议室之内的主要景致所在，如字画、讲台等。其他与会者的排座，则略同于前者。会议桌椅的摆放形式可以参考图 7-3。

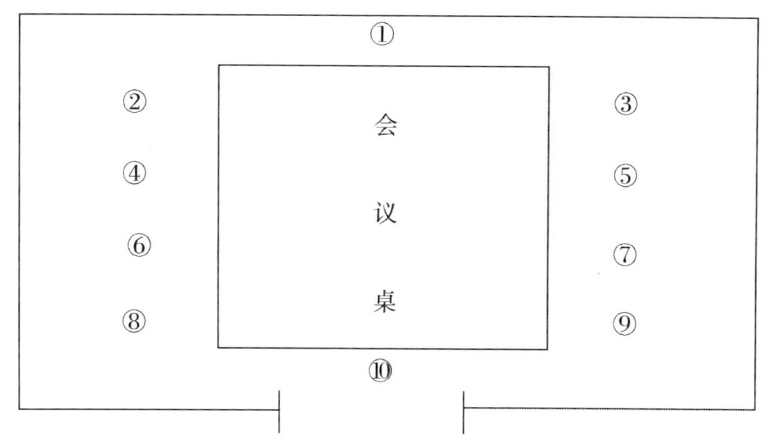

图 7-2　主席团排座

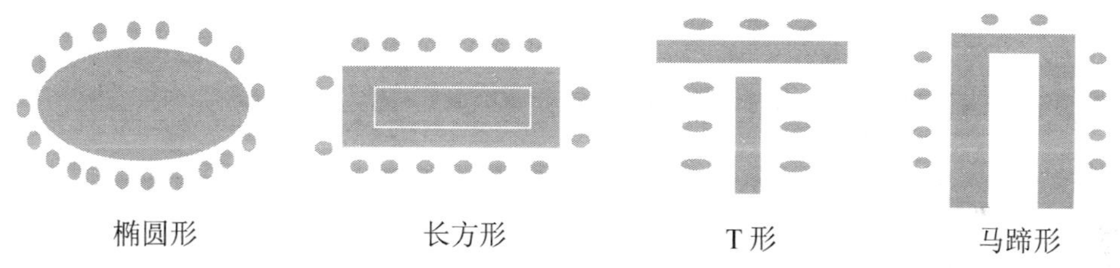

图 7-3　小型会议室依景设座示意图

②大型会议。大型会议一般是指与会者多、规模较大的会议。大型会议在会场上要分设主席台和观众席：主席台要认真排座，观众席座次可排可不排。

大型会议的主席台一般面对会场主入口和观众席。主席台成员的桌上要放置正反两面的桌签。主席台排座具体又分为主席团席位、主持人席位、发言者席位等。

第一，主席团席位。主席团是指在主席台上正式就座的全体人员。目前，国内排定主席团位次有三个基本规则：一是前排高于后排；二是中央高于两侧；三是左侧高于右侧。

主席团的排座规则如下：一是提前根据参会名单排出座次，制作好写有名字的席位牌，领导和嘉宾进入会场后即可以按照席位牌入座。二是主席团座次排列，领导为单数时，主要领导居中，2 号领导在 1 号领导左手位置，3 号领导在 1 号领导右手位置。三是领导为偶数时，1、2 号领导同时居中，2 号领导在 1 号领导右手位置，3 号领导在 1 号领导左手位置。

第二，主持人席位。会议主持人的具体位置通常作如下安排：一是居于前排正中央；二是居于前排的两侧；三是按其具体身份排座，但不应当安排在后排。主持人座位可以靠近演讲台，以方便出入；再确定其他嘉宾的座位。有时会议嘉宾没有分等级，则可随嘉宾的意愿落座，主办方不用特意安排。最后一排一般是观众座位，如无特殊要求，可让观众随意选择座位。

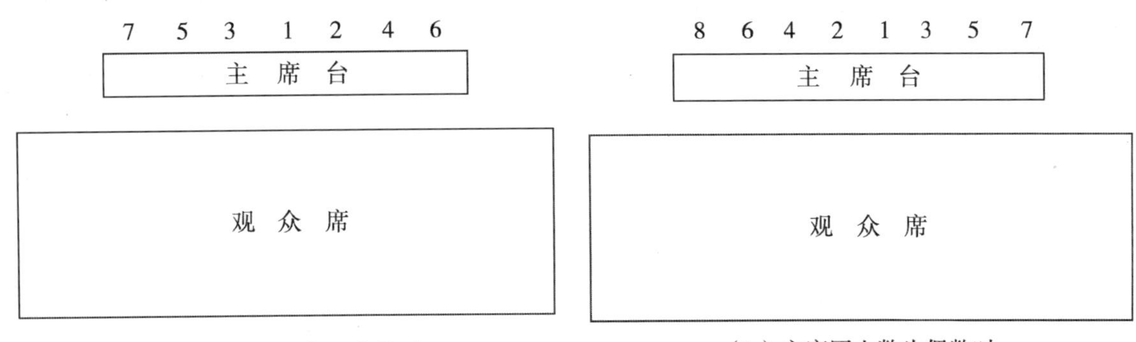

（a）主席团人数为奇数时　　（b）主席团人数为偶数时

图 7-4　主席团排座图

第三，发言者席位。发言者席位又叫作发言席。在正式会议上，发言者发言的时候不宜坐在原处。发言席的常规位置有二：一是主席团的正前方；二是主席台的右前方。

在大型会议上，主席台下的一切座席都是观众席。观众席的排座方式有两种：一是自由式择座，即不进行统一安排，而由大家各自择位而坐。二是按单元就座。与会者在观众席上按单元、部门或者地位、行业就座。它的具体依据，既可以是与会单元、部门的汉字笔画的多少、汉语拼音字母的先后顺序，也可以是其平时约定俗成的序列。按单元就座时，如果分前后排，以前排为高，以后排为低。在同一排就座时，又有两种广泛通行的方式：一是以面对主席台为基准，自前往后进行横排；二是以面对主席台为基准，自左而右进行竖排。

二、会议议程

制定会议议程是大会主席的职责，要求在会议举行前就将讨论的事务的内容和顺序作出决定。会议议程上应标明会议时间（开始和结束时间）、地点、会议目的、会议议题的顺序。会议议程的准备应该包括以下几个方面：一是以次序排列出议程；二是对讨论的议题或项目准备支撑性文件；三是准备好具体议题；四是确定好下次会议的时间和地点等。

会议议程是所有会议的重要组成部分，它能够使会议目标一目了然。这里主要讨论会议议程的设计原则和会议议程的设计步骤两个方面。

1. 会议议程的设计原则

（1）明确议题

会议议程应该明确需要讨论的议题以及这些议题的顺序。与会者可以提前递交议题，以便在会上讨论。

（2）确定主次

要正确评价在有限的时间内可以达到某个目标的能力。作为一般原则，例行公事的内容

放在议程一开始，再安排事务中的新问题。当议程包括一些比较简短或紧迫的内容时，先安排它们，在余下的会议时间专注于比较费时的事项。

（3）注重实效

需要指出的是，不要将议程安排得满满的，以免造成超时，进而降低效率，因为到该结束时，与会者可能会准备离开。

（4）适时调整

在实际的会议过程中，会议的领导者还应该根据具体情况对议程作适当的调整。

（5）提供背景资料

会议议程应该包括在会前向与会者提供所需的背景资料，以便他们作好充分准备，了解各自在会议上的角色。

2. 会议议程的设计步骤

（1）确定会议目的、时间、地点、参加人员。

（2）选择重要议题，分清主次顺序，按逻辑关系或难度大小排列关键议题。

（3）提出管理活动或工作中的新议题。

（4）表明顺序，确定时间，根据可用时间和与会者情况安排项目。

（5）结束议程，即要求提出下一次会议的细节。

（6）在会议通知的结尾处明确本次会议的特别要求。

三、会后工作

会议结束时主持人要及时对会议作总结。会议总结是对会议成果的概括，如果会议的目标已经达到，则应尽快总结并结束会议。会议结束后，会议组织者还需做以下工作。

1. 发放会议材料

为了贯彻会议精神、执行会议决议，可将会议记录或会议简报下发至与会者及其他有关人员。会议记录应该准确无误，会议中所形成的决议要突出承担任务的责任人姓名、时间及验收标准，并明确下一次会议的日期和时间。

2. 会后监督和检查

根据会议精神，对执行工作进行监督和检查。

第三节　会议中的角色

研究表明，会议的有效与否在很大程度上取决于会议中的各个角色。一个正式会议中的角色一般包括会议主持人、与会者和会议秘书或记录员。要使会议取得成功，会议中各角色的同心协力是很重要的。

一、会议主持人

会议主持人是对会议是否顺利进行、圆满成功影响最大的人。主持人的角色主要是主持会议、维持会议秩序，并确保与会人员的积极参与。

会议主持人的职责有控制、引导、激励等，具体表现为以下方面。

1. 会议过程的控制

（1）会议的主持人控制会议进程的大致步骤

①宣布会议的主题和目的。

②根据会议议程顺序提出每个议题，然后征求有关与会者的意见。

③控制讨论进程。如果发现讨论与议题无关或深入到不必要的细节，应该及时引导到议题本身。

④在每个问题讨论结束后加以概括，以便达成共识或作出决策。

⑤在会议结束时，对已取得的结果进行概括：部分问题如确有必要作进一步讨论，可以再安排下一次会议。

⑥确定下一次会议的议题和时间。

（2）讨论主题

讨论主题事关会议能否顺利进行和取得很好的效果，而这些都取决于主持人是否有高超的主持技巧和丰富的主持经验。主持人应当在会议之前就讨论的问题作好充分的准备，对会议中可能提到的几种方案有一种基本的判断。

①促进讨论。在会议中，主持人要认真倾听各位与会者的意见。对各位与会者的发言，用词要求尽量统一，甚至说的是统一内容。主持人应当不失时机地界定一下会议中相关词语的意义。主持人在主持会议时，应注意让每个成员都有发表意见的机会。讨论中虽然常有主要发言者，但不能被某几个人垄断；必要时可以限定发言时间。主持人还应随时把握讨论的方向，使之不偏离主题。在讨论中，切忌发言之间毫无联系或交流，各唱各的调，问题分散甚至形成小群体。主持人在这中间可以通过一些必要的插话、简短的小结使讨论问题集中在某一点上。有时为了保证参加者都有机会发表意见，可以适当限制参加人数或分成小组讨论。

②处理不同的讨论意见。会议进行中常会出现不同的意见，甚至出现争执，这也是会议不可避免的问题。由于与会者的素质、阅历、观点各不相同，他们对问题的解释也就各不相同。主持人在处理不同意见时应把握的原则是：避免不必要的冲突，引导不同的意见向会议的主题靠拢。主持人具体可采取如下措施：一是对不同的意见进行深思熟虑后，提出自己的观点，让与会的大多数人都能接受而结束争论；二是对争论双方或各方的观点加以澄清；三是研究争论双方或各方的观点，了解协调的可能性。

2. 会议过程的引导

无论主持人以怎样的风格定位，他都必须能够主持会议，对会议成员的行为进行引导，

避免负面的影响，确保以良好的秩序进行主题和问题讨论。为保证会议的发起和良好秩序，主持人应该确保会议成员不偏离会议议题，有时可能要提出新的建议，澄清问题，做会议的小结。

3．会议过程的激励

在沟通过程中，会议主持人要及时根据会议的进程和讨论的话题，围绕主题提出恰当的问题，以激励与会者。提问方式不但有助于激励与会成员，也是控制会议的有效手段。提问可以鼓励那些沉默者多发言；可以表达主持人倾听的态度，有助于活跃会场气氛；也可以通过提问把话题逐步引向深入；还可以控制会场内出现的一些无意义的争执。主持人应该保持中立态度，减少与议题无关的争辩和讨论。虽然激烈而不失理智的辩论是必要的，但主持人应该维持辩论的秩序，避免负面的辩论和争执。

主持人应尽力保持讨论话题的集中，不使其演变成与会者之间的个人冲突。主持人必须妥善处理群体成员中的隐秘话题和偏激的发言；否则，人际关系和情绪问题将会影响与会者的注意力，影响会议任务的完成。为了促使与会者关注事实和建议，要求他们列出概括性论断是一个有效的方法。

4．作出决定

当会议要做出结论时，可以采用多种方式，如采用正式投票表决的方式或由成员一致同意或普遍同意的其他方法得出结论，或恰如其分地引出解决问题的最佳答案。总结的关键是要抓住与会者发言的内在逻辑，将他们的意见分类整理和归纳，从而得出比较清晰的若干意见。主持人作简短的总结，可以确认大家是否都同意，也便于记录员记录，方便会后整理。

5．幽默感和逻辑性

主持人的主持风格各有不同，有的人非常富有幽默感，让整个会议妙趣横生；有的人逻辑性很强，分析问题头头是道。每个主持人应该具备起码的幽默感和逻辑性。

基于会议主持人的职责，有效的会议主持人的工作围绕两方面开展：一是维持好会议气氛，以使会议按照预期的步骤进行下去；二是围绕会议主题，促使会议获得一些有意义的结论。

二、会议成员

参加会议的成员都有责任使会议取得成功。对所有与会者来讲，明确会议目的、议程以及参与会议，都是很重要的。与会者应努力做到以下几点。

1．积极的态度

与会者的首要责任是树立对会议的积极态度，敞开思想并听取别人的意见。会议是管理和监督的一种重要工具，如果大家都能认真参与，则会议对每个人都会有价值。任何会议都可提供机会达到以下目的。

（1）受益于别人的知识和观点；从其他人的背景和经历中获取大量的信息。

（2）更好地了解和正确评价你的同行、同事，形成团队工作精神。

（3）与别人交换你的思想。

（4）以别人的眼光评价你的个人观点、信念和态度。

2．会前的准备

保证自己了解主题和议程并做好信息准备，与会者的信息质量决定着会议的质量。要带着问题参加会议，并帮助其他与会者理解问题、解答问题。

3．认识群体过程

就会议本身而言，对群体过程和群体功能的认识有助于树立正确的态度，更好地参与会议。与会者应当意识到其他会议成员都是与自己不同的个人，每个人都可能具有不同的思维方式。所以要成为一名合格的与会者，应该不断地研究别人，考察他们的基本动机、偏见、情绪和思维过程。

4．执行会议决定

与会者要贯彻会议精神，按时完成会议分配的工作任务。

5．具备一些技巧

（1）决定是否需要出席会议

不要因为受到邀请就参加会议，如果对会议议程与自己的关系有疑问，那么要弄清楚为什么参加这次会议。

（2）准时参会

具有适当的时间意识，既包括何时、如何发言，也要考虑到会议安排和地点。

（3）就某些疑点或模糊问题征询清晰的解释

在多数情况下，与会者会发现其他人心怀同样的问题，只是因为胆怯而不敢明言。

（4）倾听

与会者的目光要同发言者保持接触，尽量明确其语言背后隐含的意义，要杜绝对发言者不敬的行为。

（5）支持他人

与会者要遵循建设性的沟通原则，肯定他人的发言，并由此衔接自己的开场白，要有能力和意愿去适应别人的语言，并能清晰扼要地发表自己的看法。

（6）确保公平参与

与会者要引导他人参与进来，尤其要鼓励消极参与者提出自己真实的意见，使每个人的才干得以施展。

三、会务人员

会务人员主要指会议秘书或记录员。会议秘书的作用很重要，直接对会议主持人负责。

会务人员应做到以下三点。

1．筹备会议

会务人员应根据会议的目的，准备会议的议程与文件、及时通知与会成员、安排和布置会议场所等。

2．记录和维持会议议程

会务人员要记录会议时间、参加人员、会议内容，并协助主持人总结和归纳会议讨论结果。

3．做好会议记录和协助督办会议决定事项

为做好会议记录，会务人员应做到以下几点：

（1）重要的会议应该录音或录像；

（2）会议记录内容应全面且准确；

（3）及时澄清重点和含混不清的观点；

（4）与主持人共同修正错误部分；

（5）将会议记录发给与会者。

思考与练习

一、单项选择题

1．可以尝试选择群体中具有相当知识和经验的人来担任主持人，或者采用现在比较流行的做法——让公司秘书担任会议主持人，或者由与会者轮流来担任主持人。这是会前准备的（　　）环节。

A．明确会议的必要性　　B．确定会议的目标

C．拟定会议议程　　D．确定会议主持人

2．会议议程应该明确需要讨论的议题以及这些议题的顺序。与会者可以提前递交议题，以便在会上讨论。这是会议设计的（　　）原则。

A．明确议题　　B．确定主次　　C．注重实效　　D．适时调整

3．在实际的会议过程中，会议的领导者还应该根据具体情况对议程作适当的调整。这是会议设计的（　　）原则。

A．明确议题　　B．确定主次　　C．注重实效　　D．适时调整

4．会前需要发送会议通知和主要议程的是（　　）。

A．主持人　　B．会议秘书　　C．与会者　　D．领导

5．会议的组织工作常常是从分析会议的主题和必要性着手，这是会前准备的（　　）环节。

A．明确会议的必要性　　B．确定会议的目标

C．拟定会议议程　　D．准备会议文件

二、多项选择题

1．会议具有（　　）特征。

A．普遍性　　B．目的性　　C．多元性　　D．时间性

2．一个正式会议中的角色一般包括（　　）。

A．会议主持人　　B．与会者　　C．会议秘书　　D．记录员

3．会议的目的大致包括（　　）。

A．交流信息　　B．给予员工指导和激励

C．帮助处理各种冲突　　D．简单问题复杂化

4．会议议程的准备包括（　　）。

A．以次序排列出议程

B．对讨论的议题或项目准备支撑性文件

C．准备好具体议题

D．确定好下次会议的时间和地点

5．会议按照目的区分主要有（　　）。

A．谈判　　B．通知　　C．决策　　D．交流

三、判断题

1．语调是不能传达信息的。（　　）

2．成功的管理沟通是主体导向的沟通。（　　）

3．口头沟通都需要进行严谨的记录备案。（　　）

4．头脑风暴是一种参与性最强的沟通活动。（　　）

5．反馈只能通过书面形式加以体现。（　　）

四、思考题

1．会议的类型和功能分别有哪些？

2．会议准备阶段的主要内容有哪些？

3．会议中的角色和各自的任务分别是什么？

五、案例分析题

周三的例会

周楠是一家公司的高级主管，管理着几个经理。他每周三都要参加一个高级主管参加的例会，会后把得到的信息在自己的部门会议中传达给员工。周楠常常向他的员工抱怨周三例会。他说这些会议常常不按时开始，并且它们占用了很多宝贵的时间。会议的一项议程是每个高级主管简述自己的地区工作进展如何。周楠感到这项议程最浪费时间。

“没人在乎其他部门的进展状况，但人人都装作很在乎的样子。与会者点点头，发出‘嗯嗯’‘噢’‘有意思’等词，但没有人真正用心听。如果要求某个人重复会议中提及的一些事情，那么他们或是保持沉默，或是说些无意义的废话。一些经理自以为是地对其他部门业绩作出了连篇累牍的报告。第一，我不相信他们的话；第二，更糟糕的是，我也不在乎他们的话是真是假。他们在装腔作势地隐瞒真相。预算部门的家伙还会用上幻灯片和图表，这时候非得再来一杯咖啡才能保持清醒。”

周楠发现的另一个问题是部分高级主管有时并不参加会议，他们会派一个人代他们列席。会议开始的时候，主持人会说，某高级主管通过电子邮件告知，由于出现一些紧急状况而无法参加会议，特指派一个临时代表来参加会议。如果发生这种情况，在下次开会的时候，就要花时间让缺席的高级主管熟悉上次会议的内容。很明显，临时代表并没有把上次会议的内容传达给缺席的高级主管。通常每周二有一个上周会议的备忘录分发下来，在周三开会前高级主管们会把这些备忘录先浏览一遍。

周楠觉得所有会议信息都可以用电子邮件或是打印件进行简单的传达，而没有必要每次会议都参加。因此，他也经常缺席一些会议，但不得不通过电子邮件表示抱歉。

在主持自己的员工会议时，周楠有一个清晰的议程，按照这个议程，不大会有离题的事情发生，并且能够保证会议按时结束。

然而，有时他无法向下属传达一些关于新规程的重要信息，因为他既没参加周三的例会，也没读备忘录。结果下属由于没按新规程做事而被高层管理者批评，他们不得不花更多的时间返工。然而周楠并没有因此名声受损，可能是因为下属和高层管理者的沟通不畅或是因为害怕打击报复而不愿指责自己的直属上司。对自己信息传递不畅的错误，周楠也不愿意向上级主动承担责任，他说：“从长远看，这会影响我们部门的发展。”

周楠对自己的员工表示道歉，但下属并不容易接受。“是，我很抱歉，但我也不能一直不停地开会呀！”他说。

资料来源：百度文库。

案例分析：

1．周三的例会是成功的例会吗？该公司的周三例会存在哪些问题？

2．如果你作为会议主持人，该怎样主持这个例会？

第八章　演　　讲

学习目标

1. 了解演讲的含义与作用。
2. 知晓演讲的类型、方式与特点。
3. 了解演讲的准备。
4. 掌握演讲的技巧。

素质目标

1. 通过学习演讲的相关知识，能有效组织演讲内容。
2. 在坚持组织目标的同时，传递积极的价值观，以合理的逻辑、正向的内容影响听众，不哗众取宠。

案例导入

丘吉尔的演讲

1940 年，当希特勒的铁蹄踏过波兰、丹麦和挪威，直扑英吉利海峡的时候，英伦三岛上空顿时阴云密布。时任首相张伯伦因绥靖政策失败而引咎辞职。1940 年 5 月 10 日，65 岁的温斯顿·丘吉尔受命于危难之际，出任英国首相。5 月 13 日丘吉尔在议会下院发表了题为《热血、辛劳、眼泪和汗水》的著名演说。丘吉尔铿锵有力的声音，一扫英伦三岛的低迷之气，极大地鼓舞了英国民众战胜法西斯的勇气和信心。

“正如我曾对参加本届政府的成员说的那样，我要向下院说：我没有什么可以奉献，有的只是热血、辛劳、眼泪和汗水。

摆在我们面前的，是一场极为痛苦的严峻的考验。在我们面前，有许许多多漫长的斗争和苦难的岁月。

你们问：我们的政策是什么？

我要说，我们的政策就是用我们的全部能力，用上帝给予我们的全部力量，在海上、陆地和空中进行战争；同一个在人类黑暗悲惨的罪恶史上所从未有过的穷凶极恶的暴政进行战争。这就是我们的政策。

你们问：我们的目标是什么？

我可以用一个词来回答：胜利——不惜一切代价，去赢得胜利；无论多么可怕，也要赢得胜利，无论道路多么遥远和艰难，也要赢得胜利。因为没有胜利，就不能生存。

大家必须认识到这一点：没有胜利，没有英帝国的存在，就没有英帝国所代表的一切，就没有促使人类朝着自己目标奋勇前进这一世代相传的强烈欲望和动力。

当我挑起这个担子的时候，我是心情愉快、满怀希望的。我深信，人们不会听任我们的事业遭受失败。此时此刻，我觉得我有权要求大家的支持，我要说：来吧，让我们同心协力，一道前进!”

资料来源：康青．管理沟通［M］．北京：中国人民大学出版社，2022.

第一节 演讲的含义与作用

在人类文明史上演讲作为一种社会实践活动可谓源远流长。早在我国殷商时代已有了盘庚迁都的著名演讲。在古希腊，演讲的风气更盛，演讲被誉为“诱动术”。在现代社会，演讲成了一种普遍的口语交流方式，在人际沟通及促进个人事业成功等方面创造了很多奇迹。实践表明，进行演讲训练、掌握演讲技巧可以增强演讲者在大庭广众面前讲话的效果，提高有声语言的感染力。

演讲也是管理者必备的一种口头沟通能力。无论对员工还是管理者，口头沟通是管理工作中不可或缺的部分，出色的口头沟通能力是组织正常运作的重要保障。

一、演讲的含义

演讲是指发言人在特定的时间和环境下，借助有声语言和肢体语言，面对观众发表意见、抒发情感，以影响和感召观众，带有感染力和技巧性的一种正式的口头沟通活动。演讲者、观众、现实背景构成演讲的三个前提条件，既强调有声语言，又强调肢体语言，是演讲区别于其他口语表达形式的关键。劝说和鼓动观众是演讲的主要目的。

演讲是一种综合的、统一的、完整的口头沟通方式。在这综合的传达系统中，声音、态势和演讲内容被称为演讲的三要素，缺少任何一个要素都不能称其为演讲。如果只有讲而没有演，只作用于观众的听觉效果而不作用于观众的视觉效果，就会缺少感人、动人的主体形象，即缺少实体感。如果只有演没有讲，只作用于观众的视觉器官，而不作用于观众的听觉器官，没有打动人心的内容，也是令人难以理解。因此，讲与演只有和谐地、有机地统一，才能构成完整的演讲活动，并能圆满地完成演讲的任务。演讲，是以讲为主，以演为辅，内容是重要的。演讲既是听觉的，又是视觉的，这才是演讲的本质。

二、演讲的作用

古往今来，从国内到国外，演讲无不被人们所重视、利用，并发挥着它独特的、巨大的作用。其重要原因就是它有着强烈而广泛的社会作用，有着不可估量的社会价值和极其深远的历史意义。

彼得·德鲁克曾撰文：“一名雇员最重要的基本功夫是用笔头和口才组织与表达思想的能力，人们通常通过一个人的讲话来评价一个人，好口才会赢得令人羡慕的机遇。”正因如此，演讲的作用包括对演讲者本身的作用和对观众的作用两个方面。

1．对演讲者本身的作用

（1）培养良好的人际关系

现代社会是人们交往日益密切的社会，是信息广为交流和传播的文明社会。演讲者在台上有悬河之口和文雅的举止，对台下观众的一言一行也起到表率作用。他们的言谈谦逊、高雅，举止得体、大方，不仅有利于创造和谐的气氛，而且有利于人们的沟通交往。

（2）不断自我完善

演讲家不是天生的，是多次的演讲实践所造就的。一个品德高尚、学识渊博的人，如果不善言谈、词不达意，也无法充分发挥自己全部的聪明才智。演讲需要综合知识，既需要学习演讲本身的技巧，又需要运用哲学、美学、逻辑学、心理学、教育学、语言学和写作等学科的基本理论和知识。因此，演讲在人类的口头沟通中是最高级、最完善、最具有美学价值的一种口语表达形式。如果我们学习、了解、掌握了演讲的艺术并付诸实践，就能使自己增长才干，开阔眼界，陶冶情操，积累知识，加强修养，锻炼口才，培养气质，展示形象，扩大知名度，提高事业的成功率。

学习演讲和演讲实践的过程是一个不断提升口语表达能力、敏锐的观察能力、深刻的分析能力、敏捷的思维能力、准确的判断能力、超人的想象能力、机智的应变能力和良好的记忆能力的过程，是不断自我完善的过程。

2．对观众的作用

（1）启迪真理

演讲是要以理服人的，演讲的内容应该有社会的理、科学的理、人生的理的真理性启迪，这是演讲最主要的教育作用。

（2）激发情感

演讲对理性的阐述总是伴随着情感激发进行的，以情动人、以情感人是演讲不可缺少的情感作用。

（3）传播知识信息

演讲向观众传播的是大量知识和最新的信息，这是演讲作用的重要部分。

（4）增加艺术美感

有声语言和肢体语言表达的综合直观作用，不仅能有效地表达内容，还能给观众以愉悦、美感。

（5）扬善祛邪

古今中外一切正义的演讲家，他们都是凭借着演讲这个工具和武器，宣传真理、捍卫真理，与一切丑恶的势力进行艰苦卓绝的斗争，从而唤醒民众，推动社会前进。演讲家通过演讲，去启迪人们获得知识、认识真理、掌握真理，形成正确的扶正祛邪的理念，把人类社会推向理想的境界。

（6）引发行动

演讲的最高宗旨在于最终能引发观众实施符合演讲目的的行动。观众的行动是演讲作用的最集中、最实际的体现：不能引发行动的演讲，其作用是浅层的、微弱的，不会有更深远的社会价值和历史意义。

不同的主题和内容的演讲，其作用也各不相同。因此，对演讲的自身作用和社会作用，应从具体情况出发，实事求是，作出科学的评价。生活中我们可以是观众，也可以是演讲者，我们应该学习演讲的技巧，并发挥演讲的作用。

第二节 演讲的类型、方式与特点

一、演讲的类型

演讲的类型是根据演讲内容或形式等不同标准所划分的演讲类别。因为分类的标准不同，演讲可以有不同的分类。了解和掌握演讲的各种不同类型，有助于从整体上认识演讲的本质和作用，对人们组织和参加演讲活动有一定的指导意义。

1. 按演讲内容分类

（1）政治演讲

政治演讲是指针对国内外的政治问题或现实生活中发现的思想认识问题，进行分析、评论、阐明和宣传某种政治观点和主张的演讲。政治演讲包括竞选演讲、就职演讲、外交演讲、军事演讲、政府工作报告、政治性集会上的讲话（会议辩论、集会演讲）以及为社会政治服务的各类主题演讲等。

政治演讲是一种高度严肃的演讲。它要求演讲者不仅要有深刻的思想、一定的政治水平和政治远见，而且要有高度的责任感，因为政治演讲的最终目的是让观众赞同并支持演讲者的政治主张和观点。演讲者必须深思熟虑、旗帜鲜明，有充分的理由和严谨的论证，绝不可信口开河、夸夸其谈，这样的演讲才具有可靠性和鼓动性。

（2）教育演讲

教育演讲是指向观众发表学术见解、传授科学知识和公布科研成果的演讲。它包括知识讲座、学术报告、学术座谈会和学术评论等。科学是老老实实的学问，来不得半点虚假，因此教育演讲要求内容具有科学性、系统性，语言具有准确性，论证具有严谨性。教育演讲是人们传授知识、交流学术成果比较好的手段，是适应当今时代科学发展的一种常见的学术传播方式。

（3）法庭演讲

法庭演讲是指公诉人、辩护人、诉讼代理人在法庭上所发表的演讲。它是古老的演讲类型之一。法庭演讲以其客观性、充分的论据和雄辩的逻辑力量为特点。法律面前人人平等，谁都要“以事实为依据，以法律为准绳”。因此，法律演讲严禁主观色彩的渗入。

（4）礼仪演讲

礼仪演讲是指在各种礼仪活动中，为表达感情、表示礼节而发表的演讲。它包括致开幕词、闭幕词、祝酒词，以及投标介绍演讲、应聘时的自我介绍，还包括婚礼祝福演讲、联欢演讲、祝寿演讲、庆典演讲、告别演讲、悼念演讲等。礼仪演讲的特点：一是感情强烈，或悲或喜，溢于言表；二是大部分礼仪演讲具有较固定的结构形式，其他的演讲都没有固定的框架结构。礼仪演讲还特别要注意一个“度”，颂扬、祝贺、哀悼都必须理智控制，使观众感到恰到好处。

2．按演讲目的分类

（1）娱乐性演讲

娱乐性演讲是指在庆祝和纪念活动中，演讲者为了让观众能够心情愉快所做的幽默风趣的演讲。这种演讲的难点就是“笑点”的设计，包括“笑点”的数量和节奏。要做好一场娱乐性演讲的确是不容易的。

（2）传授性演讲

传授性演讲也称学术演讲，是指演讲者只是把自己所掌握的知识传授给别人，或把某些消息传播给观众，而一般不与观众发生什么争辩的演讲。有些内容是需要受众“知”，有些内容是需要受众“懂”，有些内容是需要受众“会”，如培训授课、学术宣讲等。由于不同知识和技能有不同讲究，所以传授时的广度和深度都有很大的弹性。再者，这类演讲相对时间较长，所以对演讲者的要求也较高，难度也较大。

（3）说服性演讲

说服性演讲也称鼓动性演讲，是指演讲者要使观众明辨事理、服从自己观点的演讲。这类演讲包括说服受众改变某种观念，鼓舞受众增强某种信念，促使受众做出某种行为等，如赛前动员演讲、竞聘竞岗演讲、总统竞选演讲等。

（4）凭吊性演讲

凭吊性演讲是指在葬礼上或者在纪念某人去世周年的大会上所作的演讲，也叫葬礼演讲。其形成于古希腊。据《伯罗奔尼撒战争史》记载，雅典人很早就有了在举行葬礼时发表演讲的习俗，主要用于凭吊在战争中阵亡的将士。

（5）商业性演讲

商业性演讲是指演讲者对事业或项目进行说明的演讲。其包括企业融资路演、项目推介、招商演讲、产品发布、年会演讲、竞标演讲、工作汇报等。

3．按演讲场合分类

按演讲场合分类，演讲分为街头演讲、法庭演讲（或称司法演讲）、课堂演讲、教堂演讲、大会演讲、宴会演讲、广播演讲和电视演讲等。

二、演讲的方式

在不同的场合发表演讲，演讲方式的选择非常重要。演讲者可以根据不同的场所、观众、性质和目的，选择不同的演讲方式。常用的演讲方式如下。

1．读稿式演讲

读稿式演讲是演讲者根据已经写就的演讲稿向观众宣读。这种方式适用于政策性强、法定性强或内容重要的严肃场合的演讲。

优点：一是演讲稿对观点和细节都作了预先的设置，演讲时很少会出现临时搜索词汇、组织措辞和说漏嘴的情况；二是在限定时间的演讲中，这种方式也能通过预先设定演讲稿长度来使演讲者在规定的时间里讲完预定的内容。

缺点：一是演讲者一味读稿，缺乏与观众的交流；二是观众有可能对演讲失去兴趣，场面会冷淡枯燥。

2．背稿式演讲

背稿式演讲是演讲者背诵预先撰写的演讲稿。这种方式适合演讲的准备时间比较长、演讲稿比较短，又追求现场效果的演讲。应聘时的自我介绍、新工作岗位的就职演讲均可以采用这种方式。

这种演讲方式除了具有读稿式演讲所具有的优点外，由于它解放了演讲者的双手，故可以以手势语言增强演讲的效果。

缺点：一是演讲者要记忆演讲稿的全部内容，思想压力较大；二是在演讲过程中一旦遗忘，就有可能因惊慌失措而影响演讲效果。

3．提纲式演讲

提纲式演讲是演讲者不使用演讲稿进行演讲，而是将要演讲的主要内容结构列成提纲，演讲者根据提纲进行演讲。为了避免读稿式演讲和背稿式演讲的弊端，演讲者可以将原来的演讲稿精简为提纲，然后按照提纲进行演讲；演讲者临时决定或被安排作演讲，来不及写全演讲稿时，可以采用这种方式。

提纲式演讲的最大优点是机动性强。如果发现观众对某一内容不是很理解，则演讲者可以作出解释；如果发现观众对某一内容表现出厌烦情绪，则演讲者可以对演讲内容或结构进行调整；它还能减轻演讲者记忆演讲稿的负担，容易形成自然的、自发的演讲风格。

缺点：演讲者要思路敏捷，迅速寻找合适的语句和词汇，否则，影响演讲的连贯性。当然，也可以通过预先的排练来克服这一缺点。

4. 即兴演讲

即兴演讲一般是指在特定的背景和未作充分准备的情况下为实现自己的表达意愿或现场需要而临时组织语言的演讲。这种方式又有两种情形：一是没有外力邀请或督促的主动演讲；二是在外力的邀请或督促下的被动演讲。酒会、讨论、自由发言、评论时经常要即兴演讲。由于它具有现场性、即兴性、灵活性的特点，因此，被认为是口语表达的最高形式。迅速选择话题，确立观点，组织思路，言简意赅是一次成功的即兴演讲的前提。

即兴演讲包括传递信息的发言、引荐发言、颁奖词、欢迎词、祝酒词和口头报告等。

三、演讲的特点

1. 一般演讲的特点

学习与准备演讲的前提是要了解演讲的特点。作为一种特殊的口语表达形式，演讲具有以下特点。

（1）鲜明的目的性

演讲的主题要非常鲜明。演讲稿必须表明自己的主张，明确自己的见解，以鲜明的观点影响观众，给观众以鼓舞和教育。演讲稿的内容如果缺乏思想的力量和价值，观众在热血沸腾之后就不能有所领悟。

（2）感人的说服力

演讲者面对观众发表意见，或对事件作出评价，或对现象展开剖析，或指出问题引人深思，或描述理想催人奋进，都着眼于说理，讲究以理服人。离开说理，即使故事再生动、辞藻再华丽，演讲也不能深入人心。

（3）吸引人的艺术性

演讲者的表达方式，如声音、语调、节奏、抑扬顿挫的语言表达及肢体语言，以及富有逻辑性、发人深省和感人至深的演讲内容对观众都具有同样的影响力。

（4）高度的综合性

演讲的内容无所不包，演讲的观众各色各样，演讲的目的各不相同，为了达到预期的效果，演讲者需要使用多种表达技巧：演讲内容、演讲目的、演讲手段的多样性，构成了演讲的综合性。

2. 成功演讲的特点

（1）演讲者的自信心

一个成功的演讲者往往表现出充满激情、身体前倾、目光接触、节奏自然、表述清晰、手势适当、保持互动等特点，这充分体现了演讲者的自信心。

（2）精彩的开场白

具有吸引力的开场白为主体部分作出铺垫，还会给观众留下美好的印象。它不仅传递了信息，而且为演讲者自己及其组织树立了良好的形象。

（3）富有逻辑的内容

有研究发现，一场演讲过后一个小时，人们会忘掉一半的内容；经过一天，会忘掉80%的内容；一周后，95%的内容会被忘掉；观众记得的是演讲者所举的例子、故事和亲身经历。

经过充分准备的演讲内容应该条理清晰，主题鲜明，逻辑性强，观众能够感受到演讲的内容是按一定的逻辑顺序展开的。好的演讲中包含着故事，故事是讲给观众的，每一个好的演讲者都利用了故事来说明要点，并且帮助观众和信息之间建立起情感的联系。

（4）明示的结尾

一个好的结尾不亚于一个好的开头。演讲中精美的结尾就恰如一串珍珠中最灿烂的那一颗，重要而光芒四射。示意观众演讲已近尾声是十分重要的，可以用“我要讲的最后一点是……”或“总而言之……”以引起观众对一些重要问题的重视，从而采取迅速的行动。

应该指出，在演讲中，观众最关心的是演讲内容，而演讲者关注的是观众是否理解他的演讲、演讲是否在观众中引起共鸣。只要精心构思，反复锤炼，使演讲别具韵味，就一定会使演讲获得成功。

第三节 演讲的技巧

一、声音表达的技巧

声音是语言表达的重要组成部分，在演讲中起着非常关键的作用。正确运用声音，能够增强表达效果，丰富表达内容。

演讲者的声音是演讲稿的载体，演讲者的声音要有速度感、节奏感和声调感，才会吸引观众。如果我们把声音和语言分离开了，就会感到语言的乏味，正如我们在听没有起伏、没有快慢的“催眠曲”。在演讲中，有声语言的运用技巧主要包括以下几个方面。

1. 语音

（1）语速

语速是指说话的速度。人们说话的速度影响着听者对信息的接受和理解。在不同场合以不同的语速表达会起到不同的效果。比如在严肃、庄重、正式的场合，讲话速度要慢；向获奖者作激动人心的致辞时，节奏要明快；发泄愤怒时可以声色俱厉地快语攻击，也可以用低沉的慢语恐吓。当说话者使用较快的语速时，被视为更有能力的表现。当然，如果说话速度太快，则语言的清晰度可能受到影响，导致对方的思路跟不上。

（2）音调

音调指声音的高低，它决定了说话者声音是否悦耳。通过研究语速发现，如果说话者使用较高且有变化的音调，则被视为更有能力；用低音说话的人似乎是气量不足，可能被认为对所说的话没有把握或者害羞。音调不仅可以区别意义，还可以传达感情。

我们在说话时，用什么来判定一句话是陈述句、疑问句，还是反问句呢？除了语境，最重要的就是音调，正是不同的音调将陈述和疑问的语气区分开来，甚至我们可以在脱离语境的情况下进行分辨。

当一个人的音调突然提高时，很可能是因为惊讶、恐惧或喜悦，最常见的是惊讶，而最明显的是恐惧：当一个人的音调突然变低时，很可能是因为悲伤、落寞、沮丧或痛苦等。如果一个人的音调平稳，则表示此人的感情处在一个比较平和的状态；但是如果此人的音调长期保持平稳的状态，则说明这个人思维方式较理性，可能对情绪变化不敏感。

（3）音量

音量即说的声音的响亮程度。要合乎说话者的目的，不能不分场合地在任何时候都使用很大的音量。柔和的声音往往具有同样甚至更好的效果。

实验证明，即使没有实在内容的声音形式也可以沟通情感。在演讲中，“气徐声柔”可以表达爱；“气促声硬”可以表达憎；“气沉声缓”可以表达悲；“气满声高”可以表达喜。

2. 停顿

停顿在演讲中经常出现，常用来暗示演讲者的思索或计划，占演讲的一部分时间，是演讲表达中极为重要的技巧：演讲中的停顿有三种：语法停顿、逻辑停顿和心理停顿。前两种停顿是处理语言的手段，其目的是保证清楚明确、重点突出，而心理停顿是有意识安排的，停顿时间要比语法停顿、逻辑停顿长，观众可以明显感受到它的效应。

具体来说，心理停顿有以下作用：一是给演讲者和观众整理思路、体会情感的时间，从而达到“沟通同步”；二是有利于内容的进一步展开，推动主题；三是体现设问和暗示的作用；四是用于引起观众好奇心、注意力，令观众产生悬念。正如丘吉尔所说：“我故意作一下停顿，让议员们充分地理解和吸收，我和观众都得到了喘息的机会。”

二、肢体语言表达的技巧

我们观看舞蹈时，演员不说话，也没有解说，但观众能从演员的肢体动作中领会其思想和情感，虽然没有语言，但能表达出演员想倾诉的含义，表演者的内心的情感是可以通过“形于外”的肢体语言表现出来的。“只可意会，不可言传”就是说人们的肢体语言对传递信息的重要性：演讲者也一定要调动身体的各个部位来表达情感。

在信息的传播原理里，有个 7-38-55 法则，这个法则是 20 世纪 90 年代美国哈佛大学的艾伯特·梅拉比安教授在他发表的一篇论文中提到的。他提出人的信息传播有三个途径：一是占比 55%的肢体语言，指我们在讲话时的目光、表情、手势等；二是占比 38%的有声语言，指我们在讲话时的声音要做到抑扬顿挫；三是占比 7%的语言内容，也就是我们通常所指的讲话稿（如图 8-1 所示）。

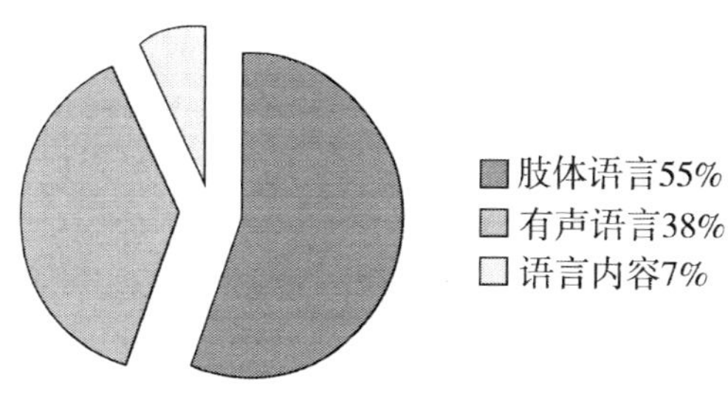

图 8-1 7-38-55 法则

有人曾经根据此法则列出这样一个公式：情感传达=7%的言辞+38%的声音+55%的肢体语言。因此，当你宣布“今晚我很高兴来到这里”，而你声音发抖，目光投向门外，并紧张地摸索着演讲稿，那么观众会认为你来这里并不高兴。

在发表演讲的过程中，有几个非语言方面的因素需要考虑，包括目光接触、面部表情、姿势、手势和走动。英国著名人类学家德斯蒙德·莫里斯曾在他的著作《肢体行为：人体动作与姿势面面观》中写道：“一个人把过多注意力集中在自己的言辞上，会致使他忽略了这样一个事实：他的动作、姿势和表情正讲述着它们自己的故事。”演讲者本身也是所传达信息的组成部分，所以演讲者如何展示自己将直接影响信息的表达。

美国一个心理学研究机构曾做过一个实验：在全国各大高校进行演讲比赛，然后挑选出两位非常优秀的演讲者，进行最后的决赛。在决赛中，要求两人分开进行比赛。赛前，研究机构的人员给其中一位选手看了演讲稿，让其有充分的时间进行准备，而对另一位选手是在开赛前 5 分钟才给了演讲稿（研究人员给两位选手的演讲稿是一样的）。比赛结果可想而知，事先有准备时间的那位选手获胜。在这个过程中，研究人员发现，两位选手在演讲过程中，在语调、感情等方面都比较相似，但是唯一不同的是，事先准备的那位选手为自己设计了很多肢体语言。据研究人员观察，在演讲过程中，两位选手在使用肢体语言上，相差很多，有准备的选手多次借助肢体语言，另一位选手却没有使用肢体语言。

上述事例告诉我们，只要我们有所准备，就可以很好地使用肢体语言来增强表达和沟通能力。如果你觉得自己在与人沟通时，总是不能够很好地打动对方，不能完整准确地表达自己内心的意愿，则不妨事先对自己所要谈论的内容多加练习，在适当的时候添加一些肢体语言，为自己的话语增添感染力。

1. 面部表情

面部表情是人的感情最复杂、最微妙的“晴雨表”。演讲中的表情贵在自然，切忌拘谨木然、神色慌张或故作姿态，面部表情应随着演讲的内容和演讲者的情感变化，一颦一笑都要和演讲的内容合拍，我们都知道演讲时，观众的目光大部分会汇聚到演讲者的脸部。这不是因为演讲者的脸部漂亮，而是因为人的脸部是感情的晴雨表，观众可以从面部表情读懂演讲者的情感世界。演讲者可以做出眉飞色舞、眉开眼笑、双眉紧锁、横眉怒目、扬眉吐气等表情，脸部表情一定要做到适时、适事、适情、适度。

演讲者还要做到表情上表现出充分的自信，这样会使观众更容易接受演讲。表情要与演讲的内容相协调，不要出现表情错位，拘谨木然、手足无措、恐慌不安只能削弱演讲的效果：演讲的表情还不能过于夸张以至于矫揉造作，这样只会使观众感到虚假。

表情中最重要的是眼神，所以在演讲中演讲者要尽量看着观众说话，要善用目光接触。很多演讲者上台后一直低着头，或是一直背对观众盯住投影画面讲述，这些人都没有运用目光与观众进行交流。在演讲开口前，演讲者应该先与观众作目光交流，环视全场，让自己情绪稳定下来。在演讲过程中，演讲者要与全场观众有目光接触，特别是坐在后面和坐在前排两侧的观众。一方面，运用目光接触可以获得并掌握观众的注意力，建立相互的信任；另一方面，可以通过目光接触来回应观众，阅读观众的表情。

总之，演讲者要看着观众讲话，还要根据观众的情绪和态度、演讲的内容和环境等因素变换使用多种眼神，以强化演讲效果。

2．姿态

我们常说“站如松，坐如钟，行如风，卧如弓”，这是中国传统文化对有修养人的体态的要求。演讲中肢体语言能表达出各种含义，光不同的手势就有 30 多种含义。因此，在演讲中我们要注意肢体语言，利用恰当的站姿和手势来增强演讲的效果。

一是要注意站的位置。要站在每位观众都可以看到你的位置上，便于自己参考自己的笔记，还要便于自己控制多媒体。

二是要站直，挺胸收腹。不停地换脚或频繁地来回踱步，甚至抖脚，都是演讲中禁忌的姿态。站姿一般有前进式、稍息式、丁字式、立正式、自然式等，不论何种站姿都要做到稳健镇定。

在演讲中手势的运用要大方自然，矫揉造作和过于夸张只能使观众感到不舒服。手势的种类、幅度、方向要与演讲内容、演讲者感情、现场气氛相协调一致。手势要与口语同步进行，切忌说完话再补手势。在演讲过程中总是重复一种手势，缺乏变化固然不足取，但是手势过多也会使观众眼花缭乱。

其实，演讲的魅力并不在于你如何旁征博引，也不在于你的言辞有多么华丽，最重要的是你能够通过自己的演讲和对方产生共鸣，形成强大的感染力。要达成这样的沟通效果，需要我们配合自己丰富的表情，再加上一些恰到好处的肢体语言。只有面带表情才会妙趣横生，更好地形成沟通的正面反馈。比起华丽的辞藻，丰富的情感更加具有说服力。

三、演讲稿

演讲稿的内容最为重要，不论何种题材的演讲稿都应遵循以下内容：

第一，言之有理：说真话、讲真理。

第二，言之有物：有内容、有事例。

第三，言之有序：有条理、有顺序。

第四，言之有文：有趣味、有文采。

第五，言之有情：有情感、感动人。

演讲内容合理的结构安排是演讲成功的基础。只有精心构思演讲内容的结构，在演讲之前对如何开头与结尾、何处为主与次、怎样铺垫与承接早已了然于胸，在演讲时才能思路清晰、中心突出、铺排严谨、首尾照应、浑然一体。这样不仅有利于演讲者在有限的时间内传递更多的内容，也有利于演讲者克服怯场的问题，取得更好的演讲效果。

一般来说，一个完整的演讲结构主要包括开头、正文和结尾。

1. 巧妙的开头

演讲的开头对演讲的效果是极大的，它为演讲确定了基调，能够吸引观众的注意力，还能揭示演讲的主题或主要内容。演讲中常用的开头方法有讲故事、提出问题、引经据典、发布惊人信息等。当然，文无定法，开头的方法无论采用何种形式都要力求简洁，一定不要太长。另外，还要周密计划，不要将所有的内容都在开头讲出来，使演讲失去解释悬念的过程，让观众失去继续听的兴趣。值得注意的是，在演讲的开头切忌讲一些毫无必要的客套话，貌似谦虚、实则虚伪之类的废话。在演讲的开始东拉西扯、离题万里也是禁忌的。开门见山，紧扣主题，适合观众的心理和时境，切不可为了追求新奇而故弄玄虚。

2. 突出重点的正文

正文是演讲的主要部分，演讲质量的好坏、论题是否令人信服，都取决于正文的阐述。正文在结构安排上离不开提出问题、分析问题和解决问题三个方面，但这又不是一成不变的刻板公式。因此，要根据主题的需要，恰如其分地安排正文的结构，做到紧扣主题、突出重点、层次清晰、首尾呼应。需要注意的是，演讲的结构不同于文章的结构，不能肆意铺排，不可太复杂。文章可以反复阅读，但演讲只有一遍；若结构过于复杂，则观众会抓不住纲目而不得要领。

3. 精彩的结尾

俗话说：“编筐编篓，重在收口。”一个成功的结尾能够给观众留下深刻的印象。结尾的表达有很多方式，或提出问题令人深思，或深化主题加深认识，或总结观点揭示主题，或激励士气促使行动，或抒发感情感染情绪，或运用幽默换得笑容。可以说，结尾同开头一样，并没有固定的模式，但成功的结尾必须使观众把握演讲的主题、明晰全篇的内容，并为观众提供行动动力。一般来说，结尾的草草收兵或画蛇添足、讲套话等都会令观众生厌。

在演讲中融入故事和案例一定是为了借此说明某个观点，表达某种寓意。一般来说，在演讲中表达观点和事实数据类的语句、语调应当加重一些。故事和案例类的语句，则应当适当轻松，这样可以非常清晰、巧妙地引领观众的思想，还能加强你想强调的内容。同时，在故事和案例的地方，留给观众思考的空间。这样可以为演讲增添一种张力，即便是再没有经验的演讲者，只要在演讲稿完成后简单练习几次便可以掌握。

四、视听辅助手段

视听辅助对提升演讲的效果也是必需的手段之一。有效的视听辅助手段能够起到吸引观众、集中观众注意力的作用。常见的视听辅助手段包括书面材料、书写板、幻灯机、投影仪等。

视觉效果会给观众留下专业化的印象。与未使用视觉效果的演讲相比，使用了投影仪设备的演讲被认为是“准备充分，专业化，更具说服力，更可信和更有趣”。有项调查结果显示，在信息性演讲中，运用多媒体（电脑制作的图片和动画）比运用幻灯片要提高 5%的记忆率，比单纯运用课本要提高 16%的记忆，值得指出的是，视觉效果的作用在于突出演讲的主旨。

制作和演示视觉效果要遵循简单明了（Keep It Short and Simple，KISS）原则。坚持该原则时要注意：

（1）尽量利用图表，有利于清楚地传递信息。

（2）图表不要成为数据的海洋。

（3）每张胶片不要出现两张以上的图片。

（4）不要出现连篇累牍的文字。

除了重视制作视觉效果外，还应该注意检查关系到视觉效果的其他视觉辅助设备，如演讲场所的灯光效果、电源插头、麦克风、讲台位置情况以及演讲场所的物理布局等。

第四节　演讲的准备

演讲讲究美感的艺术，除了立意高远、角度新颖、逻辑严密等因素外，还要求语言朗朗上口、铿锵悦耳、富有文采。“只要按照正确的方法，作充分的准备，任何人都能成为演说家。”反之，演讲者不论年龄多大或者经验多么丰富，如果没有适当的准备，则都有可能在演讲中露出窘态。

一、了解观众

演讲以演讲者为中心，偏重话语的交流，观众很少能说话。因此，演讲者必须事先调查研究观众，了解观众的心理特征、意愿要求和成分构成，不然演讲是难以获得观众认可的。演讲者还必须事先了解观众的意愿要求，以便有针对性地做好确定主题、选择材料等准备工作，只有这样才能有成功的演讲。观众心理主要有以下特点。

1. 对信息具有选择性

观众只对与自己利益相关和兴趣爱好一致的信息感兴趣，只接受那些与自己意见一致或自己认同的观点。

2. 独立意识与从众心理的矛盾统一

一方面，观众是头脑冷静、比较理智的人，对演讲中的观点有自己的看法；另一方面，在观看演讲时，观众会有与其他观众相互刺激并相互强化情绪和行为的反应。演讲中经常出现的数人鼓掌而皆鼓掌、数人笑而皆笑的现象就是从众心理的结果。

二、准备充分

如果有可能，则演讲者在演讲之前了解观众，确定他们对演讲主题的兴趣。演讲者除了准备演讲的稿件外，还要设想观众可能会提出的问题，并尝试着回答这些问题。回答问题时要继续保持演讲时的自信状态，声音洪亮，吐字清晰，语言简洁，姿态得体。回答问题时，需要面向所有观众，而非仅仅面向提问者。

此外，演讲者的着装要根据演讲的场合和情景来定。在非常正式的演讲中，演讲者一定要穿正装或中山装，男士着西装、佩戴领带，女士则穿职业套装。非正式演讲对服装的要求不是很高，但一定要做到整洁、得体，女士可根据具体情况化淡妆。

三、预先试讲

预先试讲可以让演讲者更加熟悉演讲的内容，并且可以在试讲中进一步对演讲稿作必要的修改：演讲者试讲时可以想象当时的场景，注意自己的举手投足是否得体，说话声音是否足够响亮、清晰，甚至眼睛是否有神。

四、巧答问题

通常在演讲的结尾，演讲者还要回答观众提出的各种问题，可以说是演讲的“收口之作”或“点睛之笔”。演讲者正确、幽默、巧妙地回答观众的问题，可以让演讲锦上添花、完美“收官”，收到更满意的效果。因此，演讲者掌握应答各种问题的技巧，对演讲的最终成功至关重要。

不同的观众会提出不同的问题，如与演讲话题无关的问题、少数人关注的问题、没有准确答案的问题、带有明显敌意或恶意的问题，演讲者必须学会如何去识别它们，并快速地对所提的问题加以分析，然后作出简要的解答。当遇到无法给出确切答案的问题时，必须实事求是，坦诚面对观众，千万不可不懂装懂，更不要就某个细节进行冗长的解释或解答；否则，会给观众留下不好的印象，使得演讲功亏一篑。

思考与练习

一、单项选择题

1. 演讲的目的主要是传递信息、说服听众、激励听众和（　　）。

A. 感动听众　　B. 讨好听众　　C. 服务听众　　D. 娱乐听众

2. 成功演讲的第一个步骤是（　　）。

A. 阐明主题　　B. 确定支持性信息

C. 明确演讲的目的　　D. 做好演讲场所布置

3. 声调高的人给人以紧张、缺乏自信与情绪化的负面印象，声调低的人则让人感觉稳重老练。这是音质暗示的（　　）策略。

A. 声调的变化　　B. 声音的印象　　C. 语速的选择　　D. 音量需适中

4. 词语是沟通与思维的工具，而多义词是有效倾听的潜在障碍。这个词对讲话者而言是这个意思，对倾听者来说却可能是另外一个意思。这是影响倾听的（　　）因素。

A. 讲话速度与思考速度的差异　　B. 思想不集中

C. 假装专心　　D. 措辞晦涩

5. 音量属于非语言沟通（　　）类型。

A. 身体动作　　B. 个人身体特征　　C. 副语言　　D. 空间利用

二、多项选择题

1. 演讲者要分析听众心理，听众的心理特点有（　　）。

A. 对信息的接受具有选择性　　B. 首因效应

C. 直观性理解　　D. 独立意识和从众心理的矛盾统一

2. 演讲的准备有（　　）。

A. 了解观众　　B. 准备充分　　C. 预先试讲　　D. 巧答问题

3. 演讲的主要方式有（　　）。

A. 读稿式演讲　　B. 背稿式演讲　　C. 提纲式演讲　　D. 即兴演讲

4. 成功的演讲有（　　）的特点。

A. 演讲者充满自信　　B. 精彩的开场白

C. 语言表达富有逻辑性　　D. 明示的结尾

5. 演讲的要素包括（　　）。

A. 声音　　B. 态势　　C. 演讲内容　　D. 环境

三、判断题

1. 劝说和鼓动观众是演讲的主要目的。 （ ）

2. 教育演讲是指对国内外政治问题或现实中发现的思想认识问题进行分析、评论、阐述和宣传某种政治观念和主张的演讲。 （ ）

3. 商业性演讲是指演讲者对事业或项目进行说明的演讲。 （ ）

4. 人们说话的语速影响倾听者对信息的接受和理解，比如在严肃、庄重且正式的场合，语速需要快。 （ ）

5. 口头表达是管理工作中不可或缺的部分，出色的口头表达能力是组织正常运行的重要保障。 （ ）

四、思考题

1. 简述演讲的类型和方式。

2. 演讲过程中如何有效使用视觉辅助手段？

3. 演讲应该作哪些准备？

第九章　面　　谈

1. 了解面谈的含义和面谈与自发性交谈的差异。
2. 掌握面谈的目的和种类。
3. 熟悉招聘面试。
4. 了解绩效反馈面谈。
5. 理解谈判的定义和原则。

素质目标

通过对本章知识的掌握，能学会在面谈前做好充分的准备，促进面谈取得满意的结果。

案例导入

平级之间的沟通

某年从年初开始，公司推行了全面预算管理，各部门的预算执行情况都与部门负责人的考核挂钩，所以大家在费用支出方面都很谨慎。有两个部门共同参与的项目花费超出了预算，其中市场部的马经理为项目申请预算外的费用。考虑到这笔费用需要由两个部门来分担，马经理给另一个部门的负责人也发了一封邮件，并抄送给了双方部门的上级领导。另一个部门的陈经理回复邮件说，其中一些费用不应该由他们来承担，当然也抄送给了双方部门的上级领导。马经理觉得这些费用又不是市场部自己花的，于是写了一封邮件顶回去。两个人就这样你一封我一封地“打起架”来，每封都不忘抄送给对方的领导，但双方的领导都不作反馈。马经理一看到邮箱中蹦出陈经理的邮件，心中就升起一团怒火！可是双方都憋着不妥协。

直到有一天，马经理实在受不了了，觉得这样对峙也解决不了问题，于是单独联系陈经理，邀请他在楼下的咖啡厅聊聊。见面以后，双方把自己心中的想法都摆出来，马经理才发现，陈经理部门的预算本来就很紧张，已经是从别的项目挤出来的，况且超出预算的费用也不多，如果马经理的部门能承担，他们会好交代得多。说到这些难题和现状，陈经理脸上露出了疲惫的神色，马经理也理解了对方，双方的矛盾就这样化解了。

资料来源：金丽，李天田．超级中层商学院之沟通有结果［M］．北京：北京大学出版社，2012：152.

第一节 面谈的含义与种类

一、面谈的含义

在前面的章节里我们谈到过，现在可供人们沟通、交流的方式非常多。不同的沟通方式可以起到不同的作用；但有时过于依赖远程沟通手段，往往会因出现信息误读而产生误会，最终引发冲突。因此，如果条件允许，首选的沟通方式还是面对面交流。在讲解沟通技巧时，我们说过很多信息来自非语言的部分，如表情、眼神、话外音等，单靠文字或电话很难捕捉到这些重要的信息。正如上例所述，如果马经理和陈经理一开始就以面对面的方式沟通，而不是依靠邮件，可能就不会出现令人不快的结果，尤其是已经产生矛盾和误会的时候，就更应该当面说清楚。需要注意的是，最好由当事人自行解决，特别是不能让下属来回传话，这种不对等的交流往往让人感觉不受尊重，反而加深矛盾。

面谈是指组织中有目的、有计划地通过两人（或更多人）之间面对面的交互式谈话而交流信息的过程。简而言之，面谈就是“有计划的交谈”。

面谈是发生在收集信息者（面谈者）与提供信息者（面谈对象）之间的直接沟通行为，是人们（通常是两个人，有时是更多人）为了某些特定目的而相互收集、交流信息的行为。面谈能否成功，依赖彼此间能否建立有效的互动关系。

面谈与自发性交谈不同（如表 9-1 所示）。比如，在公司的厂区、过道、电梯或便利店里同事之间的偶然相遇，常常会引出话题，但这种是自发性交谈，并不是面谈。面谈与其他面对面的交互方式也不同，因为面谈的目的在于收集某种特殊的信息，并舍弃无关的信息。

表 9-1 面谈与自发性交谈的差异

面谈	自发性交谈
有目的	无目的
有计划	无计划
正式的	非正式
受场所限制	无场所限制
排除无关信息	欢迎无关信息
具有面谈的特征	礼貌的寒暄
讲究技巧性	不讲究技巧性

二、面谈的种类

组织中的面谈种类有很多，涉及绩效反馈面谈、招聘面试、解聘面谈、获取信息的面谈、谈判、培训、督导、咨询服务、发布指示等。

1．绩效反馈面谈

绩效反馈面谈的目的通常是向员工反馈关于企业对员工工作表现评价的信息。具体来说，绩效反馈面谈包括以下内容：

（1）回顾被评估者在某一特定时期内的表现；

（2）指明其将来提高绩效的方法；

（3）制定其个人绩效目标；

（4）评估其培训与开发的需要。

绩效反馈面谈的具体目标因人而异，它依赖被评估者的工作表现。

2．招聘面试

招聘面试是组织挑选员工的一种最为常见的有效方法。如何有效地把握面试的技巧和方法，是管理者应该具备的一项很重要的沟通技能。通过面试者与应聘者面对面的接触和问答式的交谈，招聘单位可以进一步深入地了解应聘者的各方面情况，从而为组织挑选出正确的、合适的人，为企业做出正确的录用决策。

3．获取信息的面谈

获取信息的面谈通常包括通过面对面的沟通，了解有关数据、客观事实、主观评价和个体感受等方面的信息，为组织制定和完善各项方针、政策寻找依据。这类面谈的结果常常以报告或研究文件的形式来展现。

4．传递信息的面谈

传递信息的面谈是以面谈者向面谈对象发送信息为主要内容的面谈形式。例如，向新进入公司的员工介绍本公司情况与其特定岗位职责的面谈。这种入职面谈的目的是帮助新员工明确职责，快速适应新的工作环境与工作风格。迎新入职面谈会影响新员工对企业的最初看法、态度与期望。

5．谈判

谈判是有关方面就共同关心的问题互相磋商、交换意见、寻求解决的途径和达成协议的过程。这类面谈旨在通过交互式沟通解决某个问题。在这类面谈中，面谈的双方对面谈的目的非常清楚，通常会开门见山地提出问题，双方的沟通态度和沟通技能对面谈的顺利进行起着重要的作用。虽然面谈者的主要任务是陈述事实和寻找解决问题的方式与方法，但同时要意识到面谈对象在其中也扮演着重要的角色。

在解决问题的面谈中，面谈对象一般是问题的相关者甚至关键人物，解决问题的方案有赖于面谈对象的认同，而问题的最终解决也离不开面谈对象的参与：因此，这类面谈最需要面谈双方以平等的方式参与其中，也最需要运用面谈沟通技巧。

谈判有广义与狭义之分。广义的谈判是指除正式场合下的面谈以外，一切协商、交涉、商量、磋商等都可以看作谈判。狭义的谈判仅仅是指正式场合下的双方的面谈。

下面就组织中最常见的绩效反馈面谈、招聘面试和谈判展开深入的讨论。

第二节　绩效反馈面谈

绩效反馈面谈是绩效评估结果反馈最主要的沟通方式，也是管理沟通的一项重要任务。

一、绩效反馈面谈的准备

1．确定面谈者

参加面谈的双方应该是某部门的管理者和该部门的员工；对管理者，则由其上级部门的管理者进行绩效反馈面谈。在某些情况下，也可由人力资源管理部门的专门人员代替管理者对其下属进行绩效反馈面谈。

2．收集并分析信息

在确定了面谈对象后，就要着手收集和分析面谈对象的有关信息和材料。这些信息和材料主要包括面谈对象的工作岗位及其职责、工作计划、工作目标、绩效评估标准、面谈对象完成任务的情况等。

3．确定面谈时间和地点

当工作进行到某一阶段，就应该适时进行绩效反馈面谈。具体面谈时间宜选择在面谈双方都比较清闲的时候；地点的选择也很重要，通常应选择比较安静的场所，以避免干扰。绩效反馈面谈一旦确定，就应该提前将面谈的时间和地点通知面谈对象，以便对方作好准备。

4．拟定面谈提纲

为了使绩效反馈面谈全面、有序地展开，应该事先拟定面谈提纲，注意突出绩效反馈面谈的重点，留意那些需要澄清的事实，设计合适的面谈开场白与结束语。

二、绩效反馈面谈的程序

绩效反馈面谈的形式各种各样，其中最常见的程序如下。

1．开场白

面谈开场白通常由面谈者简短地向被面谈者说明面谈的目的和基本内容。此时，面谈者应注意调节气氛。例如，以轻松寒暄作为开场白，尽量消除对方的紧张心理，使双方十分自然地过渡到正式面谈。

2．自我评估

面谈对象可以参照原先制订的工作计划和工作目标，简明扼要地汇报评估时期的工作情况。此时此刻的面谈者应该努力做到以下三点：

（1）注意倾听，不随意打断面谈对象的陈述；

（2）关注面谈对象的工作实绩，并留意其失误的事实；

（3）有疑惑的地方，可以适时询问，以及时澄清与确认。

当面谈对象的自我评估结束后，即可对其自我评估进行总结。

3．对面谈对象的评估

面谈者可依据原定的工作计划和工作目标，对面谈对象的工作绩效逐条进行评估和打分，并给予必要的说明，要有充分的理由和依据。在评估过程中，面谈者应该本着实事求是的精神，不带任何偏见，避免感情用事，既要肯定面谈对象的工作实绩，又要客观地指出其缺点。

4．深入讨论，达成共识

经过充分交换意见后，面谈双方在彼此的要求和期望等方面达成共识，例如，管理者对下属今后工作的要求和期望、下属在今后工作中的发展、需要组织提供的必要条件和支持等。在这一阶段，面谈者要认真听取下属的建议，对下属为今后发展提出的合理要求和建议应该给予积极的肯定和支持。

5．确认绩效评估结果

填写有关绩效评估表格，将绩效评估最终结果交评估对象签字认可。在绩效评估结束之际，面谈者应当利用这个机会积极地鼓励和悉心指导下属，使下属在绩效反馈面谈结束后干劲倍增。

第三节　招聘面试

招聘面试用来帮助组织挑选新的成员，并作出招聘决策。在招聘面试中，通过面对面的沟通，面试者可以近距离地观察应聘者，了解其生理特征、知识、能力、气质、谈吐举止及其他方面的信息，从而比较客观地判断应聘者是否适合进入本组织以及是否具有从事该项工

作的合适技能。

招聘面试的基本程序主要包括工作分析、确定目的、编制面试问卷、确定评价标准、组成面试小组并实施面试。

一、工作分析

面试者应该对招聘岗位的工作进行细致的了解与分析，从工作职责，所需知识、技能和能力，以及其他工作资格条件的角度撰写岗位职责说明。该步骤是招聘全过程的出发点，也是整个面试工作的基础。

二、确定目的

招聘面试开始前，面试者应该明确面试的目的：面试中我们应该获得的信息以及应该达到的目的。通常，面试的目的为遴选适合担任招聘岗位工作的应聘者，这是进行面试的主要目的，也是最基本的目的；同时，还应向应聘者说明招聘岗位工作的职责。招聘面试过程不仅是面试者了解应聘者的过程，也是应聘者了解招聘岗位工作的过程。面试者向应聘者详细说明招聘岗位工作，不仅有助于应聘者了解信息，也有利于应聘者自己对岗位工作的兴趣以及能否胜任作出正确的判断。事实上，招聘面试过程也是一个双向选择的过程。当然，应聘者一旦录用，招聘面谈时所作的岗位工作说明也有助于应聘者迅速进入角色，缩短适应期。

招聘面试过程不仅是一个招兵买马的过程，从一定意义上来讲，更是一个树立良好的企业形象的宣传过程。对应聘者来说，面试者是招聘企业的代言人，即使未被录用，面试者的行为、态度、风格也会影响到应聘者今后对企业的产品与服务的看法。

三、编制面试问卷

面试问题的拟定因招聘要求不同而不同，应聘不同职位的面试内容也会因事而异。如果面试时招聘者对应聘者只有唯一的评估手段，而且应聘者的申请材料所提供的信息并不充分，则面试的内容应尽量广泛；反之，如果面试只是安排在其他测试之后的补充性手段，或应聘者的申请材料已包含了大量信息，那么面试的内容可适当减少。一个好的面试问卷能使应试者充分展示其能力。通常，拟定面试问题可以涉及以下内容：

（1）个人背景：家庭情况、学习经历、工作经历等。

（2）个人成就：学业成绩、工作成绩、奖赏情况、专长等。

（3）知识与经验：实践经验、知识面或有关常识等。

（4）兴趣爱好：职业兴趣、知识兴趣、生活情趣等。

（5）思维沟通能力：分析问题能力、语言表达能力等。

（6）价值观念：是非标准、个人理想等。

（7）求职动机及意愿：应聘动机、就职期望、工作要求等。

四、确定评价标准

面试者在拟定面试问题的同时，也要考虑评判标准。在大批招聘员工的面试过程中，招聘面试由几位面试者分头进行，面试者对评价标准应该有一个明确、统一的认识。这样做不仅有助于提高面试的公正性，有利于遴选合格人才，也有利于应聘者面对不同的面试者时机会均等。

五、组成面试小组并实施面试

招聘面试的准备过程中除了设计试题外，选择合格的面试者也是非常重要的。在面试过程中，面试者要有控制面试进程的能力。面试者要根据面试要求对应聘者提问，还要根据应聘者的回答调整追问的问题。显然，合格的面试者不仅要掌握面试的沟通技巧，还要了解招聘岗位工作的主要业务以及相关知识。一般来讲，面试小组最好由参与工作分析并撰写面试问题的人组成。当然，招聘岗位的主管以及人力资源部门的主管也可参与其中。

在招聘同一岗位候选人的整个面试过程中，面试小组成员应该保持一致，以确保对不同应聘者进行客观的比较。在面试前，有关工作职责、问题及评价标准应该得到小组成员的认可。为了保证面试不受干扰，面试应该安排在一个安静、宽松的环境中进行。

第四节　谈　　判

谈判在企业经营管理中较为常见，是决定企业运营以及企业与供应商、分销商关系的一个重要方面，也是决定企业经营成败的重要一环。有效沟通在企业管理中的一个重要应用方面就是谈判。

一、谈判的定义

对谈判定义的表述可谓仁者见仁，智者见智。其表述的角度和内涵的包容面虽有所不同，但其基本含义是一致的。借鉴各位学者对谈判定义的表述，加之对现代狭义范围和广义范围的谈判活动现象的分析，谈判的定义可表述为：谈判是组织或个体的双方或多方，为建立联系、解决共同问题、处理相互冲突、改善相互关系、实现各自需要而互相交流、达成一致意见的活动过程。

为了更好地理解谈判这一定义，我们有必要对其作如下的具体解释：

第一，此定义阐明了谈判的主体是各类组织或个人，谈判活动是一种人的行为。

第二，此定义阐明了谈判是为实现一定的目的而进行的活动。例如，国与国之间的建交谈判、各地区相同行业间的横向联合协商是为了寻求共同发展的途径。又如，一些社会公益问题的谈判也以解决共同关心的问题为目的，例如，居民区各住户就公共卫生较差的问题进行磋商，并制定卫生公约，解决共同关心的卫生环境问题。还有一种目的是处理各方的冲突和纠纷，改善相互关系而进行的谈判。除此之外，谈判还有各自不同的需要。在求职录用谈判中，求职的个人是为了实现找到称心工作的需要，录用单位则是为了实现选到称职的出色人才的需要。也有很多谈判是多种目的兼而有之的。

谈与判是两个紧密相连的过程。谈，就是各方充分地阐述其追求的目标、利益需求，应承担的权利和义务，以及所提建议和意见等。判，则是对各方共同认可的事项的确认。谈是判的基础，判是谈的结果。

罗杰·道森是知名的国际演讲大师、谈判专家。他认为，谈判不是艺术，它是一门精密的科学，没有系统的学习和科学的训练方式，一般人是很难领悟到它的奥妙的。这门科学至少包含了语言学、形体学、心理学、表演学、符号学等多种学问。但大多数人认为，谈判不仅是一门高深的科学，也是一门复杂的技术，更是一门语言艺术。谈判表现了谈判者知识、信息、修养、口才、风度的综合能力。

二、谈判的类型

谈判作为协调人们行为的基本手段，其应用范围广，涉及的内容十分复杂，加之谈判的对象、运用的手段各不相同，因而形成了各种各样的谈判类型。

1. 按谈判内容分类

（1）政治谈判

政治谈判是指以政治目的为内容的谈判。它常在政党之间、政府之间、国家之间、社会团体之间进行。其特点是政治性突出、正规、严肃、时间较长、原则性强。

（2）经济谈判

经济谈判是指以经济利益为中心的谈判。它是一种应用广泛、常见的谈判。其特点是涉及内容广泛、时间较短、谈判方式各种各样。

（3）军事谈判

军事谈判是指以某种军事目的为内容的谈判。它往往涉及政治利益、经济利益。其特点是利益冲突较大、原则性强、时间较长、比较正规和严肃。

（4）科技谈判

科技谈判是指以科学技术交流与合作为目的的谈判。其特点是气氛热烈、关系融洽、合作性强、专业性强。

（5）文化谈判

文化谈判是指涉及文学艺术、风俗习惯、意识形态等内容的谈判。其特点与科技谈判相似。

2．按谈判对手分类

（1）直接谈判

直接谈判是指在谈判利益直接承受者（当事人）之间进行的谈判。其特点是效率高、时间短、内容具体。

（2）间接谈判

间接谈判是指在非谈判利益直接承受者（代理人）之间进行的谈判。其特点是谈判水平高、速度快、法律性强。

3．按谈判者所持立场分类

（1）刚性谈判

刚性谈判是指一方或各方立场坚定、主张强硬的谈判。其特点是原则性强、气氛紧张、法律依据明确、利益冲突明显、分歧较大、成功率低。

（2）柔性谈判

柔性谈判是指谈判各方以和平、让步的方式进行谈判。其特点是意向相近、气氛融洽和谐、内容比较具体、技巧细腻柔和、进展速度快。

此外，还可以根据谈判的透明度不同，将谈判分为公开谈判和秘密谈判；根据谈判的重视程度、方式不同，将谈判分为正式谈判和非正式谈判。

三、谈判的原则

任何社会组织都希望通过谈判既满足自己的利益要求，又不损害与公众对象之间的关系。为此，必须把谈判作为一项合作的事业、一次合作的过程。谈判不是一次你输我赢的比赛，也不是一场你死我活的搏斗，其目标是使各方达成共识，获得双赢或多赢。鉴于此，谈判应遵循以下基本原则。

1．真诚求实

谈判各方是为了追求一个共同的目标和利益才走到一起的，因此，各方都应该实事求是地向对方说出自己的意图和合理要求。任何弄虚作假、欺骗对方的行为都会使谈判受阻，甚至中断谈判。

2．平等互利

无论谈判如何进行，只要各方坐在一起，各方在地位、权利、义务方面就是平等的。平等互利是谈判的基本出发点。遵循平等互利的原则，会使各方共同受益，谈判的成果会更加丰硕、稳固，也有助于各方在互相理解、信任的基础上进一步合作。

3．求同存异

谈判是在合作的基础上谋求共同利益，各方应该识大体、顾大局，求大同、存小异，即在基本利益需求得到满足之后，适当作出让步，不要在细枝末节或次要的分歧方面斤斤计较；否则，为了再多的那么一点利益而越过了谈判的“临界点”，极有可能前功尽弃，招致谈判失败。

4. 依法办事

谈判各方必须明确在谋求各方利益的同时，兼顾国家、社会的整体利益，绝不允许钻法律的空子。谈判内容、程序不能违反法律。依法办事、遵纪守法是谈判双方最基本的职业道德。

四、谈判的过程

正规的谈判大致可分为两个阶段。

1. 谈判的准备阶段

组织要想取得谈判的成功，必须做好以下几个方面的准备工作。

（1）知己知彼

谈判前应根据谈判内容对本组织的情况作详细的调查了解，并尽可能详尽地了解对手的一切情况。了解谈判对手主要从以下几个方面进行：

①调查和了解对手公司的情况，包括其发展历史、现有规模、文化、管理、盈利情况，存在的优势、不足等；包括其需求、弱点、喜好、个性等，如果有机会，则可以到谈判对手的家里、工作场所去看看，看一看他或她的家、办公室的整洁程度，喜欢看哪些书，借此判断其办事风格、业务专长等。

②了解谈判者的个人情况及谈判风格，如谈判对手的教育经历、职业经历（如对手是否参加过谈判），对手之间有什么分歧，对手是否有取得谈判目标所需的经验、优势和能力，对手的资料是否充分，对手有无现场决策权等。

③评估对手的实力。要尽可能取得谈判对手更多的资料，这些资料包括对手的谈判参与人员及其职位、经验、能力等。

④猜测对手的目标，分析对手的弱点。了解对手的基本目标、最高目标，对手的重要目标、次级目标；分析对手的弱点，包括其个人弱点、团队成员的弱点、资料方面的不足，以及经验、时间方面的劣势与不足等。

（2）明确谈判目标

明确谈判目标包括以下内容：

①分清重要目标和次要目标；

②分清哪些可以让步，哪些不能让步；

③设定谈判对手的需求。

明确什么是自己想要的、需要的之后，接下来要明确谈判对手想要和需要的内容。

（3）确定参加谈判的人员

谈判人员一般由本组织的权威人士、专业人员、法律顾问和文秘人员组成，其中应明确首席代表和一般代表。

（4）确定谈判的场所

谈判场所有主场和客场之分。谈判也可另选僻静安全的场所。

（5）制订谈判方案，拟定谈判议程

谈判前各方都应在调查研究的基础上制订一套或两套甚至几套方案，以适应变化的环境。同时，应根据谈判方案拟定谈判议程，把各方容易达成协议的议题放在开头，把重要的议题安排在己方精力充沛之时。议程安排合理，可以提高谈判效率。

（6）做好文字、财务、安全、保密、接待、服务等各方面的准备工作

这是谈判得以顺利进行的重要保证。

（7）重要的谈判应进行模拟谈判

这样有助于增强谈判者的自信心，发现漏洞，拓宽思路，减少失误和意外阻碍。

2．正式谈判阶段

正式谈判阶段是指从谈判各方聚集一起，面对面进行谈判伊始到结束为止。一次正式谈判大体上经过以下程序。

（1）导入阶段

谈判伊始，力争创造一种和谐融洽的谈判气氛。在一种优雅的环境和友好的气氛中，谈判各方互相介绍、彼此相识。介绍一般采用自我介绍或专人介绍的方式。这一阶段的时间宜短不宜长。

（2）概说阶段

这是谈判各方概要介绍各自谈判意图和目标的阶段。概说阶段开始时，谈判各方要确定谈判的议题、议程和时间。达成共识后，各方简明扼要地说出各自的意图、想法和目标。这一阶段属投石问路阶段，不宜将自己的真实意图和盘托出，否则在以后的谈判中将陷入被动境地。各方在倾听对方概说时，找出彼此差距所在。

（3）明示阶段

这是谈判各方就分歧问题表明态度和立场的阶段。此时，谈判进入实质性问题阶段。在此阶段，谈判各方都应及早确认自己可能获得的利益、让步的范围、条件等。谈判各方应以求真务实为原则，在心平气和的协商中主要明确以下问题：

①己方所求；

②对方所求；

③彼此所求；

④外表暂时不易看出的所求。

（4）交锋阶段

这是谈判各方据理力争、处于对立和竞争状态的阶段，也是谈判最紧张、最困难、最关键的阶段。在此阶段，各方应本着合作的精神，摆事实，讲道理，竭力追求各自的利益和需求，尽量说服对方。这是一种正当的竞争，绝不能持敌对立场、尔虞我诈。交锋的过程实际上是各方交流信息、发挥谈判技巧与能力的过程，谈判各方应坚定信心，据理力争。

（5）妥协阶段

这是谈判各方深明大义，对彼此存在的矛盾和分歧寻求协商、调解、让步的阶段。谈判各方在交锋的基础上，本着求真务实、互惠互利、求同存异、依法办事的原则，根据各自的谈判目标，在基本利益需求得到满足的情况下，寻求达成协议的途径，适当作出妥协和让步，以便使谈判得以顺利进行。

（6）协议阶段

这是谈判各方达成共识、握手言和，在协议书上签字的阶段。在协议阶段，一定要重视协议中的每一条款内容，应字斟句酌、谨慎细致。

①看文字表述是否恰当，有无模棱两可之处；

②看各方责权利、义务是否清楚明确；

③看是否符合党和国家的方针、政策，有无违法之处；

④看是否符合法律程序，有无公证。

当检查无误后，方可举行签字仪式。到此，一次正式谈判便告结束。

五、谈判的主要策略

谈判策略是指在谈判中，根据谈判的实际情况所采取的方针、技巧、方式、方法。

在长期的谈判实践中，人们积累了丰富的经验，总结出了许多谈判的技巧、方法。谈判的策略可分为时机性策略和方位性策略。时机性策略是指如何把握谈判时机、控制谈判的策略。其主要方法有让步、忍耐、休会、出其不意、以攻为守、适时发问等。方位性策略是指根据不同的谈判场合、条件、局势采用不同的手段的策略。下面介绍几种谈判中常用的策略。

1. 让步

让步是谈判中最常用的策略之一。在妥协阶段，适时采用让步策略，能促使谈判朝着成功的方向发展。任何成功的谈判都必须建立在相互均衡让步的基础之上。采用让步策略应遵循以下几条原则：

（1）不要作无谓的让步。让步应体现对各方都有利的宗旨，只不过是利益分配的多寡而已。力争每一次让步都能得到某种相应的回报。

（2）让步要恰到好处。让步要把握时机，缺乏通盘考虑的让步会得不偿失；对方的让步已经明朗化而己方坚持一步不让，有可能导致谈判失败。成功的让步能使己方以较小的让步使对方有较大的满足。

（3）重要的问题力求使对方先让步。

（4）让步要三思而后行，速度不宜过快，力争“步步为营”。

（5）避免追溯性让步。被对方逼迫让步不仅要付出代价，而且会使己方处于被动地位。

2. 忍耐

忍耐是交锋阶段经常采用的策略，当对方咄咄逼人或情绪激动之时，采用忍耐策略，以缓制急，以静制动，使各方都保持冷静，避免直接冲突，直至时机成熟，再给对方以明确答复。无论是正式谈判或非正式谈判，谈判者一定要控制住情绪，审时度势。俗话说：“小不忍则乱大谋。”忍耐不是屈服，而是为了掌握具体情况，寻找应对措施。

3．休会

休会即暂时中止谈判。这是一种缓和矛盾和冲突，使谈判各方冷静思考，重新审判方针、方案，有利于谈判继续进行下去的策略。休会策略是一种时机性策略。当谈判处于以下几种情形时，应采用该策略：

（1）谈判时间过长而无实质性进展，谈判人员已精疲力竭，处于生理低潮。

（2）谈判进入交锋阶段，达到白热化程度，各方彼此唇枪舌剑、各不相让，谈判已进入“临界点”，面临破裂的可能性。

（3）对方采用出其不意的策略，在某一问题上突然提出一个新的方案，令己方措手不及。

（4）谈判进行到正常就餐、入寝休息时间可建议休会。在休会期间，谈判各方应本着谈判的原则，认真总结和审视原来的方针、方案是否切实可行。如果不合适，则应作相应的调整，重新部署新的谈判方针、方案，采用新的谈判策略。

4．出其不意

“攻其不备，出其不意”是我国《孙子兵法》中的一种军事策略。在谈判中，这主要是指突然改变谈判方针、方案，令对手措手不及。公共关系谈判尽管是合作型谈判，但并不排斥正常的、合理的竞争手段。当谈判处于以下情形时，可采用出其不意策略。

（1）对手在某一问题上占绝对优势，而该问题又是己方基本利益需求，此时可考虑采用一个与原方案截然相反的提案，以另有所图。

（2）当对手迫于成交，而己方感到成交的时机不成熟、条件不具备时，可采用出其不意策略。

（3）对手轻易接受己方认为非常重要的谈判条件，己方难以揣测其真实意图，此时可采用出其不意策略，以测试对手反应，积极把握谈判的主动权。

采用出其不意策略应十分慎重，否则盲目使用该策略，容易造成紧张局面，招致谈判破裂；但适时使用会使对方感到措手不及，也会达到较好的效果。

5．以攻为守

以攻为守是指在对谈判作了充分准备的前提下，积极主动进攻，以提问为主，咄咄逼人，以细枝末节问题让步，换取较大利益需求的满足。以攻为守策略的主要手段有两个。

（1）不断提问

在谈判中，寻找更多问题适时发问，是占据主动地位的一种方式。提问也是一种技巧。提出的问题越尖锐棘手、越多，从对方答复中获取的信息就越多。

（2）主动让步

如果对谈判的情况了如指掌，对对手可能做出的让步范围心中有数，知晓这一让步，可能会得到更多的补偿，即可主动让步。这种让步看似妥协退让，其实是一种更有力的进攻。

6. 倾听

倾听是指在谈判中，当对手发言时，专心致志地听、分析和理解。认真倾听对手发言，一是显示对对方的尊重、对谈判的重视；二是有助于激发或调动发言者的谈话情绪。

在谈判中，谈判者应边听边分析，缜密思考，寻求对策，或适时提出关键问题，令对方打开话匣子，得到你所需要的信息。

7. 合理论证

谈判中不仅要有明确的观点，还需要合理、有力的材料来证明自己的观点，这是谈判能否成功的关键所在。清晰的观点加上合理的论证，更能让对方深入地了解彼此的想法，并就一方论述上的一些疑惑，提出进一步的商谈，最终使得双方的谈判能够有序地进行，并实现预期的目标。一场商业谈判涉及的内容和问题相当复杂，没有合理的论证，不仅对方很难接受我们的观点，有时就连我们自己也会产生怀疑。就像海尔集团创始人张瑞敏说的那样，海尔品牌之所以能走出国门，不仅是因为质量值得信赖，更重要的是在每一次与外商的谈判中，都要把自己的观点合理地介绍给对方，使对方坚信，与海尔合作将是一个有利可图的商机。就像我们在面试时一样，你得告诉对方你是谁，进而作更进一步的自我介绍。给人留下一个好印象是成功面试的基础。而谈判同样是这个道理，因为对方要知道，你是谁，你要做什么，这样做对方可以得到什么好处。告诉了对方观点后，还需要进一步解剖你的观点，作出科学、合理、有效的论证，这是一场谈判能否成功的基础。

一场成功的谈判不应该是“你输我赢”，最成功的谈判是双赢，让双方的利益都能得到一定程度的保障。要想成为一个谈判高手，不仅要懂得谈判的技能，也要知道如何给对方留余地，既能守住自己的利益，又能以最大的限度让谈判对手感到满意，从而达成长久互惠的发展。

谈判的实质是寻求合作，如果一方只求谈判的成功，而不考虑对方利益，则即便保证了眼前利益，也可能会失去潜在的利益和长久的合作。

思考与练习

一、单项选择题

1. 向员工反馈关于企业对于员工工作表现评价的信息是（　　）。

A. 招聘面试　　B. 绩效反馈面谈

C. 获取信息的面谈　　D. 传递信息的面谈

2. （　　）是作为挑选员工的一个有效办法。

A. 招聘面试　　B. 绩效反馈面谈

C. 获取信息的面谈　　D. 传递信息的面谈

3. （　　）的结果常常以报告或研究文件的形式来展现。

A．招聘面试　　B．绩效反馈面谈

C．获取信息的面谈　　D．传递信息的面谈

4. （　　）以面谈者向面谈对象发送信息为主要内容的面谈形式。

A．招聘面试　　B．绩效反馈面谈

C．获取信息的面谈　　D．传递信息的面谈

5．在谈判的准备阶段，首先要进行的一项工作是（　　）。

A．确定谈判目标　　B．确定参加谈判的人员

C．调查研究，知己知彼　　D．确定谈判的场所

二、多项选择题

1．面谈的种类包括（　　）。

A．会议沟通　　B．绩效反馈面谈

C．招聘面试　　D．谈判

2．绩效反馈面谈内容包括（　　）。

A．回顾被评估者在某一特定时期内的表现

B．指明其将来提高绩效的方法

C．制定其个人绩效目标

D．评估其培训与开发的需要

3．招聘面试的基本程序主要包括（　　）。

A．工作分析并确定目的　　B．编制面试问卷

C．确定评价标准　　D．组成面试小组并实施面试。

4．按谈判对手分类，谈判主要包括（　　）。

A．直接谈判　　B．间接谈判

C．刚性谈判　　D．柔性谈判

5．刚性谈判的特点是（　　）。

A．法律依据明确　　B．气氛融洽和谐

C．成功率低　　D．进展速度快

三、判断题

1．沟通可以通过动作、空间距离来实现，所以不一定要借助符号系统。（　　）

2．不同阶层的个体也可以进行沟通，这说明地位障碍并不会成为沟通的障碍。（　　）

3．“仁者见仁，智者见智”，这说明对于同样的信息在不同的人眼中有着不同的含义。（　　）

4．回避这种冲突处理态度属于没有自信心且缺乏合作精神的行为。（　　）

5．下行沟通利于保证信息的传递和完整性。 （ ）

四、思考题

1．面谈与自发性交谈有何不同？
2．组织中有哪些常见的面谈类型？
3．面谈者应掌握的技巧有哪些？
4．对你曾经有过的面谈经历作出评价，有哪些优点？还有哪些不足？应如何改进？
5．谈判的主要策略有哪些？

五、案例分析题

中国某公司向韩国某公司出口丁苯橡胶已一年，第二年中方又向韩方报价，以继续供货。中方公司根据国际市场行情，将价格进行了调整，比前一年的成交价每吨下调了 12 美元（前一年 1200 美元/吨）。韩方感到可以接受，建议中方到韩国签约。中方人员一行二人到了首尔该公司总部，双方谈了不到 20 分钟，韩方说："贵方价格仍太高，请贵方看看韩国市场的价格，3 天以后再谈。"

中方人员回到饭店感到被戏弄，很生气，但人已来首尔，谈判必须进行。中方人员通过有关协会收集到韩国海关丁苯橡胶进口统计数据，发现韩国从哥伦比亚、比利时、南非等国进口量较大，从中国进口也不少，中方公司是占份额较大的一家。中国的价格水平最低，南非次之，哥伦比亚、比利时的价格均高于南非。在韩国市场的调查中，批发价和零售价均高出中方公司现报价的 30.9%～40%，市场价格虽呈降势，但中方公司的报价是目前世界市场最低的价。为什么韩方人员让中方人员看市场价格？中方人员分析，对手以为中方人员既然来了首尔，肯定急于拿合同回国，可以借此机会再压中方一手。那么韩方会不会不急于订货而找理由呢？中方人员分析，若不急于订货，为什么邀请中方人员来首尔？再说韩方人员过去与中方人员打过交道，有过合同，且执行顺利，对中方工作很满意。这些人会突然变得不信任中方人员了吗？从态度看不像，他们来机场接中方人员，且晚上一起喝酒，保持良好气氛。根据上述分析，中方人员共同认为：韩方意在利用中方人员的出国心理，再压价。根据这个分析，经过商量，中方人员决定在价格条件上做文章。总的来讲，态度应强硬（因为来之前对方已表示同意中方报价），不怕空手而归。

此外，价格条件还要涨回市场水平。再者不必用两天给韩方通知，仅一天半就将新的价格条件通知韩方。在一天半后的中午前，中方人员打电话告诉韩方人员："调查已结束，得到的结论是：我方来首尔前的报价低了，应涨回去年成交的价位。请贵方研究，有结果请通知我们。若我们不在饭店，则请留言。"韩方人员接到电话后 1 个小时，即回电话约中方人员到其公司会谈。韩方认为，中方不应把这次来首尔前的报价再往上调。中方认为，这是韩方给的权利。我们按韩方要求进行了市场调查，结果是应该涨价。

韩方希望中方多少降些价，中方认为原报价已降到底。经过几回合的讨论，双方同意按中方来韩国前的报价成交。这样，中方成功地使韩方放弃了压价的要求，按计划拿回合同。

资料来源：李品媛. 现代商务谈判［M］. 大连：东北财经大学出版社，2003.

案例分析：

1. 中方的决策是否正确？为什么？
2. 中方运用了何程序、何方式作出决策？其决策属什么类型？
3. 中方是如何实施决策的？
4. 韩方的谈判反映了什么决策？
5. 韩方决策的过程和实施情况如何？

第十章　人际冲突沟通

学习目标

1. 明确人际冲突的含义与类型。
2. 了解人际冲突产生的原因。
3. 知晓人际冲突的处理方式。
4. 掌握人际冲突的沟通策略。

素质目标

1. 通过对人际冲突的学习，能做到理解他人、换位思考。
2. 通过对人际冲突处理方式和沟通策略的学习，能学会与人和睦相处。

案例导入

昔日好友，为何反目成仇

小 A 与小 B 是某高校艺术学院同学兼室友。两人刚入学时是好朋友。但是小 A 活泼开朗，小 B 性格内向，沉默寡言。小 B 觉得自己像一只丑小鸭，而小 A 像一位美丽的公主，赚足了老师、同学的表扬和赞赏。小 B 认为这并非因为小 A 优秀，而是她好出风头，便时常以冷眼对待小 A。大三时，小 A 参加了学院服装设计大赛，获得了一等奖，并被推荐参加地区艺术联赛。小 B 只拿到二等奖，无资格参加联赛。小 B 妒火中烧，趁小 A 不在宿舍之时将小 A 准备参加联赛的作品撕成碎片。小 A 发现后，想不通自己为什么要遭受小 B 如此相待，于是将心中积累的怨气一股脑发泄出来。两人由争吵到斗殴，双双受伤，并被学校给予严重警告处分。一对好朋友为何反目成仇？如何避免这一后果？只有了解人的需求及心理特征，才能更好地进行管理沟通。

资料来源：潘海红. 大学生心理健康自助［M］. 合肥：合肥工业大学出版社，2006.

大学生从迈进校门的第一天起，就会遇到很多以前从未遇到过的新鲜事情。大学的学习生活与中学的学习生活有很大的不同，中学时代的学习态度、学习经验和学习方法多半不适用于大学。所以许多学生一旦踏进大学校门，不是在学习上会遇到一些障碍，就是在人际关系上会遇到一些问题，他们不知道怎样去处理这些问题，往往是面对问题束手无策。

第一节　人际冲突的含义与类型

在生活中也许你没遇到过像案例导入中出现的特殊问题，但大部分人都曾卷入人际冲突中，并面临重大的决策问题。学生就分数的问题与老师发生冲突，家庭成员因责任和金钱的问题而争论，上级与下属或多或少会发生这样或那样的冲突。即使在一个人人智商很高、个人责任感很强的组织里，也会充满矛盾和冲突。虽然很多人不想卷入冲突，或对其视而不见，但这些冲突依然存在。仔细观察发现，这些冲突大多不是因为不可调和的矛盾导致的，而是因为彼此缺乏了解，又缺乏有效沟通。

一、人际冲突的含义

人们在职场中存在不同的个性立场和利益，因此，在沟通中难免发生冲突。冲突是始于一方感受到另一方对自己关心的事情产生消极影响或将要产生消极影响的过程。人际冲突是个体之间互不相容的目标、认识或情感，引起对立或不一致相互作用的一种状态。

生活中无论冲突表现为何种形式，都可以简单地归纳为内心冲突、个体冲突、小组冲突、组织内部冲突及组织外部冲突。冲突是一种另类的沟通方式，有效处理冲突是维系团队稳定和促使问题解决的方法之一。

任何形式的人际冲突都具有某种特征。乔伊斯·霍克尔（Joyce Hocker）和威廉·威尔莫特（William Wilmot）为冲突提供了广泛的定义："至少两个相互依赖的个体在实现他们目标的过程中，其中一方察觉到了彼此目标的互不相容、资源的不足和来自另一方的阻挠，并通过斗争的形式表达出来。"当两个个体察觉意见不合时冲突便会出现。例如，你持续好几个月都感到烦躁，因为邻居的立体声音响使你半夜睡不着，但是直到邻居了解你的问题之前，你们之间是没有冲突存在的。当然，并非必须用口头语言说出来，你可以不用说任何话就对你的邻居表现出你的不愉快，如厌恶的注视、沉默以对以及逃避对方都是表达自己情绪不满的方式。

所有的冲突看起来似乎都是其中一个个体有所获得，而另一个个体有所失去。例如，想一想之前因为音乐音量而引发分歧的例子，假如邻居关掉这些音乐，她就会失去以大音量听音乐的快乐；假如她继续让声音高扬，你就会睡不着并且不高兴。在这个情景中的目标并不是完全不相容的，使得两人都如愿以偿的解决方法是存在的。例如，你可以关紧你的窗户；或去亲近你的邻居，以让她明白你的苦衷，从而得到安静；也可以使用耳塞，或许邻居可以使用耳机。如果上述所提供的解决方法能够奏效，冲突就会消失。不幸的是，人们常常不能看到对他们双方都有利的解决方法。他们只看到自己的目标，这样冲突就产

生了。

每一种深层的关系都有冲突，不管多么亲近、了解、相容，当相互依赖和彼此合作的想法、行动、需求或目标不相配时，都有可能发生冲突。你喜欢摇滚音乐，而你的同伴喜欢古典音乐；你想和朋友聚会，而你的伴侣想要保持关系的独占性；你认为你所写的论文已经很好了，而你的指导老师还要你修改；你喜欢星期天睡个懒觉，而你的室友喜欢一早起来玩乐器……人际冲突的数量、种类可能是无止境和千差万别的。

二、人际冲突的类型

人际冲突是一种十分普遍的现象。可以说，有人群的地方，就必然存在人际冲突。在组织中人际冲突有以下类型。

1．个体冲突

个体冲突指的是人与人之间在认识、行为、态度及价值观等方面存在分歧的状态。个体冲突是群际冲突和组织冲突的基础。在对个体冲突的原因进行准确分析的基础上对其进行有效的管理，对建立和谐的人际关系、提高团队与组织的凝聚力，具有十分重要的意义。

2．小组冲突

小组冲突指的是小组成员相互间发生矛盾，这种矛盾常常会影响小组的工作效率。小组不仅规模比个体大，而且不同于个体，因此，小组冲突也不同于个体内心的冲突和个体冲突。小组内任务的分配以及小组成员的情绪变化对冲突的产生都有影响。家族企业尤其容易产生严重的小组冲突。当家族企业的开创者面临退休、已经退休或死亡时，这种冲突格外明显。与个体冲突的情形相似，小组冲突可以通过冲突中的行为和冲突最后的结果来观察。小组冲突的破坏性通常可以由群体凝聚力的下降或在实际冲突结束一段时间后群体所表现出来的工作效率降低而展现出来。

3．组织内部冲突

组织内部冲突主要分为两种：纵向冲突和横向冲突。

（1）纵向冲突

纵向冲突指的是组织内不同级别之间的冲突。这类冲突常常是由上级控制过于严格导致下属不服而产生的；下属之所以反抗，是因为他们认为上级控制太多而侵犯了自己的工作主动权。纵向冲突也可能是因为缺乏沟通、目标不一致或观念不一致而产生的。

（2）横向冲突

横向冲突指的是组织内相同级别的部门之间的冲突。我们知道，成功要靠天时、地利与人和，这里的“人和”指的就是良好的人际关系。因此，要想成为一名卓有成效的管理者，就应该了解管理工作中各种冲突产生的原因，并且善于利用各种沟通技巧来化解这些冲突。

第二节　人际冲突产生的原因

冲突或摩擦是日常生活及工作中常见的现象，有时冲突太少，工作、生活可能会单调枯燥。而冲突太多，工作会面临更大的压力，生活会变得十分紧张。

人际冲突产生的原因通常是人们对同一个问题存在不同的看法。另外，在为实现自己的目标努力奋斗时，往往会因侵犯他人的利益而产生冲突。关于管理者的一项调查表明，工作中产生冲突的主要原因有误解、个性差异、观念差异、工作方式与方法的差异、缺乏合作精神、追求目标的差异、欠佳的绩效表现、对有限资源的争夺、工作职责方面的问题以及没有很好地执行有关规章制度。

调查表明，许多管理者将工作时间的四分之一用于处理各种矛盾与冲突。或许我们在实际的工作中，在与上司、下属及同事的交往中，还会遇到多种多样的冲突，真正造成种种人际冲突的根本原因莫过于我们的观念。

观念是客观世界在人们头脑中的理性反映，即人脑对客观世界的理性认识。观念作为人们对客观世界的看法，是对事物的一种高度抽象，相对稳定，而且一旦在人们头脑中形成就不会轻易改变。

由于人们成长的环境、受教育程度、工作经历、年龄等不同，因此，形成的观念也各异。导致观念差异的主要因素包括个体的成长经历、对话语的理解、对情感的反应，以及对某人、某事的固有的偏见。

根深蒂固的观念往往会使我们在人际交往中急于下结论，变得武断，混淆观点与事实。因此，要有效处理人际冲突，首先应该了解自己的观念，保持清醒的头脑，以便对事物作出正确的判断。然而，无论对个体还是组织，冲突既有消极作用，也有积极作用。我们应当利用冲突的积极作用，同时希望尽力避免冲突的消极作用；如果不能避免，就要考虑采取适当措施来化解冲突。对任何管理者或组织成员来说，充分了解工作中冲突的性质及产生原因，并且采取恰当的方法避免或解决冲突，都是非常必要的。

第三节　人际冲突产生的过程

日常组织生活中充满着各种关系的冲突，个体及整个组织的绩效并不取决于是否有冲突，而是取决于冲突行为的适度性及冲突结果的有效性。

冲突是一个动态的过程。实际的冲突一般是从冲突相关主体的潜在矛盾映射为彼此的冲突意识，再酝酿成彼此的冲突行为意向，然后表现为彼此显性的冲突行为，最终造成结果与影响。这是一个逐步产生、发展和变化的过程。

我们可以将冲突想象成一个过程，并通过了解这个过程来分析某个特定的冲突。美国管理学家斯蒂芬·罗宾斯将冲突过程分为五个阶段，这同样适用于人际冲突（如图 10-1 所示）。

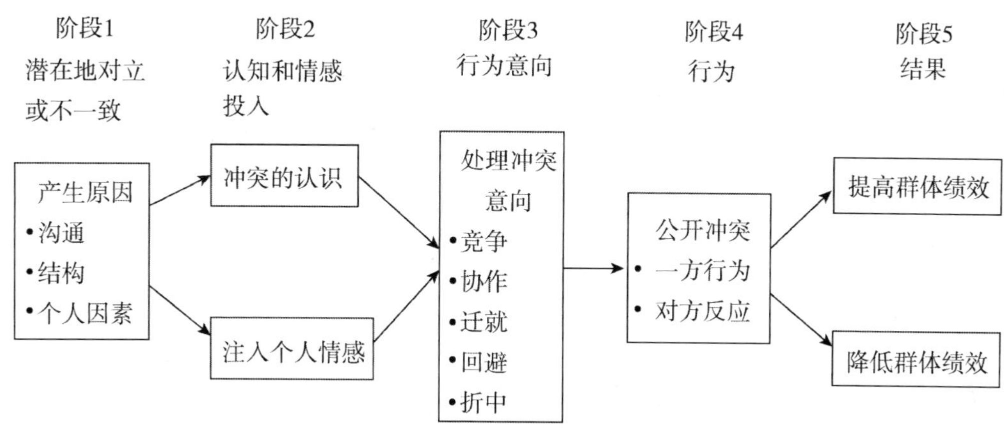

图 10-1　人际冲突过程

一、潜在冲突

潜在冲突是指在组织和个体关系所处特定环境中潜伏但尚未凸显的冲突，大多出现在责任与权利的分配、目标控制和追求目标时的行为等方面，这些因素对组织的运作非常重要。但是组织很少能在所有成员都同意的情况下作出这些决议。换言之，组织的日常运作会引起意见分歧和冲突。潜在冲突包括以下方面。

1. 沟通

语义理解困难、误解，相互间缺乏沟通或沟通过于频繁，以及在沟通渠道中的噪声等都会引起冲突。

2. 组织

分配给小组成员的任务多少、小组的工作目标、领导的风格、奖励制度以及小组的独立性等都会引起冲突。

3. 个体因素

个人价值观的不同也会引起冲突。一个上级可能对其下属的错误持宽容态度，而这个上级可能正在为另一个对错误持批评态度且对那些错误制造者的处理很严厉，其中也隐含着潜在的冲突。

二、感知冲突

我们知道大多数组织即使在日常决策中也存在意见不一致的现象，如谁将得到提升、什么方法是达到销售目标的捷径、怎样评价员工的业绩等。当个体和小组开始意识到这些差异存在的时候，他们就到了感知冲突阶段。在这一阶段，冲突的双方可能只有一方意识到了这种潜在的冲突，如当上级看到下属没有做好工作时，上级和下属之间的问题就出现了。类似地，当上级认为额外的沟通没有必要时，下属可能认为上级的反馈太少了，这些感知差异主要表现在心理上，这是感知冲突阶段的特点。

明确感知冲突阶段的特点，并设身处地地加以分析是很重要的。当你意识到自己与某人在一些问题的认识上出现差异时，你要分析这些差异反映了什么问题，对方是否也意识到了这些差异的存在，他对这种情形的感知是否与你相似。之所以要分析这些问题，是因为人们在感知方面的差异直接影响着感觉冲突的形成。

三、感觉冲突

与感知冲突阶段密切相关的是感觉冲突阶段，感觉冲突是可感知的冲突对潜在冲突的参与者情感的影响，主要体现在生理层面。这一阶段发生在实际冲突行为出现之前，并对冲突行为产生影响，因为它反映了我们的感知与情感。在这个阶段，我们对实际冲突可能发生的后果加以概念化，并由此产生剧烈的情绪变化，如焦虑、紧张、敌意及挫败感等。

四、公开冲突

公开冲突阶段称为冲突的行动阶段，这一阶段包括冲突行为、公开对抗、转换行动或者其他可能的行为。真正的冲突行为——公开冲突，决定了冲突的结果以及冲突相关者相互作用的方式。

五、冲突结果

冲突结果是指由潜在、感知、感觉和公开冲突相互作用的结果。冲突既具有积极的作用，也具有消极的影响。

1. 冲突的积极作用

冲突有时也能带来正面的影响。沟通学家勃朗特·鲁宾（Bront Ruben）认为，冲突不仅有助于现有系统的发展，而且能防止系统的停滞及消亡。同样，组织内的冲突可以成为一种积极的因素；冲突的产生和解决常会导致问题的有效解决；解决冲突的愿望会迫使人们改变

做事的方法。通常人们认为冲突的价值在于带来创新和变革。在与他人发生冲突时，人们不得不对问题作出评价。当冲突有效解决后，它能够引进竞争机制，增强创新意识。每个人都有自己的做事模式，只有当他人向他们的模式提出挑战时，他们才会考虑新的做事方法。有效的冲突能够使人们远离常规。冲突处理的过程会促进组织中的积极的变革和创新。

2．冲突的消极影响

我们知道，冲突会造成严重的消极影响，导致消耗资源，尤其是时间和金钱。严重的冲突会影响员工的身心健康，抵触的想法、观点以及信仰会导致憎恨、紧张和焦虑，这些情绪的产生是因为冲突对个人目标和信仰造成了威胁。在较长的一段时间内，冲突会使组织内原本相互支持、相互信任的关系变得紧张，从而影响人际关系和群体之间的关系。许多人在和谐的状态下能够有效地进行沟通，但是由于在冲突中沟通能力差，因而会丧失影响他人的能力，错失果断决策的良机。调查显示，个体在组织中的冲突经历会影响组织成员的积极性。一名出色的管理者即使在冲突条件下也应具备较强的沟通能力，无论是为自己还是为组织，都必须为达成组织目标而努力。

在组织决策过程中有意识地引入冲突对组织是有益的。比如，在小组决策的过程中，当小组多数人的愿望与少数人提出的不同的解决方案发生冲突时，小组成员就要进行思考和讨论，力求找出一个最佳方案。

冲突的这种双重影响如表 10-1 所示。

表 10-1　冲突的双重影响

积极作用	消极影响
促进问题的公开讨论	影响员工的身心健康
促进问题的尽快解决	导致员工不能参与某些重要问题的研究与处理
提高员工在组织事务处理中的参与程度	造成组织内部的不满与不信任，使组织内相互支持、相互信任的关系变得紧张
增进员工间的沟通与了解化解积怨	导致员工和整个组织变得封闭、孤立、缺乏合作

第四节　人际冲突的处理方式

任何组织内部都会存在各种各样或大或小的冲突，企业内部部门之间、同事之间的利益分配、立场倾向、竞争关系等往往成为引发冲突的诱因，尤其是部门之间的人事冲突，是让管理者最为头疼的事情之一，处理不当往往产生较大的破坏性，造成严重后果。

了解冲突的起因，是解决冲突的前提。那些有效处理冲突的人能够意识到冲突的根源总是存在的，并设法与之共存，尽量减少它的影响，对其进行管理。在采取一定的策略处理冲突时务必记住两点：你的目标是希望通过沟通解决什么问题；人际关系对你的重要性。

在选择解决冲突的策略时首先要确定目标：需要实现的组织或者个人的目标是什么？实现这些目标的重要性是什么？由于人们的目标存在差异，所以冲突不可避免。目标的性质和目标的重要程度决定了应该采取什么措施去解决冲突。在选择策略时还要考虑人际关系的深度、质量和持续时间。

对冲突管理进行研究的人员在比较了人际关系重要性和目标重要性的基础上得出了处理冲突的策略以及与各种策略相匹配的人际关系和目标的重要性（如图 10-2 所示）。每种策略都有优缺点，何种策略最佳取决于你的偏好和具体情况。

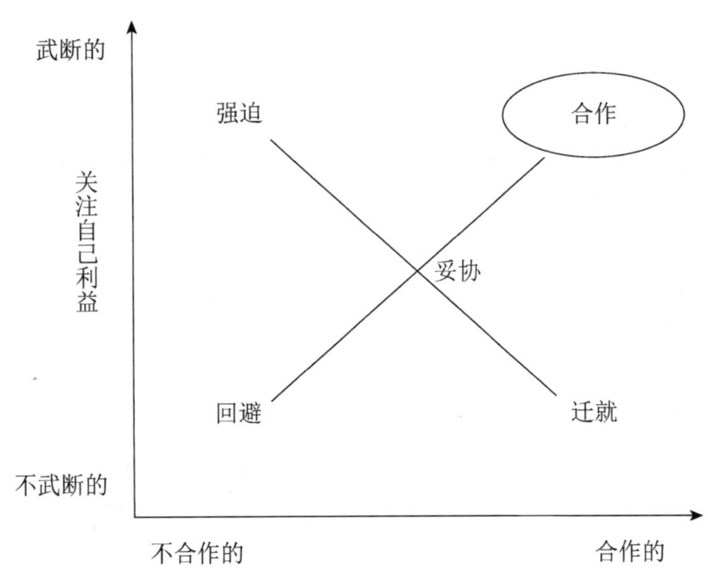

图 10-2　托马斯冲突处理的策略

一、回避

运用回避或者退却策略时，你的选择是不处理这个问题或者相关的人员。对所面临的情况你选择回避的态度并且相信它会自动消失或自动解决。这种策略适合的情况有：这个问题很小，或者对你来说这个问题不太重要；你感觉其他人或许能够更有效地解决此冲突。如果所面临的问题需要你全力以赴去解决，采取回避策略是非常危险的，如果不能有效地解决这个问题，则它很可能会再次出现。更糟糕的是，由于缺乏沟通，不予理睬的冲突可能会恶化，使得下次处理这个冲突变得十分困难，没有回旋余地。

“道不同，不相为谋。”如果两个人的见解不同，是很难进行沟通的，彼此都坚守自己的意见，到最后只会是争得面红耳赤，而没有任何结果。因此，当你与对方沟通遇到意见不同的时候，一定不要企图将自己的意见灌输给对方，我们需要做的就是避开这一话题，避免与对方发生不必要的争执。因为沟通是为了达到意见的交流，获得更多的有益于自己的信息，而不是将自己的意见强加给对方。

如果冲突是必须解决的，那么在意识到冲突之后，应该立即明确而坦率地提出处理冲突的办法，从而节约时间和精力。回避冲突的结果很可能是两败俱伤。如果预期的目标难以实现，那么相互之间的关系也难以改善。

二、妥协

妥协是指一方为了避免冲突而让步。如果采用妥协策略来解决冲突，则所关注的主要是保持良好的人际关系或双方的利益，而不是实现一个既定的目标。这种策略适合的情况是：这个问题对你不太重要，或者对你来说人际关系远比解决这个问题重要。例如，你希望带孩子去汉堡王用餐，而孩子坚持要去麦当劳，因为这个星期麦当劳有更好的玩具。既然对你来说两者没有多大差别，那么最好遵从孩子的意见。这种策略可以节省时间和精力，并且可以应用于下次冲突的谈判，如“上次是我迁就你，这次该你按照我的要求做了”。如果你总是妥协，处于“我输”的地位，则显示你为了维护人际关系可能会放弃一些重要的目标，你就会弄不懂为什么别人总是和你拧着来。有时我们迁就他人是为了表示宽厚，使别人对自己产生好感，但是在处理冲突中过分妥协，可能对你不利，也无益于长期的人际关系，因为你很可能没有得到满足，却积累了怨恨。

在处理单一问题或一对一冲突时所采用的妥协策略，与在处理复杂谈判中的某个小问题时所采用的妥协策略是不同的。一个与你产生冲突的人可能压根儿就不知道你已经作出了让步。你可以表明你的立场，并且以此让步作为之后谈判的筹码：你可以说：“好吧，既然你坚持要在这个周末去看你的父母，那么我陪你一起去，但是我希望在下个周末你可以跟我一起去看望我的父母。”这样的让步策略同样适用于多问题谈判。比如，你会就某个问题作出让步，但同时希望对方会在你认为重要的事情上作出同样的让步。

三、迁就

迁就是指在冲突的情况下尽量弱化冲突双方的差异，更强调双方的共同利益。采取这一方式的主要目的是降低冲突的紧张程度，因为是顾及冲突对方的感情，而不是解决冲突的根本，所以这种方式自然成效有限。当下面的情况发生时，采取迁就的管理方式有临时性的效果：一是冲突双方处于一触即发的紧张局面；二是短期内为避免分裂而必须维护和谐的局面。

在组织中，如果冲突的根源由个人的素质所决定，那么企业目前的组织文化难以奏效。

四、强迫

强迫是指利用奖惩的权力来支配他人，迫使他人遵从管理者的决定。在一般情况下，强迫的方式只能使冲突的一方满意。经常采用此种管理方式来解决冲突是一种无能的表现，有此倾向的管理者通常认为冲突是一方输，另一方必然赢。当处理下级的冲突时，经常使用诸如降级、解雇、扣发奖金等威胁手段；当面临和同级人员之间的冲突时，则设法取悦上级，以获得上级的支持来压迫冲突对方，因此经常采用这种解决冲突的管理方式往往会导致负面的效果。在以下情况下，这种方式具有一定的作用：一是必须立即采取紧急的行动；二是为了组织长期的生存与发展，必须采取某些临时性的非常措施。

不管是个人之间还是公司之间，要想维持长期的合作关系，团结协作才是最重要的，在这种情况下，强迫的策略是不可取的。强迫策略可能适用的情况有：严苛的时间限制，形势危急，需要做出一个不同寻常的决定，或者与组织利益有关，非采取行动不可。许多销售人员经常犯强迫销售的错误，他们关注的是只要销售给你一辆汽车，他们今天就完成任务了，并且使用一些销售技巧（如这是特价销售的最后一辆汽车或最后一天，如果你不出手，就再也没有这么好的机会了）来强迫购买者购买。许多成功的销售人员能够意识到某个购买者周围的人的潜在销售机会，因此，会倾向于用合作而不是强迫的策略。在孩子的成长道路上出现问题时，强迫孩子选择一条特定的成长道路不仅是合适的，而且远比讨论或争论其他选择更加安全。

五、合作

合作策略又称整合策略，是最理想的策略。该策略必须在沟通、解决问题和谈判时花大量的时间和精力。合作策略适合的情况是：有足够的时间处理冲突，所有人都想得到一个既可以满足各方要求又可以维持人际关系的解决方案，问题对所涉及的各方来说都很重要。在冲突各方都负责实施同一个方案时，合作策略显得尤为重要。如果你觉得一个方案仅仅是部分有效，或者是强加给你的，则你可能不会全心全意投入到它的实施中去。各方达成一致并找到一个整合性的方案需要大量的时间和精力。比如，王同事需要跟你一起完成一份详细的市场分析报告，在没有跟你事先确认或不知道你将要去度假直到周五才能回来的情况下，他自己做主承诺客户将在下周一之前提交修改好的分析报告。在此种情况下，如果你不把这个提交时间推迟或者努力想出更好的解决办法，那么事情肯定会朝不好的方向发展。你可以说："老王，我很欣赏你对我们客户负责的态度，但是我就要去度假了，在下周一之前没有办法同你一起完成报告的修改。我们能否想想其他的办法？比如更改报告提交的日期，关于报告的修改做好分工和时间安排，或者跟客户协商争取更多的时间，机票和酒店早在 5 个月之前就已经订好了，我真的很需要这个假期。"

如果在某些情形之下，你觉得自己不得不接受某项决定，而你强烈认为如此做会影响彼此之间的合作关系，那么你可以说："从你的最后陈述中我知道这个问题对你来说很重要。我知道你想为贵公司争取到最好的利益，我也希望如此，但我觉得这些条款真的会阻止我们在未来进行更多的合作。我们可否共同探讨出其他双方都满意的解决方案呢？为了这次会面我已经取消了其他所有的安排。"在合作中并不需要双方在所有方面都达成一致，而是需要双方都能够感觉到可以自如地表达各自的意见和建议，共同使解决方案达到最优。

尽管合作策略看起来是理想的策略，但是它并不适用于所有的情况。每种策略都有优缺点，没有一种策略适用于所有的情况，最好的管理者能够根据实际情况和环境的变化从一种

策略转向另一种策略，一个管理者会使用各种策略。对某一策略的选择取决于所面临的情况、所涉及的人员以及你的性格。每个人都有自己独特的处理冲突的方式或者潜在倾向，注意你的潜在倾向，并且根据形势的变化有效地使用你感觉运用自如的策略。

在一些特殊的情况下，不是所有的冲突管理策略都是有效的。当发生突发事件时，面临的冲突需要立即解决，相关人员必须选择强迫性策略来面对冲突。

第五节 人际冲突中的沟通策略

在生活中因为冲突如果没有被迅速地正确化解，矛盾就会激化，所以采用的方法非常重要。不同的人际冲突处理方式会使冲突或者激化，或者减弱，或者维持现状，或者得以避免。个体冲突处理的目的、方法以及组织对待冲突的价值观决定了采取何种处理策略。当然，要想仅仅依靠一个过程、一套技巧、一种知识就将个体及组织从冲突的现实中解放出来是不可能的，知识、敏感程度、技巧以及冲突各方的价值观会直接影响冲突结果。有效的管理者应该明确，他们承担着掌握自己和为他人提供支持的责任。

一、工作中冲突的避免

在日常的管理事务中，许多冲突都是可以避免的。要想避免管理过程中的冲突，管理者应该做到以下几点：

（1）承认这样一个事实——人们的价值观、需求期望以及对问题的看法往往存在差异。

（2）对他人和自己都要诚实。

（3）抽出足够的时间和精力与常打交道的人多进行一些交流，更好地了解他们的价值观及信仰等。

（4）不要以为自己总是对的，他人一定错了。

（5）不要对不同意自己的看法的人心存敌意。

（6）学会倾听。

（7）为下属发表看法和意见提供适当的渠道。

（8）善于从以往的工作冲突处理中总结经验教训。

（9）学会换位思考。

人际沟通的核心是换位思考，而换位思考的核心就是设身处地地站在对方的角度看问题，尊重对方，为对方考虑。当人与人之间的交流出现冲突时，许多人会情不自禁地用手指着对方说“你如何如何……”或者对人说“是他的问题”等。其中的“你”字和“他”字带有明显的武断和责备他人之意，这与换位思考的原则是完全相悖的，遵循换位思考的原则就应该多说明自己的感受，不要一味地指责对方。在化解冲突的沟通过程中，多以第一人称

"我"来表述自己的看法。试比较缺乏换位思考的说法："你怎么总是迟到？这个星期你已经第三次迟到了！"注重换位思考的说法是："最近是否遇到了什么麻烦？能跟我说说吗？"

在沟通中，我们经常会遇到这样的情况，因为一时的冲动，双方便大动干戈，把沟通的平台变成争吵的战场，这样不仅没有达到沟通的最终目的，而且得罪了对方。因此，当我们在沟通过程中遇到这种情况时，一定要主动道歉，求得进一步沟通；不可一怒再怒，在将愤怒进行到底的同时也堵住了沟通的渠道。

二、工作中冲突的处理

如果某种冲突不可避免地发生了，就要采取积极的、建设性的措施来处理这些冲突。成功的处理方法必须建立在对工作冲突本身有正确、充分的了解的基础之上。下面介绍几种工作中冲突的处理方法，当然，在具体运用这些方法时，必须结合当时的实际情况。

1．否认或隐瞒

这种方法是通过"否认"工作中存在冲突来处理冲突。当冲突不太严重或者冲突处于显露前的平静期时，采用这种方法比较有效。

2．压制或缓解

掩盖矛盾，使组织重新恢复和谐。这种方法只有在冲突不太严重，或者冲突双方都不惜一切代价保持克制时，才能取得满意的效果。

3．支配

这种方法是冲突中的某一方利用自身的地位和权威来解决矛盾。冲突的旁观者也可利用自身的权威和影响，采用类似的方法来调解冲突双方的矛盾。这种方法只有在凭借的权威确有影响力或冲突双方都同意采用时，才能取得满意的效果。

4．妥协

这种方法要求冲突双方都为达到和解的目的而作出一定的让步。采用这种方法的前提是冲突双方都必须有足够的退让余地。当冲突双方势均力敌，或者期望为一个重要而又复杂的问题找到暂时的解决方法，尤其是时间紧迫急需推出一个权宜之计时，妥协不失为一种良策。

5．合作

现实中人与人之间千差万别，我们可以通过和解的方式来处理冲突。双方可以通过坦诚的讨论、积极的倾听，充分理解双方的差异，以双赢的方式处理冲突，冲突双方都会感到自己是受益者。不过要使这种方法行之有效，一方面要有足够的时间保证，另一方面必须让员工相信这种方式，而且冲突双方都必须具有较高的素质。

思考与练习

一、单项选择题

1．（　　）强调掌握人与人之间沟通的技巧，其中包括倾听技巧、非语言沟通技巧、冲突处理技巧、口头沟通技巧、书面沟通技巧、压力沟通技巧等。

A．个体沟通　　B．人际沟通　　C．会议沟通　　D．口头沟通

2．冲突中的某一方利用自身的地位和权威来解决矛盾的冲突处理类型是（　　）。

A．压制　　B．支配　　C．妥协　　D．合作

3．人与人之间在认识、行为、态度及价值观等方面存在分歧的状态属于（　　）人际冲突的类型。

A．个体冲突　　B．小组冲突　　C．纵向冲突　　D．横向冲突

4．组织内相同级别的部门之间的冲突属于（　　）人际冲突的类型。

A．个体冲突　　B．小组冲突　　C．纵向冲突　　D．横向冲突

5．心理学家认为，人际沟通（　　）。

A．无规律可言　　B．没有层次性

C．有时也可以借助报刊来实现　　D．不一定有目的

二、多项选择题

1．导致观念差异而引起人际冲突的主要因素包括（　　）。

A．个体的成长经历　　B．对话语的理解

C．对情感的反应　　D．对某人、某事的固有的偏见

2．冲突的积极作用包括（　　）。

A．促进问题的公开讨论

B．导致员工不能参与某些重要问题的研究与处理

C．影响员工的身心健康

D．提高员工在组织事务处理中的参与程度

3．冲突的消极影响包括（　　）。

A．造成组织内部的不满与不信任，使组织内相互支持、相互信任的关系变得紧张

B．增进员工间的沟通与了解化解积怨

C．导致员工和整个组织变得封闭、孤立、缺乏合作

D．导致员工不能参与某些重要问题的研究与处理

4. 下列选项中，信息发送者的障碍包括（　　）。

A. 目的不明　　B. 表达模糊　　C. 选择失误　　D. 形式不当

5. 个人对待人际冲突的态度有（　　）。

A. 回避　　B. 对抗　　C. 妥协　　D. 迎合及合作

三、判断题

1. 非语言沟通在沟通活动中有时比语言沟通起的作用更大。（　　）
2. 团队的规模越大，规范可能就越简单。（　　）
3. 会议的目的在于集思广益，常采取“议会讨论法”。（　　）
4. 引荐发言的目的是要激发听众去听发言人讲话，而不是去听引荐者讲话。（　　）
5. 商务信函为组织内部信息传递的方式。（　　）

四、思考题

1. 人际冲突产生的原因有哪些？
2. 试述个体的观念与人际冲突的关系。
3. 联系实际分析人际冲突的利与弊。
4. 人际冲突的处理方式有哪些？各自有哪些特点？

五、案例分析题

临近大二期末考试前，内向且不善于人际交往的女学生兰兰给班长发来微信：“过几天就要期末考试了，每次临近考试我就不舒服。大家都在为考后怎样放松而计划着，可是我一点儿也开心不起来。我睡不好、吃不香，我快要崩溃了！我想，也许离开这个世界就不会再为这些琐事而纠结了吧！”

案例分析：

如果你是班长，收到信息后，你应该如何应对？

第十一章　危机沟通

1. 了解危机的定义和危机的类型。
2. 理解危机沟通中的障碍。
3. 掌握危机沟通的策略。
4. 掌握与媒体沟通的技巧。

素质目标

1. 通过对危机预防的学习，能做到诚信经营、遵纪守法、保护环境。
2. 通过对危机处理的学习，能做到以诚待人，勇于承担社会责任。

达芬奇家居造假事件的危机处理

2011 年 7 月 10 日，央视《每周质量报告》播出《达芬奇天价家具“洋品牌”身份被指造假》，据了解，达芬奇家居股份有限公司销售的这些天价家具，并不像它们宣称的那样是100%意大利生产的，所用的原料也不是公司宣称的名贵实木白杨荆棘根，而是高分子树脂材料、大芯板和密度板。经过检测，消费者购买的达芬奇家具甚至被判定为不合格产品。上海工商行政管理部门于 2011 年 7 月 10 日对达芬奇位于上海的母公司、两家分公司、三个展示厅以及两个仓库进行了紧急检查，对涉嫌侵犯消费者权益的产品进行调查取证。执法人员在位于上海市青浦区的仓库内查获了部分涉嫌伪造产地的家具产品，所有证据均进行了登记、保存。

一、召开记者会

2011 年 7 月 13 日，舆论旋涡中的达芬奇家居股份有限公司在北京召开情况介绍会。介绍会定于 15:00 召开，14:00 不到，现场便聚集了 100 多位媒体记者，但主办方一直阻拦记者进入会场。

达芬奇负责人以及达芬奇代理的美国、意大利品牌负责人均悉数到场。达芬奇家居到场的发言嘉宾总共有 6 人，包括达芬奇家居股份有限公司总经理潘庄秀华、副总经理黄志新以及达芬奇代理品牌的负责人。潘庄秀华发言称，达芬奇所有代理的意大利品牌均在意大利生产，原装进口，其代理的美国品牌，包括好莱坞等，全都是在全球采购，产地包括越南、菲律宾、印度、印度尼西亚以及中国等。“包括家具在内的美国品牌并非百分之百在美国生产，而这就是美国品牌的优点。美国品牌的制造者只想把质量和设计做好，但不一定要求产品必须在美国生产，这就是达芬奇非常重视的一个企业理念。”她还指出，达芬奇一直以来均这样与客户沟通，声明其代理的意大利品牌均在意大利生产，原装进口，但美国的品牌并不会排除中国制造。

此次出现质量问题的品牌 Cappelleti 的执行总裁称，Cappelleti 的产品百分之百在意大利制造，他这辈子从来没有在意大利以外的地区购买过产品或者配件，生产家具的所有材料都是根据欧盟的标准。“我 1994 年开始供货给达芬奇家具，交易数量每年递增。我个人每次来中国看到的都是原产于意大利的家具，媒体说我的产品并非百分百实木，但事实上‘百分之百实木意味着质量高’这个概念并不对，‘凡是意大利生产的家具必须百分百实木’这个概念也并不正确。”他说。

在发布会的现场进行中，现场后方一名消费者屡次发言打断嘉宾。当意大利品牌负责人称将邀请媒体前往意大利调查时，他大声询问：“谁出钱？”但是主办方并没有回答。发布会进行了半小时左右，该名消费者打断美国厂商的发言，大喊达芬奇产品不合格：“都是假的，产品是假的，发布会也是假的！”然后愤怒离场。当这名消费者愤怒离场之后，潘庄秀华泪流满面，开始向现场媒体哭诉，称身边朋友都说她傻，劝她不要召开记者招待会，因为讲得越多错得越多。随后，潘庄秀华开始大篇幅叙述自己的辛酸创业史，但是她的发言不断被媒体记者打断，被要求正面回复达芬奇产品的质量问题。“希望那些有良心的供应商能够为我作证，证明我从来没有做过这些事情！”她哭道。她最后表示，达芬奇绝不做从国内采购产品运到意大利再出口转内销的事情，自己不需要演戏换取同情，现在没有任何后悔。她愿意出 20 张机票让顾客和媒体到意大利参观。

2011 年年初浙江省相关部门市场抽检发现，标称“实木家具”的家具检测合格率为零。杭州市工商行政管理局上城分局执法人员 2011 年在达芬奇家居杭州店检查时发现，店内大部分家具存在标签标注不规范，除了价格外，对产地、产品原料等的标注都非常模糊笼统，涉嫌误导消费者。例如，主要用料一栏里只写了个“木”字，而在“产地”一栏里，有的写了“意大利”，有的写的是“美国品牌、全球采购、中国组装”。杭州市工商行政管理部门已经要求该店进行整改，并进一步接受调查取证。在调查过程中，达芬奇家居杭州店还被发现没有获得消防许可证，随后该店被消防部门停业查封。

二、开微博道歉，赔偿只字未提

达芬奇家居发微博称，已开展内部清查整顿工作，并向消费者表达歉意。打开这个加有官方认证的达芬奇家居微博，看上去是新注册的。只有两条微博，一条是致消费者的公开道歉信，另一条是达芬奇家居公共关系邮箱，分别于傍晚 6 时和 7 时左右发布。第一条微博附有一张达芬奇道歉信的照片。据图中文字所述，达芬奇家居称：“近日有关媒体就达芬奇家

居股份有限公司以及本公司门店中销售的部分国际品牌家具提出了疑问，主要集中在某些产品的产地标注问题、质量问题以及不规范宣传问题，公司虚心接受政府部门、媒体与社会公众的监督，并已开展内部清查整顿工作。”

达芬奇家居称，已积极配合有关部门核实情况，对企业自身问题将依照相关法律法规承担责任，绝不推卸；同时，再次向消费者表达歉意。这已经是达芬奇家具造假事件发生后，达芬奇家居第二封致消费者的公开信了。记者注意到，道歉信没有回应最核心的“产地”问题，对消费者的退货以及赔偿问题，更是只字未提。

资料来源：徐雯. 达芬奇北京开发布会CEO松口称并非完全原装［EB/OL］，2021-04-29J.

在引例中，达芬奇家居公司的潘庄秀华女士在发布会上的发言没有直面公众所关注的问题，留给公众的印象是避实就虚、缺乏诚意。显然，这是一个不成功的危机沟通的案例。实践表明，有效的危机沟通能使企业转危为安；反之，缺乏危机沟通意识和能力，就会使危机不断加深，甚至最终断送企业的前程。

第一节　危机的定义与类型

危机是任何一个社会组织生存与发展过程中必然经历的过程。危机管理是任何一个社会组织管理的基本组成部分。作为一位管理者一般都应该具备两种能力：一是管理常态的组织能力；二是管理非常态的组织能力，也就是管理危机的能力。这是管理的题中之义，也是管理者的分内之事。

一、危机的定义

迄今为止，各国学者一直都在试图寻找一个比较全面和确切的定义来描述危机，但是由于危机复杂多变，人们往往只能从危机的不同侧面和要点来定义危机。

英国著名管理专家迈克尔·里杰斯把危机定义为：一种能够使企业成为普通的和潜在的不适宜的关注的承受者的事件，这种关注来自国际和国内的媒体以及其他群体，如消费者、股东、员工及其家庭、政治家、工会会员以及由于一种或多种原因而对组织的活动有着天然兴趣的大众。迈克尔·里杰斯也将危机定义为一种事件，揭示了危机的被关注性及利益相关性，即危机只有构成了对某个主体的实际的利益相关性才会成为真正意义上的具体的危机。

美国学者赫尔曼对危机的定义是：危机是威胁到决策集团优先目标的一种形势，在这种形势中，决策集团作出反应的时间非常有限，而且形势往往会朝着使决策集团惊奇的方向发展。这个定义强化的是危机本身的过程性及阶段性，即显示了危机的动态特征，说明了危机管理过程中存在无穷的可能性，任何结果的出现都是一个特定过程及结果的必然，但是过程的复杂性会使结果显现其多样性，即我们所说的一切皆有可能。

系统论一直都认为，危机是一种改变或破坏系统平衡状态的现象，可以视为系统的失衡状态。系统论认定的危机是一种失衡的状态，这种状态的恢复过程就是危机管理的全过程。所以危机管理本身首先需要恢复正常状态，然后追求可能带来的机会或转机。

在现实的工作中，不同行业的管理者也会根据切实体验对危机作出简单的、通俗的理解，这呈现出了丰富多彩的对危机的解读。如民航部门从广义和狭义两方面对危机作了定义。从狭义的角度理解，危机是一种能够带来高度不确定性和高度威胁的、特殊的、非常规的，以无限多样的形式在许多年中不断发生的非预期性事件。而从广义的角度来理解，干扰民航业务自然流程的任何事件都可以被称为危机，即对一个组织来说，凡是不好的东西都可以被叫作危机。

综上所述，我们可以对危机作出一些趋向性的解释，即危机一般都是作为“事故”“灾害”“破坏”“灾难”的近义词出现，往往是对突发的且对正常秩序造成破坏的事故或事件。为了表述的方便，我们可以将危机简单地定义为：主体所遇到的具有某种危害程度的事件或状态。这种表述既体现了危机的事件特征，也表现了是对一个特定主体所构成的危害，而这种危害有一定的度的界定，即伤害没有达到一定的程度是无法构成危机的意义，因此是不是危机往往因人、因时、因地而异。同样的伤害标准无法简单地套用在不同的危机主体身上，这与主体自身的承受力也有着直接的关系。

危机是一种特殊的决策情景，在此情景中，作为决策者的组织（政府或企业）所认定的社会基本价值和行为准则结构面临严重威胁，决策者必须在相当有限的时间约束下作出关键性决策和具体的危机应对措施。因此，危机管理就成为管理的基本组成部分，在常态的管理工作中必须做好准备，以应对非常态事件。

二、危机的类型

对危机进行分类是研究和了解危机的基本途径，因为从不同的角度对相同的研究对象进行分类和归纳，可以让我们以新的视角认识客体，获取新的研究方法。危机的种类众多，这既与危机原因的复杂多样有关，也与危机表现形式的多样化有关。

我们可以根据以下方面对危机进行分类。

1．按危机的起因分类

危机事件从起因上可以分为人为的危机事件和非人为的危机事件。前者如恐怖袭击、集体骚乱、重大事故等；后者如流行病、地震、风暴等自然灾害。

2．按危机的严重程度分类

危机事件按严重程度可以分为重大危机和一般性危机。

3．按危机的规模和影响范围分类

危机事件按规模和影响范围的大小可分为全球性危机事件、地区性危机事件和局部性危机事件。

4. 按危机发生的具体领域和性质分类

危机事件按发生的具体领域和性质可分为许多类型：政治危机、经济危机、能源危机、道德危机、信仰危机、声誉危机、公共关系危机、自然灾害危机、事故型危机、环境生态危机和企业危机等。

5. 按企业危机分类

企业在发展的过程中会遇到各种各样的危机，归纳起来主要包括以下方面。

（1）自然灾害和事故

这是指企业无法预测和人力不可抗拒的强制力量，如地震、台风、洪水、暴雨、大雪、火灾等自然灾害，还有重大事故，如飞机失事、火车脱轨相撞、轮船沉没、重大工伤事故、交通事故等造成巨大损失的危机，给企业带来巨额的财产损失，使企业经营难以开展。

（2）信誉危机

信誉是指企业在长期的生产经营过程中，公众对其产品和服务的整体印象和评价，企业由于没有履行合同及对消费者的承诺而产生一系列纠纷，甚至给合作伙伴及消费者造成重大损失或伤害，企业信誉下降，失去公众的信任和支持，这就造成信誉危机。

（3）决策危机

这是指企业经营决策失误造成的危机。企业不能根据环境条件变化趋势正确制定经营战略，而使企业遇到困难无法经营，甚至走向绝路。例如，巨人集团涉足房地产项目建造巨人大厦，并一再增加层数，隐含着经营决策危机，没有能够及时调整失误的决策，从而给企业带来了灭顶之灾。

（4）经营管理危机

这是指企业管理不善而导致的危机。该类危机包括产品质量危机，是指企业在生产经营中忽略了产品质量问题，使不合格产品流入市场，损害了消费者利益，一些产品质量问题甚至造成了人身伤亡事故，由此引发消费者恐慌，消费者必然要求追究企业的责任而产生的危机。

（5）环境污染危机

这是指企业的“三废”处理不彻底，有害物质泄漏、爆炸等恶性事故造成环境危害，使周边居民不满和环保部门介入，由此引发的危机。该类危机如废气、废水、废渣的排放以及核电站泄漏等。

（6）商业危机

商业危机如竞争对手冲击市场、股票交易危机、产品信誉危机等。企业投资决策的失误、资金周转不灵、股票市场的波动、贷款利率和汇率的调整等因素使企业暂时资金出现断流，使企业难以正常运转，严重的最终造成企业瘫痪。

（7）人为灾害

人为灾害如运输业的恶性交通事故、餐饮业的食物中毒、商业的出售假冒伪劣商品、银行业的不法经营丑闻、酒店业的顾客财物丢失、邮政业的传输不畅、旅游业的作弊行为、重大盗窃案、凶杀案、自然事件、他人的陷害、误解等。

（8）劳资纠纷危机

这是指由于错误的经营思想、不正当的经营方式、忽视经营道德、员工服务态度恶劣等而造成关系纠纷产生的危机。

（9）法律危机

这是指企业高层领导法律意识淡薄，在企业的生产经营中涉嫌偷税漏税、以权谋私等，事件暴露后企业陷入危机之中。

（10）媒体危机

尽管真实性是新闻报道的基本原则，但是由于客观事物以及环境的复杂性和多变性，以及报道人员观察问题的立场角度有所不同，媒体的报道出现失误是常有的现象。媒体危机包括：一是媒介对企业的报道不全面或失实。媒体不了解事实真相，报道不能客观地反映事实，引起企业危机。二是曲解事实。由于新科技的引入，媒体还是按照原有的观念、态度分析和看待事件而引起企业危机。三是报道失误。人为的诬陷使媒体蒙蔽，从而引发企业危机。

面对以上企业面临的各种危机，企业管理者可以根据自身企业的实际情况作出应对。企业的性质及规模的不同会使企业在面对上述危机时的情况和压力是不同的，如化工企业最关注的是环境及媒体的压力，而作为食品制造企业往往容易陷入食品安全及政府食品监控方面的压力，甚至可能因为行业内的个别企业行为不当而引发整个行业的灾难。

三、危机分类的意义

危机分类的意义在于让我们针对不同危机种类进行有区别的管理，并有针对性地探索不同类危机的背后的规律。

（1）找出危机的起因，可以确定危机管理的目标，增强危机沟通的针对性。

（2）根据不同的危机类型，可以寻找其共同的规律及提高借鉴的价值。

（3）强化危机管理的具体可操作性，即按照不同类型的危机分阶段地进行部署与安排，从时间的延续上保证不同危机管理的差异性，从而真正提高危机管理的效率。

第二节　危机事件的特征

危机事件是指任何可能危及组织及社会的最高目标和基本利益、管理者无法预料但又必须在极短时间内紧急回应和处理的突发性事件。

从上述危机的类型来看，其表现形式不尽相同。但是就不同危机本身所具有的特征而言，它们具有一定的共性。

一、突发性

突发性是危机最显著的特征之一，它出乎人们的意料，猝不及防。正常的生活和工作秩序会被打乱，突然出现在人们面前的是一个完全不熟悉的环境，因此，人们会有一种强烈的恢复原来状态的心理。

二、破坏性

由于危机的突发性是在人们没有任何戒备的情况下突然出现的，因此具有破坏性。危机造成的破坏可能是有形的，也可能是无形的。这种破坏可能是厂房、设备以及原材料的损失，或资金的流失，甚至人员的伤亡，有时还会损害企业的形象，并造成不可估量的巨大损失。

当危机发生时，它会在组织内部成员中以及组织外部社会中引起恐慌、悲哀或愤怒等情绪，这些情绪往往会导致事态恶化。因此，在作应对危机前的准备时，就应充分考虑到危机对组织成员和公众的情绪有何影响；一旦危机发生，就以行之有效的措施进行及时有效的沟通，以缓解并消除这种情绪。

三、紧迫性

危机的突发性决定了它的紧迫性，这种紧迫性表现在危机发展得非常迅速。随着危机的蔓延和发展，危机造成的损失会越来越大。因此，对危机的反应越迅速，处理危机的决策越正确，损失就越小。在面对危机时，一定要有强烈的紧迫意识，抓住时机，因势利导，牢牢把握控制危机的主动权。

四、信息不充分

在突如其来的危机中，所有秩序都被打乱了，原有的沟通渠道遭到破坏，使信息无法有效地传递。当遭遇严重的地震灾害时，绝大部分通信设施遭到毁坏，灾区内部的信息交流、灾区与外部的联络无法有效地进行，人们很难了解灾情，也就无法采取有效的行动。另外，在危机中，人们会因为过度紧张而对客观情况反应失真或夸大危机影响，导致危机管理者获得的往往是错综复杂而又真伪参半的信息。

五、资源缺乏

由于危机突然降临，当时用于解决危机的资源可能显得十分贫乏。一方面，日常消耗的资源在危机中可能遭到破坏，用于应急的备用资源或者遭受破坏，或者离危机现场很远，远水解不了近渴；另一方面，在危机中人们对资源的需求量非常大，资源的消耗速度也非常快。

在危机中，组织的正常运转停顿了，获取资金的渠道也中断了。在面对危机时要积极自救，动用以前积累的资金，因此，组织的资金资源就显得非常紧张。当然，在危机处理中，人力资源是最紧缺的。那些未受过训练的人在危机中会惊慌失措，无法冷静地参与解决危机。而训练有素的处理危机的人员毕竟是有限的，特别是当危机的规模较大时，更会感到人手不够。

六、挑战性

每一个危机事件都是独一无二的，也就是说，无法完全参照从先前的危机中总结出的具体经验教训来处理新出现的危机。因此，每次危机出现时，无论对企业还是对企业的管理者，都是莫大的挑战。作为现代组织管理者，不仅需要具有前瞻性，还必须具有极强的判断能力、应变能力、沟通能力、决策能力和果断处理危机的能力。

七、社会关注

正是由于危机具有上述特征，因此危机注定要受到社会的瞩目、舆论的关注。当一个企业面临严重危机时，各种媒体对它的反应不仅是一种被动的纪实报道，有时甚至会操纵舆论导向，影响危机的蔓延方向。因此，面临危机要注重舆论导向，要有计划地引导舆论朝有利于化解危机的方向发展。

当今企业面对的内外部环境日益复杂，这种复杂的环境给组织带来了诸多风险。如果不能有效地防范与规避风险，则可能会发生危机。沟通是进行危机管理的重要组成部分，没有有效的沟通，企业就无法和利益相关者进行信息交流，解决危机自然无从谈起。企业不仅要和员工、顾客、供应商、政府等有关方面进行沟通，还要进行有效的沟通，以保证信息的准确、及时，只有这样，才有利于尽快消除影响，避免进一步的危机。

第三节　危机形成与发展的阶段

根据美国危机管理专家伊恩·米特洛夫的观点，在危机真正爆发之前，所有的危机都会发出早期预警信号。从危机沟通的视角来看，危机的形成与发展包括以下阶段。

一、危机爆发前

这是在危机发生之前的有所感应的阶段。事实上所有的危机在真正降临之前都会发出一

系列的预警信号。如果能在这个阶段及时、准确地捕捉到这些信号，对其加以详细分析，并采取相应的有效措施，就能成功地避免许多危机的发生，或者在危机不可避免爆发时及时、有效地应对，从而减少损失。

这里有一个某银行发生网络客户资料外泄的事件。首先发现客户资料外泄重大失误的消费者，起先试图通过客户服务人员向银行主管反映，然而折腾数日没有结果，最后消费者只好诉诸媒体。尽管消息见报后，银行负责人立刻出面道歉说明，但这时对企业形象已产生了负面影响。在危机发生初期，通常要注意把握“早讲事实、重讲态度、慎讲结论”的原则。

二、危机爆发初

这是指危机开始造成可感知的损失的阶段。在危机爆发时，危机的征兆会不断显现。如果管理者对这些征兆具有一定的敏感度，并给予充分的重视和警觉，及时采取适当、有效的措施，就能够将可以避免的危机消灭在萌芽期，使无法避免的危机所造成的损失降至最低。

三、危机爆发中

在这个阶段，危机造成的破坏十分明显，对组织及个人造成持续的、无可挽回的损害。采取必要的措施，就能阻止危机继续蔓延，避免危机所可能导致的连锁反应，防止危机造成更大的损失。

四、危机爆发后

危机所导致的后遗症包括对企业的形象、信誉、销售业绩以及个人声誉和心理造成的负面影响。在这一阶段，管理者的主要任务就是采取积极有效的措施，尽快减少或消除危机导致的影响，使个体和组织早日恢复元气。

化危机为机遇，这是对企业及其管理者的严峻考验。因此，作为组织成员，尤其是组织中掌握着主要决策权的管理者，更要了解危机的特点、形成和发展过程。

第四节　危机沟通的含义与障碍

一、危机沟通的含义

危机沟通是指个体或组织以沟通为手段、以解决危机为目的所进行的一连串化解危机与避免危机的行为和过程。危机沟通是处理潜在的危机或已发生的危机的有效途径，可以降低企业遭受危机的冲击，并存在化危机为转机甚至商机的可能。如果不进行危机沟通，小危机则可能酿成大危机，对组织造成重创，甚至使组织灭亡。危机沟通贯穿危机管理的全过程，在整个危机管理中具有重要地位。

危机沟通涉及组织内部沟通，包括管理者与员工之间的沟通；涉及组织外部沟通，包括与媒体、政府职能部门、社区、公众等方面的沟通。根据危机形成和发展的不同阶段，危机沟通可以分为危机事前的沟通、危机发生时的沟通和危机事后的沟通。危机沟通是处理危机、预防危机的积极有效的手段。

二、危机沟通的障碍

由于从危机前到危机后的沟通过程并非一种理想的有效沟通过程，特别是由于危机爆发时所产生的破坏性，还由于组织中的文化和成员的危机认知差异以及组织外部社会等因素的存在，危机沟通不畅或未能达到沟通目的和效果。导致危机沟通失败的原因大致可以归纳如下。

1. 缺乏危机沟通意识

在危机爆发前，一些企业及其管理者过于自信地认为，企业正处于上升阶段，危机不会降临到自己头上。在他们看来，危机是发生在其他企业的事，自己无须预测危机，更没有必要作任何危机爆发前的沟通准备。因此，一旦危机发生就措手不及，不知该与谁沟通、如何沟通。

2. 封闭的组织文化

组织文化是组织在长期发展中形成的、组织成员共同的价值观和行为准则。在封闭式组织文化中，组织内部缺乏有效的纵向和横向沟通，组织外部缺乏与利益相关者和其他相关的组织或机构的沟通。所以一旦危机发生，组织内部就会一片混乱，气氛紧张，人心涣散；组织外部则谣言四起，各种压力纷至沓来，使事态进一步恶化。

3. 缺乏预警系统

事实上，所有危机在真正降临之前，都会发出一系列预警信号，如媒体或公众的一些评价、组织成员之间相互埋怨、顾客投诉增多、审计部门的批评等。但由于组织缺乏必要的预警系统，不能捕捉到这些信号，以致危机在毫无防备的情况下突然爆发。

4. 不善倾听

处于生产第一线的员工或主管往往是最初的危机感应者。当他们将自己的担忧和意见向上反映时，上级管理者却不以为意，更不用说采取任何积极的措施了：近年来频频发生的矿难、严重工伤事故和罢工事件就是最好的例证。

5. 提供虚假信息

一般而言，企业无论大小，都存在“报喜不报忧”的倾向。在危机发生时，它们往往因

惧怕事态扩大而不与媒体或公众沟通，或者提供虚假信息，不愿透露真实情况，或者仅做表面文章，不进行实质性的有效沟通，从而陷于被动地位，错失在危机发生的第一时间与相关各方进行有效沟通的机会。

6. 缺乏应变能力

许多危机处理失败的例子揭示了公司管理者一个普遍的致命弱点：缺乏应变能力。由于习惯于平时较为平稳正常的公司运作，所以缺乏危机沟通意识以及危机爆发前的准备，一旦危机来临就显得措手不及而无以应对，最后导致危机管理失控。

总体而言，危机沟通是个体或组织为了防止危机发生、减轻危机、化危机为机遇的过程。这是对企业及其管理者的严峻考验。因此，作为组织成员，尤其是组织中掌握着主要决策权的管理者，了解危机沟通的障碍，掌握危机沟通策略，显得尤为重要。

第五节　危机沟通的原则与策略

在企业经营中，有时会有危机发生。当危机发生时，企业必须从外界角度思考才能化解危机。企业应该了解外界的感受，并及时采取必要的沟通方式，掌握危机沟通的原则与策略。

一、危机沟通的原则

1. 细分社会公众

一般情况下，通过对社会公众的细分，便可因此而决定对每一组社会公众进行沟通的主要信息，从而确保每一种类型的公众得到相应的信息。

2. 确定沟通目标

为了沟通的有效性，在危机中进行沟通时，应该对每一受众设定一个明确的目标。有了目标，才有针对性，表达才会更准确。对不同的社会公众，其沟通目标会有所差异。例如，对股东，应该维持股价稳定；对顾客，应能避免相关产品的负面影响，维持其对产品的信任感；对执法机构，应避免受到处罚。

3. 准备沟通信息

对公众进行细分，就是为了沟通的针对性。不同的公众所想知道的主要信息会有所不同。在为不同的公众准备沟通信息时，应考虑以下重要因素：

（1）情绪，是高兴、劝慰、关注、愤怒、诚恳，还是其他的情绪。

（2）内容，是指应包括哪些沟通内容。

（3）公众，如公众对企业的了解程度如何、他们最关心什么。

4. 选好危机沟通者

选好危机沟通者是危机沟通取得成功的关键。选择在目标受众中有良好声誉的发言人，发言时会具有很大的感召力，有利于加强公众对企业的信任感。

通常危机沟通者由企业高层管理者兼任，但是应该指出，并非每一个企业高层管理者都能胜任这一角色。一个合格的危机沟通者必须具备如下素质：

（1）具有强烈的危机意识，能够敏锐地洞察危机的发展；

（2）能够灵活应对各种复杂情况，敢于迎接挑战；

（3）口齿清楚，口才良好，善于沟通和倾听；

（4）在公司中拥有权威；

（5）富有同情心，善于运用非语言与人交流；

（6）在外界的压力下能保持冷静；

（7）精力充沛，能够长时间连续工作；

（8）拥有危机沟通的知识和技能。

除了组织的宏观危机应对技巧，管理者在面对危机时应有一套高明的讲话策略，以减少大众疑问和非议。管理者面对媒体记者的追问时，要首先表达出对众人的歉意，安抚大家的情绪，其次解释事情的缘由，梳理整个事件发生的前因后果，并对其中的某些环节作出一些点评，最后重新对大家表示歉意。管理者在安抚大家情绪的时候，一定要先对大家的心情予以肯定，告诉他们自己理解他们的心情，如果换作自己处于他们的位置，也一定会那样做。当危机沟通者肯定他们的心情之后，需要摆事实、讲道理，分析整个事件的成因，让他们明白企业为此付出了多少，并告诉他们企业已经做得很到位了。

5. 运用媒体

（1）新闻稿

发布新闻稿能让新闻媒体了解情况和企业作出的决策，有助于澄清事实真相。

（2）记者招待会

记者招待会是企业向公众传达信息的有效手段，有利于确保新闻媒体从发言人那里得到口径一致的信息。

（3）互联网

现代企业必须重视互联网的作用，并充分利用网络这个工具来正确引导信息流、管理公众和网际沟通，进而加强公司的危机管理。

企业平时应该在企业形象及关系管理上下功夫，关键时刻才能获得“雪中送炭”的帮助。一般来说，形象良好的企业也较能博取社会大众的支持。总之，企业在危机处理过程中应综合发挥各种媒体沟通工具的优势，来渡过危机难关。

二、危机沟通的策略

尽管危机沟通中存在种种障碍，但只要正视这些障碍，重视企业及其管理者的沟通技能

的训练，建立和健全必要的沟通机制，就能够克服这些障碍，达到有效避免和控制危机的目的。危机沟通的策略包括以下几个方面。

1．建立危机预警系统

所谓企业危机预警，就是在掌握现有可能导致危机的信息的基础上，分析企业潜在的危机，建立明确的判断标准，也可以通过数学模型，对企业危机进行适时的跟踪、评价、控制，并及时发出警报。建立危机预警系统是有效防御危机、应对危机并解决危机的手段，可以增强企业的免疫力、应变力和竞争力，做到防患于未然。

2．秉承诚信至上原则

为人处世，诚信第一；贸易经商，诚信至上。面对危机更应该以诚信为本，才能克服困难，化危机为转机。危机管理并没有什么玄妙或深奥之处，胆量和智慧其实只是源于最朴素的信条——诚信经营，顾客利益至上。因此，企业在顾客的利益受损之后，应以诚信的态度主动地承担责任，即坦诚地进行沟通。任何被动的、非诚信的方式都会造成公众的不信任，以致引发更大的危机。当企业出现危机，特别是出现重大责任事故并导致社会公众利益受损时，企业必须承担起责任。在善后处理工作中，企业必须信守诺言，以诚待人。只要顾客是由于使用本企业的产品或服务而受到了伤害，企业就应该在第一时间向顾客道歉以示诚意，并且给受害者相应的物质补偿。对那些确实存在问题的产品应该不惜代价迅速召回，同时要迅速采取有效措施改进企业的产品或服务，以表明企业解决危机的决心。只有以诚相待，才能取信于人。

危机发生后，企业经常会因为慌张而躲避媒体，这往往会把小纠纷变成大风暴。即使当时事情的来龙去脉尚未弄清，企业也应该对外界有个明朗的态度，可以由发言人代替企业表达基本态度。否则，找不到当事人，媒体可能会去采访竞争对手或一般员工，结果就更不可测。

3．加强组织的培训

有效地处理危机，要求组织成员具备良好的心理素质，并掌握特殊的危机处理知识和技能，这些都需要经过适当的培训。在危机处理技能的培训中，情景模拟训练是种较常用的方式，即通过设定一个危机发生的情境，让组织成员体验危机发生时的感受。在这种身临其境的训练中，组织成员可以增强危机意识，减少或消除危机所带来的紧张和恐惧情绪，增进成员之间在危机中的合作与沟通，从而提升危机应变能力。

4．创建开放式组织文化

无论对内部成员还是外部社会，组织都应该以开放的姿态与他们进行坦诚的沟通，积极倾听并重视来自各方面的意见和建议，及时纠错。要建立、健全有效的组织沟通机制，保持内部纵向、横向沟通渠道畅通无阻。在危机发生前，要与组织外部社会，包括媒体、政府、社区、公众等相关方面经常保持积极主动的沟通。一旦危机发生，就要认识到主动告知真相的重要性、杜绝虚假信息，避免自我蒙蔽，勇于为自己的产品和行为承担责任。只有这样，组织才能赢得大家的理解和帮助。

水能载舟，亦能覆舟。当企业面对危机时，应该以社会公众和消费者的利益为重，迅速作出适当反应，及时采取补救措施，并积极主动地以该事件为契机，因势利导，化解危机。这样不仅可以迅速恢复企业的信誉，而且可以提升企业的知名度和美誉度。一个优秀的企业越是在危急的时刻，越能显示出它的综合实力。

5. 建立双向沟通的方式

在危机沟通中应采取双向沟通的方式，也就是信息发送者不仅要发出信息，而且要听取信息接收者对信息的反馈，发送与反馈可多次进行，直到双方有了共同的理解为止。这样可以增强公众对信息判断的信心，有助于利益相关者对企业的理解和支持。因此，告知公众反馈和建议的联系方式不可或缺。企业也可以设立 N 小时开通的企业危机处理信息中心，随时接受媒体和有关公众的询问。

总之，企业在危机管理的沟通过程中，要把握好总体策略，充分利用各种沟通工具，掌握沟通技巧和要领，以降低危机所造成的损失。

思考与练习

一、单项选择题

1. 危机处理的难度是与组织处理危机的速度（　　）。

A. 不成比例　　B. 成正比

C. 成反比　　D. 无法判断

2. 危机管理专家奥古斯丁认为，危机管理的最基本经验是（　　）。

A. 事先消除危机隐患　　B. 说真话、立刻说

C. 有效的危机处理能力　　D. 与新闻界的良好关系

3. 危机的内部成因关键是（　　）。

A. 管理者公关理念单薄　　B. 人员及财产设备管理不当

C. 员工素质低下　　D. 媒介关系不佳

4. 危机对于社会组织而言（　　）。

A. 是可以避免的　　B. 大部分组织是可以避免的

C. 大部分组织是不可避免的　　D. 是不可避免的

5. 企业无论大小，都存在“报喜不报忧”的倾向，体现了危机沟通的（　　）障碍。

A. 缺乏危机沟通意识　　B. 封闭的组织文化

C. 缺乏预警系统　　D. 提供虚假信息

二、多项选择题

1．从企业的角度来看，危机可以分为（　　）。

A．经营管理危机　　B．商业危机

C．法律危机　　D．自然灾害

2．危机事件的特征有（　　）。

A．突发性　　B．破坏性

C．资源缺乏　　D．信息不充分

3．危机沟通的障碍有（　　）。

A．缺乏预警系统　　B．封闭的组织文化

C．缺乏危机沟通意识　　D．缺乏应变能力

4．危机沟通的策略有（　　）。

A．建立双向沟通的方式　　B．创建开放式的组织文化

C．秉承诚信至上原则　　D．建立危机预警系统

5．一个合格的危机沟通者需要具备（　　）素质。

A．口才良好，善于沟通和倾听

B．拥有危机沟通的知识和技能

C．具有强烈的危机意识，能够敏锐地洞察危机的发展

D．在公司中拥有一定的权威

三、判断题

1．劳资纠纷危机是指企业高层领导者意识淡薄，在企业生产经营过程中涉嫌以权谋私等行为。（　　）

2．破坏性是危机最显著的特征之一，出乎人们的意料。因此，人们会有一种强烈的恢复原状的心理。（　　）

3．封闭的组织文化是危机沟通的障碍之一。（　　）

4．确定危机沟通的目标是危机沟通取得成功的关键。（　　）

5．建立危机预警系统是有效防御危机、应对危机并解决危机的手段。（　　）

四、思考题

1．危机事件的特征是什么？

2．什么是危机沟通？危机沟通的原则是什么？

3．危机沟通中的领导者应该具备哪些素质？

4．举例说明企业面临危机的时候应该如何运用沟通的基本策略。

五、案例分析题

一场不该发生的空难事故

仅仅几句话能否决定生与死的命运？1990 年 1 月 25 日恰恰发生了这样的悲剧。那一天，由于阿维安卡 52 航班（Avianca Flight 52）飞行员与纽约肯尼迪机场航空交通管理员之间的沟通障碍，导致了一场空难事故，机上 73 名人员全部遇难。

1 月 25 日晚 7:40，阿维安卡 52 航班飞行在南新泽西海岸上空 37 000 英尺的高空，机上的油量可以维持近两个小时的航程。在正常情况下飞机降落至纽约肯尼迪机场仅需不到半小时的时间，这一缓冲保护措施可以说十分安全。然而，此后发生了一系列耽搁。首先，8:00，肯尼迪机场管理人员通知 52 航班由于严重的交通问题他们必须在机场上空盘旋待命。8:45，52 航班的副驾驶员向肯尼迪机场报告他们的“燃料快用完了”，管理员收到了这一信息，但在 9:24 之前没有批准飞机降落。在此期间，阿维安卡机组成员再没有向肯尼迪机场传递任何情况十分危急的信息，但飞机座舱中的机组成员却相互紧张地通知他们的燃料供给出现了危机。

9:24，52 航班第一次试降失败。由于飞行高度太低以及能见度太差，因而无法保证安全着陆。当肯尼迪机场指示 52 航班进行第二次试降时，机组人员再次提到他们的燃料将要用尽，但飞行员却告诉管理员新分配的飞行跑道“可行”。9:32，飞机的两个引擎停止工作，1 分钟后，另外两个引擎也停止了工作，耗尽燃料的飞机 9:34 坠毁于长岛。

当调查人员考察了飞机座舱中的磁带并与当事的管理员交谈之后，他们发现导致这场悲剧的原因是沟通的障碍。为什么一个简单的信息既未被清楚地传递又未被充分地接收呢？针对这一事件作出以下分析：

首先，飞行员一直说他们“燃料不足”，交通管理员告诉调查者这是飞行员们经常使用的一句话。当被延误时，管理员认为每架飞机都存在燃料问题。但是，如果飞行员发出“燃料危急”的呼声，管理员有义务优先为其导航，并尽可能迅速地安排其着陆。一位管理员指出，如果飞行员“表明情况十分危急，那么所有的规则程序都可以不顾，我们会尽可能以最快的速度引导其降落的”。遗憾的是，52 航班的飞行员从未说过“情况危急”，所以肯尼迪机场的管理员一直未能理解到飞行员所面临的真正困境。

其次，52 航班飞行员的语调也并未向管理员传递燃料危急的严重信息。许多管理员接受过专门训练，可以在这种情境下捕捉到飞行员声音中极细微的语调变化。尽管 52 航班的机组成员相互之间表现出对燃料问题的极大忧虑，但他们向肯尼迪机场传达信息的语调却是冷静而职业化的。

最后，飞行员的文化和传统以及机场的职权也使 52 航班的飞行员不愿意声明情况危急。正式报告危急情况之后，飞行员需要写出大量的书面汇报。另外，如果发现飞行员在计算飞

行过程需要多少油量方面疏忽大意，联邦飞行管理局就会吊销其驾驶执照。这些消极因素极大地阻碍了飞行员发出危急呼救的信息。在这种情况下，飞行员的专业技能和荣誉感可能变成赌注。

资料来源：康青．管理沟通［M］．北京：中国人民大学出版社，2022.

案例分析：

1．你认为造成 52 航班失事的主要原因是什么？飞行员与机场管理员在沟通上存在什么问题？产生这些问题的原因是什么？

2．从这个案例中，我们能够得到什么启发和借鉴？

第十二章　非语言沟通

学习目标

1. 掌握非语言沟通的含义与特点。
2. 理解非语言沟通与语言沟通的关系。
3. 了解非语言沟通的类型与主要功能。
4. 解析常见的肢体语言。
5. 了解商务场合的形象礼仪。

素质目标

1. 通过礼仪学习，深入理解礼仪与个人内涵修养之间的联系，由修身而自发地守礼。
2. 通过非语言沟通的学习，学会全面地理解交往中传播的信息，能理解、体谅他人。

案例导入

察言观色识人

人际交往中察言观色十分重要，不仅能让你具备高情商从而获得良好的人际关系，而且能让你观察入微，洞见人性，识人知人，对你的事业起到促进作用。

清朝大臣曾国藩是一位识人高手。据说有一次曾国藩的爱徒李鸿章发现了三个人才，就带着三个人求见曾国藩，打算让老师看看哪个可担当大任。当时恰好曾国藩不在，李鸿章便让三个人在曾府门口等待。没多久曾国藩回府看到门口的三个人，他左边看一眼，右边看一眼，中间看一眼，目光大抵就像看普通人一样随意，接着什么话也没说就进了府。

曾国藩对不解其意的李鸿章是这么解释的：左侧这位敢与我对视一眼，然而很快低眉顺眼，说明这是一个心善却气魄不足之人，难堪大任；右侧这人不敢与我对视，只敢偷偷打量我，说明此人心术不正，心思阴邪，不能用；中间这人敢对视于我，神气十足，气质凛然，而且目光堂堂正正，态度不卑不亢，说明这个人胸有沟壑，气魄宽，不仅是个身怀才识的人，而且必是性格坚毅之辈，假以时日必将做出一番功业，是以能大用。

仅此一面，曾国藩便堪称将察言观色发挥到极致的人，从中延伸出来的“识人之明”这种能力，不仅让他成为桃李满天下的老师，更是为清政府培养出了一定的人才，成为那个时

代的名臣。

资料来源：百度文库。

第一节　非语言沟通的含义与特点

一、非语言沟通的含义

人类语言未出现前，非语言沟通成为维系人们之间基本交流的最重要的手段。在原始社会，生存是人的最基本的需要，人除了要吃穿住之外，还要抵御自然灾害和野兽的侵袭。而在这些侵害面前，个体显得势单力薄，需要和他人协作，这时人们就会通过表情、呼叫、手势甚至全身的动作来进行交流。在前面的章节已经提到过，在现代人际沟通中，语言本身的效果只占到 7%，声音占到 38%，而其他非语言沟通所起的效果最为显著，占到 55%的比例。可见非语言沟通在实际人际沟通活动中起着非常重要的作用。

人们在沟通过程中，尤其是在面对面的沟通场合，会伴随着大量的非语言信息。人们可以通过解析对方的仪表、眼神、表情、姿态等非语言行为获得许多语言之外的有价值的信息。可以说，单凭语言获得的信息是残缺的、片面的、抽象的，只有结合丰富的表情和姿态等才能够获得充分的、形象的、全面的感受。卓有成效的管理者除了需要学习掌握语言沟通技巧之外，还需要正确地运用非语言沟通，增强自己语言的表达能力和感染能力，敏锐捕捉、准确识别对方在沟通中通过各种非语言因素流露出来的信息，达到有效沟通的目的。

非语言沟通指的是除语言沟通以外的其他沟通元素进行信息传递的方式，它包括形体语言、副语言、空间利用、时间安排以及沟通的物理环境等。非语言沟通以其显性的形式提供隐蔽的信息，这些信息对沟通过程和沟通结果有着深刻的影响。

正如人们常说的："不仅听你说什么，更重要的是看你怎么说。"当然，讲话者也从非语言沟通中得益，通过观察倾听者所传递的非语言信息来决定他所传递的信息是否被理解和接受。

二、非语言沟通的特点

非语言沟通包含非常丰富的内容，会心的微笑、传情的眼神、不经意的手势、语言的停顿都蕴含十分重要的信息，对沟通双方的交流有着非常关键的作用。由此可见，非语言沟通有着有别于语言沟通的突出特点，表现在以下几个方面。

1．独立性与伴随性

所谓独立性，是指非语言沟通能够脱离语言沟通，以独立的沟通形式表现出来。所谓伴随性，是指非语言沟通往往伴随着语言沟通配合使用、相辅相成。很多时候仅仅通过语言沟通不能表达出完整的信息，或者无法让沟通对象全面接收并直观理解该信息，而需要配合非语言沟通来更为准确地反映语言沟通所要表达的思想和情感，并易于为沟通对象所准确接受和解析，从而达到更为显著的沟通效果。

2. 普遍性与特殊性

普遍性是指非语言沟通作为社会历史文化积累的产物，具有普遍的适用性，许多肢体语言为全世界大多数人所识别、接受，并被理解为基本一致的含义。如握手和微笑就是跨国界通行的语言。

特殊性是指不同地域、不同民族有不同文化背景和生活习惯，由此产生不同的非语言沟通符号和含义。

3. 多样性与唯一性

多样性是指在沟通主体、沟通对象、信息渠道和沟通环境等因素的影响下，同一非语言信号会具有多种含义。

唯一性是指非语言信号在特定的时间、地点、文化背景等环境条件下，所表示的意思是明确的、唯一的。

美国心理学家艾斯曼在 1957 年曾做了一个实验，他在美国、巴西、智利、阿根廷、日本选择被试者。他拿一些分别表现喜悦、厌恶、惊异、悲惨、愤怒和惧怕表情的照片让被试者辨认。结果，绝大多数被试者“认同”趋于一致。实验证明，人的面部表情是内在的，有较一致的表达方式。因此，面部表情多被人们视为一种“世界语”。

4. 外在性与内在性

外在性是指人们进行非语言沟通时，以个人或群体的形体动作、表情、空间距离等可视的、直观的外在形式，把所要表达的意思表现出来。比如，当你看到某酒店的服务员精神饱满、态度热情的时候，你会觉得这个酒店的服务较为规范；当你看到谈判的对方笑容可掬、动作和语言坦诚开放的时候，你会觉得合作成功在望。

内在性是指非语言沟通受到人的个性、气质等内在心理因素的支配和影响。从心理学的角度看，非语言信号大都发自内心深处，难以抑制和掩盖，并且具有强烈的心理刺激效应，比有声语言更能表露心意，得到深刻、明确的理解。例如，一对长期合作、配合默契的职场搭档在一些问题的观点上很容易形成一致意见，并能够通过心领神会的眼神、笑容、手势等，在会议交流、商务谈判等场合互相配合、互相呼应，最终掌控主动权。

第二节　非语言沟通与语言沟通的关系

非语言沟通与语言沟通既是相互独立的沟通方式，可以在不同场合单独使用，也可以配合使用，相辅相成，相得益彰。事实证明，非语言沟通与语言沟通配合使用，可以更加清

晰、高效、真实地传递沟通信息。非语言沟通与语言沟通的关系体现在以下几个方面。

一、非语言沟通对语言沟通具有辅助作用

通过非语言信息，语言信息得到补充。人们可以通过手势、头部动作等强化自己口头表达的效果。比如，愤怒的顾客在服务台投诉的时候，可能会挥舞着手臂表示自己的不满；焦虑的失主寻找丢失的箱子时，会用双手比画箱子的形状；在朗诵和演讲中，人们多用肢体语言来强化情感的表达。

非语言沟通还能够通过控制语言沟通的节奏和内容，来加强语言沟通的效果。例如，讲话者在讲话过程中适当停顿，可以给倾听者思考空间，也可以提醒倾听者更加专注于谈话的内容。如果倾听者的姿势或动作表明他心不在焉，讲话者就要注意调整一下讲话内容或者方式，重新引发倾听者的兴趣。

二、非语言沟通对语言沟通具有替代作用

人的许多非语言行为是在孩童时期通过父母和其他相关群体学到的。经历在某个特定社会的成长过程，人们接纳自己所在文化群体的特性和风格。课堂上老师提出问题后，学生们举手表示“我想回答”；生日那天，爱人将一束玫瑰放在你的房间；当经理走进办公室时，显出一副沮丧的样子，说明他的心情很糟糕。这些时候，非语言信息起着代替语言信息的作用。

三、非语言信息可能与语言信息矛盾

商场里，顾客在首饰柜台前指着手链对服务员说：“请拿这款项链给我看看。”服务员一定会意识到是顾客说错了，这时服务员通常会认定顾客需要的东西是他手指的手链，而不是他说的项链。两个人发生冲突，其中一人说：“我希望你没有生气。”另一个迅速回答说：“我才没生气呢！”不过声音是高调的，带着不屑的眼神，或者嘴角紧绷，握着拳头。当非语言和语言信息相矛盾时，最常被接受的是非语言信息，或者说非语言信息揭露了真相。

四、非语言沟通比语言沟通更能表明情感和态度

人的面部表情、手势、形体动作及使用目光的方式，都向他人传递情感和情绪，别人能从我们的面部表情中发现情感和情绪，包括愉快、悲哀、惊讶、恐惧、愤怒和兴趣。心理学家研究得出，当语言信号与非语言信号所代表的意义不一样时，人们相信的是非语言所代表的意义。

常言道："画虎画皮难画骨，知人知面不知心。"其实，在我们的日常交往中，如果留意观察，便会发现很多时候我们会不自觉地做出一些动作来表达自己的心情或者态度。甚至有的时候，我们用自己的肢体语言表达与自己语言不相符合的意思。因为有声语言是通过人的学习和锻炼而获得，具有一定的逻辑性和被塑造性，而无声的肢体语言是人们下意识的表现形式。因此，对有声语言来讲，无声的肢体语言有时候更能表现出一个人内心的真实想法。

第三节　非语言沟通的类型与主要功能

一、非语言沟通的类型

按照非语言沟通传递的介质分类，非语言沟通有各种类型，主要包括肢体语言、环境和副语言沟通。

1．肢体语言沟通

肢体语言沟通是指人们在沟通过程中，有意识或者无意识地通过姿势、面部表情等传递情感和信息的过程。它既包括人们的身体特征及身体修饰，如体形、体格、身高等，也包括手势、脚势、头部动作、四肢动作等。

2．环境沟通

环境沟通是指人们自身因素之外的环境因素传递沟通信息的过程。环境因素包括物理环境，如沟通场所的设计、布局、光线等；也包括空间环境，如座位安排、彼此的距离等；还包括时间，如沟通时间的安排、长短、是否守时等。

3．副语言沟通

副语言沟通是指通过非语言的声音，如音调、语速、重音、哭、笑以及停顿和叹词等的应用，在语言沟通中配合使用，具有补充作用，进而进行信息的交流。

心理学家称非语言的声音信号为副语言。副语言在沟通过程中起着十分重要的作用。一句话的含义往往不仅决定于其字面的意义，而且决定于它的弦外之音，语音表达方式的变化，尤其是语调的变化，可以使字面相同的一句话具有完全不同的含义。例如，一句简单的口头语"真棒"，当音调较低、语气肯定时，它表示由衷的赞赏；当音调升高、语气否定时，则完全变成了刻薄的讥讽和幸灾乐祸。

二、非语言沟通的主要功能

在人际沟通的过程中，人们的内心活动变化会通过肢体语言有意无意地流露出来，通过

形体暗示透露出来的非语言信息主要有如下功能。

1．态度

手势和形体姿态可以帮助我们传递或强化由语言表达的信息。此外，形体暗示更能生动地反映出信息传播者对他人的态度。

2．情绪

人们的表情能够非常准确地传递特定的情感信息，而形体暗示能够显示情绪的变化和紧张程度。

3．心理

研究表明，形体暗示可以有效地提供确切的人的心理状态的信息。它不仅能够表明我们是否自信，而且能暗示我们的自信程度，它通常能将我们积极或消极的心理状态暴露无遗。

4．相关信息

非语言沟通还能够揭示其他重要的相关信息，如个人偏好、权力地位以及情绪变化等。在日常生活中，如果不熟悉手势和姿势所提供的相关信息，我们在人际沟通过程中就容易产生误解，甚至引起不必要的冲突。

手势和形体姿态在人际沟通中非常重要，被看作心理活动的晴雨表，内心活动的变化会在肢体语言中有意无意地流露出来。

第四节　常见肢体语言解析

肢体语言是人们日常沟通中最常采用的非语言沟通方式。正确识别和利用肢体语言是实现有效沟通的前提。

一、姿态语言

在非语言沟通中，最个性化、最不自觉但最容易表现我们非语言信息的就是姿态语言。它是一种体现个人情感的外在表现形式。每一个手势或动作都可能成为我们透视他人情感、情绪的关键线索。例如，一个感到害怕或处于防御状态下的人会双臂环抱，或摆出一个双腿交叉的姿势，或者同时出现上述两种动作。

身体的各种姿态都传递一定信息。有研究者认为，至少有 1000 种不同的姿态语言。为了加重语气和赞同而点头，微微左右摇头可表达否定或不满意等含义。至于一些无声的动作究竟传递的是哪一种信息，还要看具体的语境而定。

1．身体姿势

身体姿势可以反映出一个人的精神面貌和身体状况。站立的姿势体现了一个人的道德修养、文化水平以及对他人的态度。一般认为，男士站姿应体现出阳刚之美，抬头挺胸，双脚大约与肩膀同宽站立，重心自然落于脚中间，肩膀放松。女士则宜丁字步站立，体现出柔和与轻盈。

2．手势

手在非语言沟通中的作用非常大，是身体动作中最重要、最容易被关注的部分。它以不同的动作，配合讲话者的语言，传递讲话者的心声。在聋哑人群体中，手势被视为手语，是他们最主要的交流方式。在商务交流中，自然得体的手势可以帮助讲话者准确表达自己的思想感情，还能够调动、激发对方的情绪。手势可以分两大类：一是功能性手势，主要用来指示事物的方位或描述事物的形状。比如手指向前方，向问路的人说“就在前面”，或者用手比画某人的大致身高和身形。二是辅助性手势，主要是自觉或不自觉配合自己的语言表达说话者喜怒哀乐所使用的手势。如诗歌朗诵者在朗诵“啊”的时候，通常为了抒情，缓缓将手从胸前挥出到侧前方。

手势没有固定的模式，个人习惯、讲话的语境不同，手势动作就可能不同。具备沟通意义的典型手势如下。

（1）手掌

日常沟通中摊开手掌象征着坦率、真诚、开放。判断一个人口头传达的信息是否真实，可以观察其手掌的活动。人们在撒谎时都有种隐藏自己的倾向，小孩子会把手背在身后，成人则把双手放进兜里，或者双臂交叉、不露手掌。此外，当一个人手心向上时，表示坦诚、不带威胁性、没有控制欲等；手心向下则带有强制性。

（2）手指

手指如果指向他人，通常给人的印象是带有攻击性。将双手插在上衣或裤袋里，伸出两个拇指，显示出高傲或冷淡。双臂交叉于胸前，双拇指上翘，则显示防卫心理的情绪，较难接近；用食指指向他人，带有教训意味；双手合十表示诚意；招手表示友好或示意靠近。

（3）背手

背手代表优越感和自信心，有地位的人通常使用。同时，背手还有镇定作用，可以缓解紧张情绪。但如果双手背在后面，一只手握住另一只手的手腕、手肘、手臂，则表示沮丧、不安、正处于努力控制中，而且握的部位越高，沮丧的程度也就越大。

（4）握拳

握拳是所有手势中最有力量的一种。我们在精神亢奋时或心情沉重时都容易出现握拳的动作。最常见的状态是愤怒、痛苦、悲伤、下定决心及准备攻击。

3．头部动作

不同的语境识别头部动作也是人类经常用来表达信息的肢体语言，常见的头部动作及含义如下。

（1）点头

在对方说话的时候轻轻点头，一般表示理解、认可、赞同、肯定；在与人相遇的时候轻轻点头，则代表“打招呼”和问候。

（2）摇头

摇头一般表示不同意、不认可、拒绝，有时候轻轻摇头还代表对思考中的问题的否决。

（3）低头

低头一般表示谦恭、臣服、认错、顺从、害羞。徐志摩有诗云：“最是那一低头的温柔，像一朵水莲花不胜凉风的娇羞。”其中的“低头”就被诗人解读为温婉顺从。

（4）仰头

仰头一般表示比较激昂的情绪，如自信、激扬、悲愤等。“我自横刀向天笑”是一种慷慨悲愤的情怀，“仰天大笑出门去，我辈岂是蓬蒿人”表现了一种高远的志向。

4．肩膀动作

耸肩在西方人的沟通中运用较多。耸耸肩膀，摊开双手，表示一种无奈或不理解。受到惊吓的时候也会紧张得耸肩。

5．脚部动作

由于不便于观察，脚的动作在沟通过程中比较少被留意，但正因为如此，其代表的语义通常是不加掩饰的。通常，抖脚表明轻松或无聊，跺脚表明兴奋或愤怒，而脚尖的方向会泄露一个人的倾向。虽然一个女子站在两个男子中间，但她的脚尖向着右侧男子，说明她对右侧男子更感兴趣。

6．身体接触

身体接触是指沟通双方通过身体某一部位的接触，传递某种沟通信息。最典型的应用是握手、拍肩膀和拥抱等。

握手是目前商务交往中最常见的礼仪。握手时的手部力量、姿势和时间长短均能传递不同的礼遇与态度，给人留下不同印象；通过握手也可了解对方的个性，从而赢得交际的主动。美国著名盲聋女作家海伦·凯勒说：“我接触的手有的能拒人千里之外，也有些人的手充满阳光，你会感到很温暖。”握手是一种无声的动作语言，它会传达给对方一种感觉，让对方知道你是否重视他。

我们在握手的时候会感觉到对方手心的温度，其实手心的温度隐含着很多秘密。通过手心的温度，不仅可以揣测一个人的健康状况，而且可以推测一个人的情绪。正因为每个人手心的温度都是不一样的，所以当我们接触到一个人的手心时，需要有一个前后温度的对比，否则无法根据手心的温度来判断对方的情绪。如果一个人之前手掌温热，却瞬间变凉，这是此人受到惊吓的表现；如果一个人之前手掌干燥，却瞬间出汗，代表这个人内心非常恐惧或紧张，可能是极度的焦虑所致。

二、面部表情

在人际沟通中，面部表情是最易被人关注和察觉的非语言因素。由于面部表情往往是心灵最直接的反映，因此也是最容易用来解读、交流双方的真实想法。所谓“察言观色”就是说明通过关注、分析他人面部表情及其变化，揣摩、把握别人的内心世界和真实观点。

表情信息，就是通过面部器官（包括眼、嘴、鼻、脸等）的动作姿态所表达的信息。在人际沟通过程中，双方最易被观察的“区域”莫过于面部。表情是一种独具特色的情绪语言，它以有形的方式呈现出无形的内在的情感，成为人际情感交流和相互理解的重要途径之一。

医学上统计，人的脸上有44块肌肉。这些肌肉可以组合成上千种表情，每一种表情所表达的信息都非常丰富，挑眉或抿嘴都是一个单独的微表情，都能表达出特定的含义。在人脸没有注射化学药剂的情况下，人们无论怎么努力也无法掩饰脸上的微表情。

解读面部表情是一个复杂的过程，面部经常迅速显示几种感情的组合。眉毛扬起或紧皱、瞳孔变化、鼻子张合、嘴唇紧绷与放松、牙齿合上或咬紧都是人情感的变化反应，而最为关键的是人的眼神。社会学家和心理学家做过很多实验，认为在人体的各个器官中，眼睛能够表达更多的无声语言。在正常情况下，眼睛可以传达出一个人的喜怒哀乐，可以确知一个人说话的倾向性和感情。

1. 眼睛

俗话说“眼睛是心灵的窗户”。孟子曰：“存乎人者，莫良于眸子。眸子不能掩其恶。胸中正，则眸子瞭焉；胸中不正，则眸子眊焉。”德国谚语中也有“眼睛是爱情的信使”的说法，我国有“眉目传情”和“暗送秋波”的说法。一个人眼睛形态及变化可以反映出其爱憎情仇和喜怒哀乐。

（1）眼神

人类的眼睛已经远远超出了“视觉”这一功能，成为情感表达的辅助工具，而且可以说是除了表情和肢体语言之外最重要的情感表达载体。人类最基本、最简单的几种情感是：喜悦、惊讶、悲伤和恐惧。表达这几种情感的眼神有一个共同特点，就是“明亮”。无论是悲是喜、是惊是恐，人的眼神都会在一瞬间变得明亮起来。由于辨别表达这几种情感眼神的能力与生俱来，几乎每个人都能在别人流露出这样的眼神时立刻心领神会，因此在这里就不赘述了。

一个人的眼神可以折射出性格，透露出情感，传递出微妙的信息。比如，在演讲开始前，演讲者扫视全场，用目光告诉大家：我要开始讲话了，我的讲话很重要。在演讲过程中，演讲者通过与观众目光的交流，加强语言沟通的效果，获得观众对讲话内容的反应。如有观众“交头接耳”或者接听电话，只要停顿片刻，并向该观众投以劝阻或恳求的目光，观众就大都能自觉地安静下来。假如不敢正视别人，就意味着自卑、胆怯、恐惧；若躲避别人的眼神，则折射出阴暗、不坦荡的心态。当我们用眼睛正视对方时，就等于告诉对方：“我

是诚实的，光明正大的，我非常尊重你、喜欢你。”所以，正视别人反映的是一种积极心态，是一种自信的表现。

（2）瞳孔

暴露人们心理秘密的，首先是眼睛瞳孔的变化。在相同的灯光条件下，随着态度和情绪从积极转向消极，瞳孔就会由扩张转向收缩；反之亦然。当人们处在兴奋的状态中时，瞳孔会比原来的尺寸扩大；如果人们处在消极的情绪中，瞳孔就会收缩。瞳孔的变化是无法用意志来控制的，因此，瞳孔是兴趣、偏好、态度、情感和情绪等心理活动的高度灵敏的显示器，如相爱的人目光交会的时候瞳孔会扩大。古代的珠宝商通过观察顾客的瞳孔变化来了解顾客是否对其商品感兴趣。

（3）目光的角度

目光的角度也会说话。目光的角度有注视、斜视以及眨眼。斜视的含义很丰富，它可能是表示感兴趣，也可能是表示不确定，甚至是表示敌意。如果人们在目光投向侧方的同时，眉毛微微上扬或者面带笑容，就是很有兴趣的表现，恋爱中的人们经常将之作为求爱的信号，特别是女人。如果斜视的目光伴随着压低的眉毛、紧皱的眉头或者下拉的嘴角，就表示猜疑、敌意或者批判的态度。

（4）眨眼

眨眼在沟通中也具有重要意义。在正常而放松的状态下，人们的眼睛每分钟会眨 6～8 次，每次眨眼时眼睛闭上的时间只有 1/10 秒。眨眼的频率以及眨眼时闭眼的持续时间，都能暴露人们的秘密：处在压力比较大的状态，如撒谎的时候，人们眨眼睛的频率很可能显著提升；感觉厌倦、无趣或是认为自己高人一等的时候，人们会延长闭眼时间，以阻止对方进入自己眼中；东张西望的神情是人们对眼前的人或事缺乏安全感，而想要逃避的表现。

（5）注视

注视在人们的沟通中的意义则更加重要。

根据目光停留的区间，注视分为以下三类：

①公务注视，是指在进行业务洽谈、商务谈判、布置任务等谈话时，注视的范围一般是以两眼为底线、以前额上部为顶点所连接成的三角区域。注视这一部位能造成严肃认真、居高临下的效果，所以常为试图处于优势的商人、外交人员、指挥员所采用，以便帮助他们掌握谈话的主动权和控制权。

②社交注视，是指人们在普通的社交场合中采用的注视区间，其范围是以两眼为上限、以下颌为顶点所连接成的倒三角区域。由于注视这一区域容易形成平等感，因此，常被公关人员在茶话会、舞会、酒会、联欢会以及其他一般社交场合使用。注视谈话者这一区域，会让对方轻松自然，因此，他们能比较自由地将自己的观点、见解发表出来。

③亲密注视，是指具有亲密关系的人在交谈时采用的注视区间，主要是对方的双眼、嘴部和胸部。恋人、夫妻之间，注视这些区域能够激发感情、表达爱意。

注视不等于一直凝视，否则，会让对方感觉不自在。两眼也不能在某一区域上下翻飞、左顾右盼，否则，对方会觉得不知所措。用目光注视对方时，应是自然、稳重、柔和的，而不能死死盯住对方某一部位，也不能不停地在对方身上“扫射”。每次目光接触的时间不要超过 3 秒钟。

2. 鼻

鼻子在沟通中较少使用，而且一般都是略带贬义的词汇，如“嗤之以鼻”表示蔑视，“鼻孔朝天”表示傲慢，“仰人鼻息”表示卑贱。但鼻子也会泄露一个人的真情实感。鼻头和两翼是表达情绪和感情最明显的地方。例如，不满的时候，人们会在鼻子里发出哼哼的声音；愤怒的时候，鼻孔会张大、鼻翼翕动；紧张的时候，鼻子虽然是五官当中动作最不明显的器官，但它位于脸部正中，表情都少不了它的参与；撒谎会导致血压上升，鼻子膨胀，在敏感的神经末梢的作用下，鼻部会产生刺痒感，为了缓解发痒的感觉，人们会作出用手摩擦鼻子的动作。

3. 嘴唇

嘴唇可以作出很多种动作，也能透露出许多信息。仅仅是抿嘴弧度的不同，就能体现出完全不同的内心情感。嘴的表情是通过上下唇的动作来实现的。生气或不屑时，嘴巴往下撇；开心微笑时，嘴角上翘；惊讶时，张大嘴巴；把手指挡在嘴唇上方，通常代表想要掩饰自己的真实想法。

习惯在自然状态下微张着嘴的人性格外向，习惯紧闭着嘴的人相对果断冷静。不过，在闭嘴时如果双唇过紧，则多少会令人感到不易相处；虽然他们遇事能够处变不惊，却难免有些冷漠。

抿嘴是最常见的一种嘴部动作。在谈话中对方在述说某事时做了一个抿嘴的动作，这是典型的模棱两可动作，表示他对自己所说的话没有信心。有时候当某人知道某些事情，却不愿意透露时，也会出现抿嘴的动作，下意识地阻止自己将所知道的事情说出来。

撇嘴通常是一种有意识的动作，用来表示自己的“不高兴”。当无意识的撇嘴出现时，除了表达不高兴的意思外，还可以表达厌恶的情绪。牙齿紧闭，下唇中央用力使得嘴角向下，这往往是非常不屑的表现，这种表情通常随着皱眉的动作出现。

4. 眉毛

眉毛和眼睛一起构成了仪表的重要部分，还表现着人的心情。人们对眉毛的运用是在不知不觉中进行的，在无意识的情况下，眉毛已经将我们的内心出卖了。我们有“横眉”“挑眉”“皱眉”“扬眉”“挤眉弄眼”“低眉顺耳”等丰富的词汇，来描述眉毛对情绪表达的作用。眉毛的动作可以单独表达一种情感，也可以和面部的其他部位，特别是眼睛一起来共同表达一种情感。例如，眉飞色舞、扬眉吐气、眉开眼笑表明人们心情很好；横眉冷对则说明愤怒；双眉紧锁，那自然是苦恼，《红楼梦》里的林妹妹“两弯似蹙非蹙冒烟眉”暗示着她内心的孤苦伶仃。

5. 微笑

人们常说喜形于色。古往今来，能够真正做到不喜形于色的人只是极少数，大部分人的情绪都会表现在脸上。脸部表情是人的情绪的真实写照，脸部肌肉放松说明人们心情也很轻松，而脸色阴沉则是遇到了烦恼。

微笑是每个人与生俱来的“法宝”。微笑如同直通人心的世界语，微笑是世界上最美的表情语言，虽然无声，却能打动人。当人们遇到挫折、心情不佳时，最想看到的就是微笑，最想得到的就是温情。微笑如同伸出的温暖的手，能帮助人们走出痛苦的泥潭，能起到化干戈为玉帛的神奇作用。

美的微笑是嘴角微微上扬，刚好露出上下 6～8 颗牙齿。当然，虚伪的笑容只会让人觉得“皮笑肉不笑”。真正的微笑是发自内心的、友善的。

推销大师乔·吉拉德曾说：“当你微笑时，整个世界都在笑。”微笑是人际关系中最佳的“润滑剂”，真诚的微笑拥有巨大的魔力。

微笑是一门学问，人际交往中多一些微笑，就多一些敬重，多一些宽容和理解。一个善于通过目光和笑容表达美好感情的人，会让自己显得更有魅力和风度。

第五节　形象礼仪解析

一个人的形象对其信息的传递起着非常大的作用，管理学中有“致命的 7 秒钟”，即对一个人的第一印象通常在 7 秒钟之内就已决定。研究表明，看上去有魅力的人往往被人接受，其说出来的话也更容易被人相信。管理者必须清醒认识并且接受一个事实，自己不仅是作为管理者的角色出现，还是他人的审美对象。

这并不意味着长相一般的人就没有希望，因为好的外表形象取决于很多方面，其中，有很难改变的因素，如五官、身高、肤色；也有后天可以通过自己的审美能力和努力提升的因素，如发型、体形、服饰、整体的整洁与协调程度。女性更为庆幸的是还可以通过精致的妆容来“改变”自己的五官，如让眉毛更加弯一些、睫毛更长、眼睛更大、皮肤更白……更极端的就是整容了。呈现良好的仪表、选择得体的服饰除了更容易获得他人的好感、增强自己的说服力之外，还传递出无声信息，表示尊重对方和尊重自己：我重视跟您的见面，我希望给您留下好的印象，我也相信现在的自己具备的魅力。

一、仪容礼仪

1. 发型

现代形象设计专家也说：“形象设计从‘头’开始，发型变了，你的形象标志也就改变了。”

一般而言，对女性来说，长发展示出女人的妩媚和妖娆；短发让女性多了些干练、硬朗的感觉。对男性来说，平头显得清爽，长发则可能被称为艺术家。

发型固然重要，但很多时候，发型的变换这一现象会比发型本身更有意义。因为变换发型是人们改变自身形象、精神面貌的最直接方式，也是塑造自身新形象的一个最有效的捷径，所以才有蓄发明志、改头换面之类的说法。因此，一些人会借用换发型来改变自己的心情，激励自己从“头”开始。

2．化妆

化妆可以改变人们五官的形状，突出五官的优点，遮掩自己的缺点。随着社会发展，化妆已经成了大部分女性和一些男性生活中不可或缺的内容。

现代社会男女皆用的化妆品应该是香水。香水与体味相融合，形成独有的味道，体现出优雅、时尚的个人形象，让人觉得整洁和职业化。一般来说，清淡的香水比较高雅，浓烈的香水充满诱惑。其他化妆品，如眼影、眉笔、假睫毛、腮红、粉、唇膏、指甲油等，更多为女性使用。现代职业女性上班期间宜化淡妆，以体现女性的健康、自信，而出席晚宴或舞会时可以适当化浓妆。

当然，化妆不是女性的专利。当今社会有一部分男性也加入到化妆的大军之中，比如喜爱化烟熏妆的朋克一族。喜欢化淡妆的男性十分注重自己的外貌。

3．服饰

“人靠衣装马靠鞍”“人要衣装，佛要金装”，这些俗语无一不显示出服装在人们生活中的重要地位。我们常说“以貌取人”，穿得好不仅指衣服的价格，更要求衣着和自己的年龄、相貌、身材、气质和职业等相称，而能做到这一点，确实很不容易。每个人的品位和对衣服的喜好都不一样，所以从人们不同的衣着服饰上可以看出他们不同的性格。服饰的选择反映了一个人文化素养和审美水平，直接影响别人对其的看法与接受程度。我们对服饰的选择应遵循以下几个原则。

（1）服饰要符合着装者的年龄、职业和身份

不同年龄、职业、身份的人有不同的要求。年轻人的服饰应时尚、活泼；中老年人的服饰应该雅致端庄；创意工作者的服饰应有个性，而空姐、医生、警察等在工作期间必须穿制服；普通员工的服饰可以比较随意，但管理者的服饰要表现出自己的职业、身份，并力求能给人留下职业化的印象。

（2）服饰要符合环境要求

环境主要包括时间（Time）、场合（Occasion）和地点（Place）（简写为 TOP），即着装应该与着装的时间、场合和地点相协调。

①衣着要与时间协调。不同时段的着装规则对女士尤其重要。男士有一套质地上乘的西装和白色衬衫足以应付任何场合。女士的着装则要随时间而变化。白天工作时，女士着正式套装，以体现专业化；晚上出席酒会就须多加一些修饰，如换一双高跟鞋，戴上配饰，围一条漂亮的丝巾。同时，服装的选择还要适合季节气候特点，保持与潮流大势同步。

②衣着要与场合协调。与顾客会谈、参加正式会议等，衣着应庄重考究；听音乐会或看芭蕾舞表演，应着正装；在朋友聚会、郊游等场合，着装应轻便舒适。

③衣着要与地点协调。在自己家里接待客人，可以穿着舒适且整洁的休闲服；如果在单位，则穿职业套装会显得专业；外出旅游时，着装要顾及当地的传统和风俗习惯。

（3）服装风格彰显个性

有人喜欢华丽的时尚服装，有人喜欢中规中矩的职业套装，有人喜欢自然大方的休闲

装，有人喜欢个性鲜明的“奇装异服”。走在街上，迎面而来的路人穿着色彩丰富、风格迥异的服装，你也许眼前一亮，也许觉得其衣着俗气可笑。其实这样的服装风格背后是有某种含义的。

T 恤和牛仔裤是常见的搭配。习惯穿 T 恤和牛仔裤的人崇尚个性生活。

套装是公司白领必备的服装，但不是人人都喜欢。喜欢套装的人最典型的性格特征就是传统，他们欣赏套装将人衬托出的那种职业魅力，认为这样更能增添自信心。这样的人乐于在工作中做出一番成绩，享受成功的喜悦。

喜欢购买时装的一般是女性，这样的女性相对来说女性气质更浓一些，走在路上往往让人眼前一亮。这一类型的人比较在意自己的形象，也比较有进取心。

个性服装在现代社会也很常见。比如，仿旧破洞的裤子、印着奇怪图案的上衣、亮片穿成奇怪样式的衣服，这类服装很难符合大众的审美观，却迎合了一部分年轻人的喜好。这些年轻人对新奇的事物有着浓厚的兴趣，他们用个性服装来强调自己的存在感，拼命证明自己的价值。

混搭风格是比较特殊的一种穿衣风格，随着时代的发展其越来越占领年轻人穿衣的潮流。混搭风格的衣服看上去有些奇怪，甚至不伦不类。混搭风格代表的是年轻人的个性，骄傲且张狂，不在乎别人的评价，热衷于新鲜的潮流事物，拒绝接收相对陈旧的信息，希望能够得到别人的瞩目。

二、商务场合着装礼仪

职业装对商务人员而言体现其身份，也体现其所在企业的规范化程度。

1．男士西服的着装规范

根据西装礼仪，男士在穿西装时务必特别注意如下礼仪。

（1）西装的扣法

①单粒扣：一般不扣，除非在特别庄重的场合。

②两粒扣：扣上面那粒。

③三粒或多粒扣：扣中间那粒。

在非隆重的场合，坐的时候以上三种西服均可以不扣纽扣。

（2）整体职业装束搭配

西装宜深色配套，衬衫宜为白色及其他浅色，必须有领有袖。皮鞋和皮带宜深色配套，袜子宜黑色。不同图案领带的适用场合如下。

①单色领带：适用于公务活动及隆重的社交场合。

②斜纹领带：果断权威、稳重理性，适合在谈判、主持会议、演讲的场合。

③圆点、方格领带：中规中矩、按部就班。

④不规则图案领带：活泼，有个性、创意和朝气，较随意。

2．女士套装的着装规范

女士宜着西服套裤或西服套裙。

西服套装的颜色选择：秋冬宜穿黑色、蓝黑色、藏青色配套，内衬与套装匹配即可；夏装宜穿浅色系短袖西服套裙或者衬衫，衬衫必须有领有袖，可为短、中或长袖。

袜子宜为肉色。

皮鞋宜为深色配套，切忌穿露趾鞋或穿靴子（若穿靴子须用西裤盖住靴子）。

丝巾可以佩戴，也可不佩戴，选择丝绸质地好的为佳。

这些细节看似简单，但是很容易忽视，因此，我们只有足够的细致才能够记住这些生活常识。

三、沟通中的时间、环境与物体

1．沟通时间

在管理沟通中，沟通时间的确定反映出沟通主体对沟通事项及对象的微妙态度。沟通时间的安排流露出管理者对沟通的重视程度及所达到结果的预期和希望。此外，管理者是否准时，也流露出其对沟通的重视程度以及管理者的个人素养。一般来讲，无论是组织还是个体，都对迟到或等待有一定程度的容忍范围。如果没有准时赴约，让他人等得太久，就会引起对方的不满，同时会降低自己的信誉度。

对是否准时赴约的心理准备，取决于双方的价值估量。如果你是与自己的上级约会，则一定不会让他等你，而会早到以恭候对方；如果是与你的下属约会，你对按时赴约的心理准备就显得轻松随意。

在对参加会议的到会时间控制方面，通常会议参与者提前到会等待，而会议主持人或主席准时到会，从中可以看出不同职位者对时间把握的差异。

2．沟通环境

环境的设置不仅影响人们的心情，从而影响沟通的效率及效果，还能够传达非常重要的信息。在管理沟通中，环境设置主要包括场所的设计、空间距离等。

（1）场所的设计

场所的设计包括房间的格局、房间颜色的搭配、房间内的陈设等。房间的格局涉及方面很多，但和管理沟通相关的主要包括房间的通风性、采光性与私密性。通风良好、采光理想的房间，让人感觉舒爽，从而能够让双方在比较轻松的环境中沟通，暗示着沟通向良好方向发展的期许。私密性是否有所保障，则决定沟通双方所协商问题的私密性程度以及双方沟通的方式。例如，在一个完全开放的空间进行沟通，双方置于众目睽睽之下，语言和肢体语言都会循规蹈矩、温文尔雅；在封闭的房间内，双方甚至可能会通过激烈的辩论来达成共识。

房间颜色的搭配也会影响沟通双方的心理和感情，在红色、橙色、黄色的房间内，人们

会因为血压增高、心跳加快而思维活跃或脾气暴躁；在蓝色、绿色的房间内，人的情绪比较平和安详。因此，如果是脑力激荡，不妨选在红色的房间里。如果要通知一个员工，企业将要解聘他，则建议选择蓝色的房间。

房间的陈设能够体现一个人的个性和鉴赏能力，给人留下深刻印象；同时，桌子的摆放物件等会影响沟通的效率与效果。

企业中的办公室设计如灯光、装饰颜色、家具及其他物件的摆放等，会影响客户、供应商、员工和参观者的感觉。办公室的设计也会以不同方式影响员工的行为。比如，办公室按楼层设置，高层管理者占据最高层的办公空间；有些组织根据职位高低和权力的大小来决定办公桌的大小。此外，家具的陈设也构成了空间暗示的一个因素。管理者在办公桌后面与人沟通时，两人之间的办公桌构成了一道物理的甚至心理的屏障。如果管理者有意保持自己的权威，则应保持这种屏障；如果管理者希望消除沟通的屏障，就应离开办公桌，以开放的心态与人沟通。依此类推，这也会传达出组织和管理者看重地位的信息。

（2）空间距离

除了办公室的设计等物理环境，空间距离是非常重要的环境沟通语言。通过控制交流双方的空间距离进行沟通，被称为空间沟通。不同的空间距离能够表达不同的意义和情感，甚至能够反映出不同的信仰、文化背景。例如，当你参加一个舞会，你对位置的选择反映了你在舞会上的角色定位。如果你坐在或站在比较显眼的地方，与其他人的距离比较接近，那么你在传达你想积极参与的信息。如果你躲到无人的角落里，你就是在无声地告诉周围的人：我只想做一个旁观者，你们尽量不要来邀请我。

古往今来，人们一直运用个人空间作为符号来表达某种意义。成语如影随形、促膝谈心、若即若离、退避三舍都引出在人际交往中空间距离的近远与感情的亲疏成正比关系。

美国爱德华·霍尔经过研究发现，人们在交际中有四种空间距离——亲密距离、私人距离、社交距离和公众距离（如表 12-1 所示）。

表 12-1　空间距离的分类

空间距离	距离	使用场合/对象
亲密距离	0～0.46 米	父母、爱人、知己
私人距离	0.46～1.22 米	酒会交际
社交距离	1.22～4 米	企业内上下级及同事之间
公众距离	4 米以上	开大会、演讲/明显级别界限

①亲密距离。亲密距离是人际交往中最小的间距，这是恋人之间、夫妻之间、父母子女之间以及至爱亲朋之间的交往距离。亲密距离可分近位和远位两种。

第一，近位距离。0～0.15 米是一个亲密无间的距离空间。在这个空间里，人们可以彼此肌肤相触，能够直接感受到对方的体温和气息。恋人之间极希望处于这样的空间，在这样的空间里，双方都会感到幸福和快慰。

第二，远位距离。在 0.15～0.46 米这个空间里，人们可以谈论私情，说悄悄话。在公众场所是不允许一般人进入这个空间的；否则，就是对对方的不尊重。即使因拥挤而被迫进入这个空间，也应尽量避免身体的任何部位触及对方，更不能将目光死盯在对方的身上。

②私人距离。私人距离较少直接身体接触，这是一个更有“分寸感”的交往空间，其中也可分为近位距离和远位距离。

第一，近位距离。在 0.46 米的距离内，稍一伸手就可触及对方，双方可以亲切握手。近位距离在酒会的交际中比较常见，谈话双方会有一种亲切感。

第二，远位距离。在 0.46～1.22 米的距离内，双方都把手伸直，很有可能相互触及。由于这一距离有较大的开放性，所以亲密朋友、熟人可随意进入这一区域。

③社交距离。1.22～4 米是超越朋友、熟人关系的社交距离。这个距离体现的是一种社交性的、较正式的人际关系。社交距离可分为近位距离和远位距离。

第一，近位距离。1.22 米的距离适合领导对部属谈话、布置任务、听取汇报等。在一般的社交聚会上，陌生人之间、客户之间商谈事务时也采取这一距离。

第二，远位距离。1.22～4 米是正式社交场合商业活动、国事活动等所采用的距离。采用这一距离体现交往的正式性和庄重性。在一些领导人、企业老板的办公室里，其办公桌的宽度在 2 米以上，设计这一宽度就在于领导与下属谈话时显示出距离与威严。

④公众距离。公众距离是人际沟通中最大的距离，是一切人都可以自由进入的空间。在这个空间中人际沟通大大减少，很难进行直接交谈。

第一，近位距离。4 米之外通常是小型活动的讲话人与观众之间的距离、教师讲课与学生听课之间的距离。

第二，远位距离。8 米之外是大型报告会、听证会、文艺演出时报告人、演讲者、演员与观众之间应当保持的距离。地位很高的人在演讲时需要与观众保持这一距离，以便在加强权威感的同时增强安全感。

以上四种空间距离，只是人际交往的大致模式，并不是固定的、刻板的。人际接触的具体空间距离是根据具体情况的变化而变化的。不同性格、不同身份的人对空间距离的解读也有所不同。性格较内向的人需要较大的私人空间；地位高的人需要的个人空间较之地位较低的人要更宽广。此外，男人与女人的空间距离也不太一样。一般情况下，男人之间交往的距离要比女人远一些。所以我们经常在大街上看到女性朋友们手拉着手逛街，而男性朋友会保持一定的距离。

3．物体的利用

除了运用肢体语言外，人们也可通过对物体的运用和对环境的布置等手段进行非语言沟通。比如，在日常生活中，我们不难发现，秘书们常常给办公场所增添了个人格调。专业人员和管理人员的办公室一般是严肃的，但是秘书们的办公桌通常被鲜艳的颜色、特殊的陈列品、挂在墙上的宣传画等纸张所包围。透过这些装饰，我们对秘书的性格、特征会产生一个初步的认识。

通过理解非语言的行为，你对周围世界的认识会提升一个层次。也就是说，你能够同时听到、看到两种语言，这两种语言组合起来将为你展现你所面对的人的生活经验的方方面面。这个目标是值得追求的，只要你肯努力，就定能做到。

思考与练习

一、单项选择题

1．音质属于非语言沟通的（　　）类型。

A．肢体语言　　B．个人身体特征　　C．副语言　　D．空间环境

2．以下不属于非语言沟通的一项是（　　）。

A．身体语言沟通　　B．副语言沟通和物体的操纵

C．发短信和电子邮件　　D．沟通场所的设计、布局、光线

3．人际沟通形式多样化，沟通可能是语言性的也可能是非语言性的，下面哪个能表现出人的非语言沟通信息（　　）。

A．书信　　B．文摘　　C．面部表情　　D．备忘录

4．我们可以通过观察对方的言行举止了解对方想要表达的意思，这反映了非语言沟通的以下（　　）作用。

A．强化效果　　B．代替语言　　C．体现真相　　D．反映情绪

5．下面哪种沟通不属于非语言沟通（　　）。

A．面露微笑　　B．咳嗽　　C．眉头紧锁　　D．打电话

二、多项选择题

1．非语言沟通有（　　）特点。

A．普遍性与特殊性　　B．独立性与伴随性

C．多样性与唯一性　　D．动态性和稳定性

2．非语言沟通的类型有（　　）。

A．肢体沟通　　B．环境沟通　　C．副语言沟通　　D．会议沟通

3．美国学者爱德华·霍尔研究中的四种人际交往的空间距离是（　　）。

A．亲密距离　　B．私人距离　　C．社交距离　　D．公众距离

4．在沟通中需要注意（　　）因素。

A．沟通的时间　　B．沟通的环境

C．沟通的物品　　D．沟通的人群

5．非语言沟通与语言沟通的关系是（　　）。

A．非语言信息与语言信息可能出现冲突和矛盾

B．非语言沟通对语言沟通具有辅助作用

C．非语言沟通对语言沟通具有替代作用

D．语言沟通比非语言沟通重要

三、判断题

1．在现代人际沟通中，语言本身的效果占 38%，声音占 7%，其他非语言沟通占 55%的比例。（　　）

2．语言沟通比非语言沟通更能表达情感和态度。（　　）

3．正确识别和利用肢体语言是实现有效沟通的前提。（　　）

4．手在非语言沟通中的作用非常大，是身体动作中最为重要，最容易受到关注的部分。（　　）

5．社交距离是人际沟通中的最大距离，是一切人都可以自由进入的空间。（　　）

四、思考题

1．非语言沟通与语言沟通的关系如何？

2．商务礼仪中个人形象的树立应注意哪几个方面？

3．管理者如何提升自身的非语言沟通能力？

五、案例分析题

小李的口头表达能力不错，人很朴实，在业务人员中学历又最高，老总对他抱有很大期望。可做销售代表半年多了，小李的业绩总上不去。问题出在哪儿呢？原来他是个不修边幅的人，双手拇指和食指喜欢留着长指甲，里面经常藏着很多“东西”。脖子上的白衣领经常是酱黑色，有时候手上还记着电话号码。他喜欢吃大饼卷大葱，吃完后，不知道去除异味的必要性。在多数情况下，他根本没有机会见到想见的客户。有客户反映小李说话太快，经常没听懂或没听完客户的意见就着急发表看法；说话急促，风风火火，好像每天都忙忙碌碌，少有停下来的时候。

资料来源：未来之舟．礼仪手册［M］．北京：海洋出版社，2005：3.

案例分析：

从非语言沟通的角度思考小李在本案例中的不足是什么？

第十三章　书面沟通

学习目标

1. 了解书面沟通的含义与作用。
2. 理解书面沟通的原则。
3. 明确书面沟通的基本形式。
4. 掌握商务信函的写作技巧。
5. 学习书面沟通中的笔迹解析。

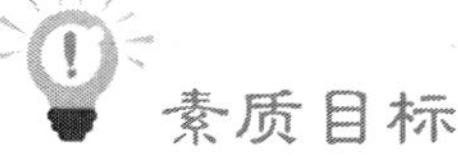

素质目标

1. 通过对书面沟通法律凭证作用的学习，强化契约精神。
2. 通过对书面写作技巧的学习，提升遣词造句的美感和自身的审美能力。

案例导入

发送配件引起的争执

2022 年 10 月的一天，阳光公司售后服务工程师陈晓卓，电话要求工厂售后服务部门为其在河南洛阳的维修现场发送一个配件，按公司规定，陈晓卓应当书面传真需要配件的具体规格和型号，然后才能发货。而陈晓卓认为，自己干了三年多，都很熟，声称要为公司节省传真费用，并且客户要得很急，可口头报告型号，售后服务部工作人员小张鉴于这种情况，就相信了陈晓卓，按照陈晓卓说的型号发去了配件，结果发到现场后，发现型号错误，又要重发，造成运输费用的增加，更为重要的是影响了客户的需求，耽误了客户的时间。

事后处理此事时，陈晓卓一口咬定，自己当初报告的就是第二次发的正确型号，而售后服务人员小张则坚持陈晓卓当初报告的就是第一次错误的型号。由于没有书面函件，该相信谁？最后因为双方都在明知公司规定的情况下，违反了书面沟通程序，造成了损失，都有责任，公司分别对他们进行了处理。

资料来源：人人文库，https://www.renrendoc.com/paper/ 220594922.html.

对组织来说，有效的书面沟通还有助于与客户建立良好的关系，树立组织的良好形象和声誉，从而有利于组织实现其战略目标。

第一节　书面沟通的含义与作用

一、书面沟通的含义

书面沟通是指以书面或电子邮件为载体，运用文字、图式进行的信息传递过程。其主要形式包括文件、报告、信件、合同等。书面沟通是一种传统的沟通方式，每一位管理者在工作中都不可避免地运用文字来沟通信息。商务信函、协议、单据、申请报告等，都以书面的方式加以认同，并成为约束大家行为的手段。

以文字作为表达方式是最有效的整理思路、构建严密逻辑信息的重要手段。人们从小到大经常会遇到写作，最熟悉的就是中小学作文、大学课程的论文、研究生学位论文。即使工作中很多人也有下面类似的经历：精心准备的材料或者 PPT 还没汇报完，领导就“不耐烦了”或者没时间听了；给客户准备了 1 个小时内容，可见面后对方只有 10 分钟；感觉自己说话、写东西思路“混乱”，心里明白是什么意思，但是说不清楚；单位申报政府资助或者争取投资的材料都需要撰写。写作是围绕一个主题搜索资料、整合资料，通过正确的逻辑、简洁的文笔来实现分析、说服、通报等目的的活动。从逻辑角度看，写作就是主要以文字语言为表达工具的描述与论证过程。

美国教育部教育统计中心的一份报告指出，写作能够发展更高层次的思考能力，如分析、综合、评估及解释等。有效的写作技巧在人生中的每个阶段都很重要，从早期的教育到未来的就业。不论是在学校还是企业，大家都要能以清晰、简洁的方式传达复杂的概念和信息。在计算机信息系统应用非常普及的今天，我们较少采用纸质的方式进行沟通，但书面沟通还是一种必须适用的常见的沟通方式。

无论是组织内部沟通还是组织外部沟通，企业管理离不开书面沟通。对企业内部而言，企业成立时需要拟定章程、制定规章制度和职务说明书等；平时在管理中要制订年度计划、月度计划，还有写作众多的商业信函和文件。对企业外部而言，如财务报告、市场调研报告、对外的商务交往信件和函件等，这些已成为企业日常管理的重要行为。

根据目的与领域不同，写作可分为很多类型，如学术写作、文学写作、商务写作、剧本写作等。商务写作常见体裁有会议纪要、计划与总结、调查报告、规章制度、述职报告和演讲稿等。

二、书面沟通的作用

书面沟通的作用主要体现在以下几个方面。

1．永久保存，可作为法律凭证

一般情况下沟通的双方通过书面文字了解信息、传递思想和情感，这些书面文字可以长

期保存。由于书面沟通有据可查，因此在某种意义上还可以作为法律上的凭证和依据，如合同与协议书的条款一旦生效，就具有法律效力。不仅如此，书面沟通还能够给读者提供更多的思考时间，使其仔细分析文字上所赋予的意义。

2. 信息准确，易于传播

书面沟通可以将内容同时发送给许多人，向他们传递相同的准确信息。书面沟通的载体形式包括电子邮件、微信、报纸、杂志、书籍、信件、传真等。由于广泛的载体形式，书面语言可以不受时空限制广泛传播，而且只要是载体上所印刷或储存的文字和其他的信息符号，都能够长期保存。

3. 反复解读，易于沟通

采用书面沟通的形式，有时可以直抒胸臆，晓之以理，动之以情，让对方理解或接受自己的观点、意见和情感，维护双方的尊严。有时在组织中管理者采用书面的形式与下属沟通，既能拉近彼此之间的距离，又让下属感到亲切，下属比较重视，能够及时地改进自己的不足。

4. 经济和省时

书面沟通不受时间和场地的限制，时间一般不长，沟通成本也比较低，一般在解决较简单的问题或发布信息时采用。在电脑信息系统普及应用的今天，书面沟通已经被我们广泛采用。

5. 具有口头沟通不可替代的作用

书面沟通不像口头沟通那样具有即时性，不给表达者留更多的时间思考和准备；但是书面沟通可以反复地推敲和修改，直到满意为止。

第二节　书面沟通的原则

对书面沟通要把握的重要基本原则，国外的一些教材中有 ABC 这种说法：准确（Accurate）、简洁（Brief）、清晰（Clear）。也有许多人推崇国际流行的 4C 准则，即准确（Correctness）、清晰（Clearness）、完整（Completeness）、简洁（Conciseness）。以下从管理沟通的角度对书面沟通应遵守的 4C 原则作简单的介绍。

一、准确

准确是写作的首要原则，书写目的要明确，观点要正确无误，语言要恰如其分。尤其是对文章主旨的把握，明确写作的意图，正确地传递想要传达的信息，从而实现有效沟通。这不仅是由诸多因素来决定的，还取决于表述的准确性。

表达方式要符合文章样式的需要，叙述要实事求是、概括，说明要直接提出要求，界限明确，是非分明，议论要直接表述道理；文字表述要概念明确，判断恰当，推理合乎逻辑；文字书写要符合规定的标准，如简化字要符合规范，不随便造字，使用数字要规范，正确使用标点符号。

二、清晰

清晰的文章能引起读者的兴趣，更能使读者正确领会作者的意图。要做到清晰，除了上面提到的选用符合文章的样式之外，还应该注意文章的整体布局，包括标题字号、字体、页边距等，尤其是要留下适当的空白；若是把所有的文字都挤在一起，则很难阅读。如果手写太潦草，不仅会影响读者的阅读，甚至会影响到文章的正确性。

三、完整

书面沟通的一大优势就是使我们有充分的时间思考问题，完整地叙述想要表达的思想和观点，完整地描述事实。

四、简洁

简洁似乎与完整是一对矛盾，完整是为了表达想要沟通的重要方面，但并不意味着要把所有的事实、观点罗列在纸上，可以通过排序的方法，把不太重要的事情删除，也可以对词句进行评估，把琐碎的没有价值的文字删减掉，使得文章言简意赅。

上述四项是书面沟通的最基本原则。为了达到良好的沟通效果，写作时要做到准确和清晰，既完整又简洁；同时需要其他一些原则，比如换位思考。书面沟通所传递的信息必须满足信息接收者的需要，撰写者应该站在读者的角度，重视读者想要了解的内容；还要有创新，没有创新的文章，往往不是好文章；语句生动活泼，会使书面沟通的效果大大增强。

由此可见，管理中的书面沟通，特别是商务写作，与一般写作是迥然不同的，它最突出的特征是严谨性和法律效力。书面沟通较为严谨，平铺直叙，读者针对性强，一般应用第一人称或第二人称，负有一定的法律责任。而一般写作较为宽松、非正式，多有修饰，读者多层面，通常无须负法律责任。

第三节　书面沟通的基本形式

书面沟通可分为备忘录、电子邮件、商业信函、报告、建议书和摘要等。本部分主要介

绍以下六种组织内部广为运用的形式。

一、备忘录

备忘录是一种用以备忘的公文。公文函件主要用来提醒和督促对方，或就某个问题提出自己的意见或看法。在业务上，它一般用来补充正式文件的不足。备忘录是组织内部信息传递的方式。它可以写在印有组织抬头的信笺上，也可以写在空白纸上。备忘录均比较简明扼要，较长的信息应采用附件的形式。

备忘录包括四个基本要素：日期、主题、送交和发送。备忘录有时也可包括另外两个要素：附件和复印件。这些要素的排列顺序可按照各组织的习惯。备忘录不包括附加的问候、地址或签名等。

二、电子邮件

电子邮件以其方便快捷在现代商务活动中起着重要作用。电子邮件既可以作为组织内部的书面沟通媒介，也可以作为组织外部的书面沟通渠道。商务往来中的电子邮件代表着企业的形象，显示着企业的水平和实力，直接影响到客户对企业的评估。所以，商务电子邮件的写作在业务往来中占据着举足轻重的地位。电子邮件一般遵循备忘录的格式，通过采用软件程序来实现沟通。

商务型电子邮件写作时具体的注意事项如下。

1. 邮件主题

邮件主题简要概括整个邮件的内容，便于收件人权衡邮件的轻重缓急，分别处理。在编写邮件主题时应注意：主题不要空白；标题要提纲挈领，切忌使用含义不清、假大空的标题，如“你好”“请查收”等；主题宜简短概括邮件的内容和重要性。

2. 称呼与问候

邮件开头和结尾最好要有问候语，恰当称呼收件人，如“您好”“你好”“大家好”；结尾如“祝您工作顺利”“祝您节日快乐”等。如果收件人有职位，则应当称呼其职务，如“李经理”“王总监”“张处长”等；某些特定的职业可以按“姓+职业/学位/职称/头衔”称呼，如“丁律师”“张教授”等；如果不确定对方的职务，则可称“××先生”“××女士”等，同事可直呼其名。

3. 正文

正文简明扼要，行文通顺。注意邮件语气，“请”“谢谢”之类的语句要经常出现；正文多用 1、2、3、4 之类的序号，清晰明确；一封邮件应交代完整信息；尽可能避免错别字，合理提示重要信息；合理利用图片、表格等形式辅助阐述；少用表情符号，在商务信函中会显得轻佻；注意字体、字号及颜色，应清晰可读。

4. 附件

在正文提示收件人查看附件。附件文件命名应能够概括附件的内容。

5. 结尾签名

每封邮件在结尾都应签名。签名不宜过多，可包括姓名、职务、公司、电话、传真、地址等信息。

6. 邮件回复的技巧

（1）及时回复。如果事情复杂，无法及时确切回复，则可以回复如下："邮件已收到，正在处理，一旦有结果会及时回复。"

（2）针对性回复。在答复邮件问题时，最好把相关的问题写在回件中，附上答案。

（3）回复内容不得少于 10 个字。

应该注意的是，不要就同一问题多次回复讨论；同一问题邮件交流超过三次，应采用电话或面谈等方式沟通。

三、市场调查报告

市场调查是一种收集、记录、整理和分析市场对商品的需求状况以及有关材料的活动，将市场调查得到的材料进行筛选、整理、归纳、分析后形成的文书就是市场调查报告。它是一种专题调查报告，除具有依赖调查的一般特点外，还具有很强的时效性、针对性和实用性。市场调查报告可以及时获取信息，了解情况，发现问题，总结经验教训，为决策提供依据。

1. 市场调查报告的结构

市场调查报告的结构包括标题、引言、主体、结尾四个部分。

（1）标题

标题的拟定方法有两种。

①内容式，是由调查的内容构成，如"××新产品消费群体调查报告"。

②概括式，即用一个能够表示分析者的观点或倾向性意见的句子拟题，如"专业户的生命力在于高效率"。

（2）引言

引言部分的写作通常有两种方式。

①说明式的引言，是指对调查的缘起、目的、对象、范围、内容、方法、时间、地点以及简要结果等有关调查本身的情况作简单说明，使读者对调查的概况有所了解。

②结论式引言，是指用简要的语言提出全文的主旨，将调查结论和盘托出，使引言成为全文的纲要。

（3）主体

主体显示调查报告的主要内容，由情况、分析和建议三部分构成。

①情况，是对调查的归纳，分门别类地叙述调查材料，有时可加图表作辅助说明。

②分析，表述的是写作者对调查情况的看法以及从中发现的问题、得出的结论等。它与情况部分通常放在一起写，边介绍情况边进行分析，这种有事实、有数据、有分析的写法较有说服力。

③建议，依据调查材料及分析研究，提出解决问题的方法或应采取的措施、对策等。

（4）结尾

市场调查报告的结尾没有固定的格式，有的归纳全文，进一步深化主题；有的由调查的种种事实引出简要的结论；有的提出存在的问题及建议、意见；有的发出呼吁，提出令人深思的问题或观点，写出总结式的意见；还有的写完意见与建议就自然收尾。供决策参考的市场调查报告还应在结尾处署上作者的姓名，以示负责；如果系受托，则还要将委托方和调查方分别写清楚。

2. 写作注意事项

写市场调查报告一定要做到实事求是。写作者要认真调查，这是写作的基础；引用的数据要反复核对，保证其准确性；选材时一定要客观全面，不能由着自己的爱好取舍；对情况的分析也要符合实际。市场调查报告要求以叙述事实为主，同时要对调查的事实加以分析、综合，从中引出明确的观点和结论，因此，夹叙夹议是市场调查报告的文体特点，也是写作者应注意的问题。市场调查报告的内容广泛，涉及的问题较多，在整理材料以及写作过程中，要根据主题的需要进行剪裁，突出重点，切忌面面俱到。如果涉及的内容太多，则可以分专题写成几份报告。写市场调查报告免不了要使用大量的数据，写作时要注意文字与数据的结合，或将数据与文字融合在一起，或将数据分类，或用数据支撑图表，使报告内容表述得更加直观。

四、经济活动分析报告

经济活动分析报告是根据计划指标、会计核算、统计报表以及调研材料，对某一时期的经济活动状况进行分析研究、探索原因、提出改进意见而写成的书面报告。它具有分析性、时效性、建议性的特点，是计划、统计、财务会计人员当好参谋的重要工具，有助于企业提高管理水平，是进行科学管理的有效武器。

1. 经济活动分析报告的结构

经济活动分析报告的结构包括标题、引言、分析、意见与建议四个部分。

（1）标题

标题的拟定方法同市场调查报告一样。

（2）引言

引言是经济活动分析报告的开头部分。在引言中，可以扼要介绍基本情况，交代分析的内容和范围，说明分析的依据、方法及目的，揭示分析的简要结果。引言部分的作用在于为下文做好铺垫，使阅读者先有一个总的印象。

（3）分析

分析部分通过对指标完成情况或经济效益情况进行分析、比较、说明，总结经验教训，找出带有规律性的问题。这是经济活动分析报告的核心，写作者要运用各种分析方法，解剖各个指标的构成要素，成就与问题、主观与客观、计划与实际、主要与次要、原因与结果都要予以考虑。准确揭示分析对象的全貌是这一部分的目的。为了使分析条理清楚、中心突出，在这部分内容中可以使用序码、小标题或段落主旨句。

（4）意见与建议

如果在分析部分主要分析了取得的成就，在意见与建议部分就应该提出如何发展和进一步完善的措施；如果分析部分讲到了存在的问题，在意见与建议部分就一定要提出改善的意见、建议和可行性措施。

2. 常用的分析方法

在对数据进行分析的过程中，常常会用到两种分析方法。

（1）对比分析法

对比分析法是将两个或两个以上在时间、内容、项目、条件等方面具备可比性的数据进行对比，根据对比的结果研究经济活动的状况，反映工作成绩和差距，从而找出原因，总结经验教训，并设法保持或改进。反映在数据上，对比分析法通常表现为绝对数与绝对数或相对数与相对数的比较；在对比对象上，通常表现为计划与实际比较、现实与历史比较、本单位与兄弟单位比较。对比分析法的目的是寻找变动指标，发现问题。

（2）因素分析法

因素分析法的前提是已经找出变动指标，要分析影响指标变动的因素以及各因素的影响程度。

3. 写作注意事项

材料是经济活动分析报告写作的基础。材料有的源于计划、报表、凭证、账册等书面材料，有的源于调查。写作时对此二者应该充分占有，不可偏废。有些人在写作经济活动分析报告时只罗列材料，缺乏必要的提炼与分析，分析报告无分析是本文体的致命伤。

五、可行性研究报告

可行性研究报告是对某一项目投资可能采取的方案从各方面进行反复调查、研究、论证，确定其是否可行后写出的书面报告。它是可行性研究工作的总结性报告，具有超前性、预见性和严格的论证性，是决策的重要依据。

可行性研究报告的结构由标题、引言、分析论证、结论、附件五部分组成。

1. 标题

标题的构成比较简单，有的由完成项目的单位+项目名称+文种，如“××公司关于兴建××商场的可行性研究报告”；有的由项目名称+文种构成，如“××项目可行性研究报告”。

2. 引言

引言主要是使读者了解报告的来龙去脉以及主要内容，因此在这一部分中一般需要包括项目的由来、目的、范围、可行性研究的基本情况和简要结论，以及项目承担者和报告写作者等内容。

3. 分析论证

分析论证部分是主体部分。从内容上看，它是从与实施该项目有关的各个方面来论证是否可行的。一般情况下，对项目的分析论证应该从以下方面入手：

（1）市场需求分析；

（2）地址选择；

（3）原材料、资源、燃料以及公用设施的配备与供应；

（4）工艺技术；

（5）组织机构与人员管理；

（6）项目的实施计划与安排；

（7）资金数额估算与来源；

（8）经济效益与社会效益分析；

（9）环境保护措施；

（10）项目进行中可能遇到的问题以及解决预案。

由于项目的性质不同，因此对以上方面的内容在安排上也应各有侧重，按实际情况灵活处理。这一部分内容多，很重要，是体现可行性研究报告优劣的关键部分。

4. 结论

结论是一个综合性评述意见。这一部分是对可行性研究报告的内容进行分析之后得出的认识，是可行性研究报告的落脚点：这一部分要明确回答的问题是该项目可行还是不可行，并据此进行投资方案决策。

5. 附件

一般的可行性研究报告都有附件置于正式论证文字之后。附件的内容包括一些统计图表、设计图纸、实验数据、调查结果、上级机关或主管机关的有关文件、批文以及另外的论证资料等。附件既对正文有极大的参考价值，能够增强说服力，又使得正文论证中心突出、简洁流畅。

六、年度工作报告

经理人员尤其是公司高层管理者，每年都会写年度工作报告。

1. 前期准备

年度工作报告可以说是每个公司最重要的正式报告之一，要写出一份好的工作报告，必须有充分的准备。具体准备工作包括以下四个方面。

（1）思想准备

一般要求提前一到一个半月就为年度工作报告作思想准备，要对报告的写作给予充分的重视。在思想准备过程中，一个重要的问题是弄清楚报告的性质，是董事长的报告、总经理的报告，还是部门经理的报告。对不同的报告，要注意不同的写作风格。

（2）材料准备

对经常写报告的人来说，材料准备已经成为一项基本功。

材料准备主要包括两个方面：

①平时要建立自己的信息库。管理者要写出内容充实，论点、论据、论证合理的报告，在平时就要养成良好的收集信息的习惯，要有专门的数据库，把平时积累的信息放在数据库里，当需要的时候，就可以比较方便地调取，为自己所用。

②在开始写报告之初，有针对性地去收集补充信息。材料准备的技能可以总结为“平时积累、资料收集、建立数据库、归类整理”。

（3）明确受众

明确报告的受众面，报告内容、内容组织、信息编码方式等都需要根据不同受众的特点来安排，确立受众导向的信息组织策略。

（4）明确目的

在正式动笔前就要与领导沟通，听取领导的要求，体会领导到底要讲什么。对如何明确报告目的，可以总括为“高屋建瓴，领会意图；提炼核心，把握主要思想”。

2. 构筑框架

报告酝酿的核心任务是构筑整个报告的框架，并选择合适的素材。

（1）整个报告框架的设计思路

①对过去一年的工作进行总结和回顾，发现优点和缺点；

②确定下一年度的工作目标，发扬优点，克服缺点；

③明确下一年度的工作任务，分步落实，贯彻实施。

（2）常见的年度报告一般性框架

第一部分：过去一年的工作回顾。该部分要充分肯定过去一年的工作成绩，鼓舞士气。在肯定成绩时，要辅以必要的数据。这部分的篇幅约占整个报告的 1/3。

第二部分：提出下一年度工作的总体思路。在企业内外部环境分析的基础上，分析目前存在的问题，从而提出下一年度的工作目标和指导方针。

第三部分：确定下一年度的工作目标和工作任务。对工作目标，要明确具体、简明扼要；对工作任务，要有条理、思路清晰。

第二部分和第三部分的内容约占整个报告的1/2。

第四部分：明确完成上述目标和任务的措施。这可以从企业各个职能方面来分析。由于要考虑整个公司全体员工的下一年度工作安排，这部分内容要尽量面面俱到。尽管篇幅不多，但对各个部门都应提到。

第五部分：简要总结，发出号召。这部分内容一段即可，不要赘述。

3．提炼完善

在完成框架后，写作过程的主要任务是“填充”，根据主题和标题充实内容。具体如何写，这里只提出一些建议。

（1）在内容结构上，可以采用多种方式，如正叙、倒叙、辅叙、演绎、归纳、例证（枚举）、反证（排除）等。

（2）在表达方式上，注意内容与形式的结合。不同的报告有不同的写作风格，即使同样的内容，也可以有不同的表达方式。如前面提到的年度报告的一般写法，也可以改变为“现状分析”“目标确定”“措施选择”三部分。

（3）对要重点突出的观点，可以采用“铺张式”写法；对一般性内容，则要采用“扼要式”写法。要将“惜墨如金”和“挥毫泼墨”相结合。

第四节　商业函件

商业函件简称商函，是企业用于联系业务、商洽交易事项的信函。

一、商业函件的特征

商函具有以下几个特点。

1．内容单一

商函以商品交易为目的，以交易磋商为内容，一般不涉及与商品交易无关的内容。即使以董事长、总经理等名义往来的商函，内容也不掺杂交易磋商以外的私人事务或其他事务。商函内容单一的特点还体现在一文一事上，即一份商函只涉及一项交易，而不是同时涉及几项交易。

2．结构简单

商函因为内容单一，一般段落比较少，篇幅也比较短，整体结构比较简单，看上去一目了然。这种简短明了的结构便于对方阅读和把握，也体现了商函的实用功能。

3. 语言简练

商函以说明为主，或介绍业务范围，或报告商品的品种与价格，或提出购买商品的品种与数量，或要求支付货款，或告知有关事项，直截了当，言简意赅。

二、商业函件的类型

1. 联系函

联系函用于建立商务关系。原来没有业务往来的商业企业，其中一方发现彼此之间有建立业务关系的必要，就通过发函联系，介绍自己企业的经营范围以及产品特点，表明合作意愿。

2. 询答函

询答函有问函和答函两种。问函用于一方向对方询问买卖商品的范围，或要求对方对商品作出进一步的介绍，或要求对方报价、询价等。答函对问函所提的问题作出有针对性的回答，以解决对方的问题和疑点。

3. 交涉函

交涉函用于就商务活动中的某个问题进行交涉，以求得问题的解决。

4. 告知函

告知函用于当企业拓展新业务、搬迁新址或有其他变动时通知有联系的企业或用户。

三、商业函件的结构

商函的信头一般包括本单位的名称、地址、邮政编码、电话、电子邮箱等。写作商函一般使用本单位的特制信笺，其上方一般已经印好信头，故不赘述。

1. 标题

商函一般是有标题的，设置标题的目的是使对方迅速把握商函的主旨。标题位于信头之下、行文对象之上，居中排列。商函的标题应当准确简洁地概括商函的主要内容，一般格式是事由+文种，如“关于要求支付××货款的函”。

2. 行文对象

商函的行文对象指的是商函的接收者，即发文者要求办理或答复的对方单位。这一部分在表述时在标题之下、正文之上，顶格书写，后面加冒号。商函的行文对象只有一个收文单

位，在具体表述时一般是写对方单位的名称，有时写对方单位的领导，这时一般应该写上其姓名与职务。

3．正文

商函的正文可以由多个段落组成，也可以由一个或两个段落组成。由多个段落组成时，其结构一般可以分为开头、主体、结尾三部分；由一个或两个段落组成时，结构就比较单一。无论由几个段落组成，从内容或内在逻辑上说，商函的正文一般可以分为发函缘由、发函事项、发函者意愿三个层次。

（1）发函缘由

如果是初次给对方发函，在这一部分就可以先作一下自我介绍，使对方对本企业的业务范围或产品情况有初步了解。如果与收文单位有着长期的合作关系，可以简述合作关系以示亲近。如果双方来往频繁，则可以直截了当地说明发函目的。假如是回答对方的询问，则要引据对方的来函日期和标题或事由。

（2）发函事项

无论在逻辑上还是在内容上，这一部分都是商函正文的重点。在表述这一部分内容时，应该根据不同的发函目的，或介绍具体情况，或告知有关事项，或说明具体意见，或提出解决问题的方法，或对对方提出的问题进行解答：如果事项比较多，则可以分条列项，使表述眉目清楚，便于把握。

（3）发函者意愿

发函的事项交代清楚之后，要用一两句话表明对对方的希望或要求，如希望对方同意、要求对方周知、要求对方办理等。在语气上，一般商函语气恳切，但有些交涉函和索赔函的语气有时比较严正。有些商函没有发函者意愿这部分内容，这时往往使用“特此函商”“特此函复”等结语收束全文。

4．祝颂语

一般公函是不使用祝颂语的，但商函使用谨祝商祺、此致商安、谨祝财安等作为祝颂语，表示问候、祝愿、赞美之意。

5．附件

附件是指正文所附材料。商函的附件一般是商品目录、价格表、订货单、发货单等。商函如有附件，应在正文之后、生效日期之前注明附件的数量、顺序和名称。

6．生效标志

生效标志位于正文或附件说明之下偏右位置，内容包括发函单位印章或签署和发函日期。签署是由发函单位领导在商函上签字或盖章，以证实商函的效用。发函日期关系到商函的时效性，应该完整地写出发函的年月日。

四、商业函件的写作要求

1．态度诚恳，平等对话

与国家行政机关公文中的函一样，商函也是一种平行文，因此，要以诚恳的态度与对方平等对话。特别是对初次交往的对象，更要营造出友好和谐的气氛，以示合作的诚意。即使双方有意见分歧，也要心平气和，耐心磋商，摆事实、讲道理，以理服人，使收文者能够理解、接受，这样才能最终达成交易或解决问题。

2．内容完整

商函一般是一事一函，要求主旨明确，将一事写完整，即对发函的目的、事项、意愿交代清楚。牵涉到标的物时一定要将其名称、数量、质量、价格、交易条件、时间、地点等要素写明确。

3．用语讲究

商函的表达方法以说明为主。

（1）要求语言准确，避免歧义，不使对方产生误解。

（2）要求语言得体，不同类型的函要使用不同的语言，表达不同的语气。

（3）要求语言简洁。商函篇幅简短，繁文赘语是写作商函的大忌。

（4）要求语言典雅。在称呼和祝颂语中使用一些有生命力的文言词语，可以增加商函的典雅气氛。

五、简历和求职信的写作

1．简历

写作简历前，要先关注以下信息：大公司平时每天收到 100 份以上简历，登了招聘广告就有 1 万份以上。负责招聘的人员浏览每份简历的时间为 8～30 秒，而且首先是找失误；但通过初试的简历会被面试官复读一遍，并就简历中的信息提问。两页的简历得到的面试机会最多。

简历通常包含下列内容：姓名、地址、联系方式、文化程度、工作经历、个人技能、奖励和荣誉、求职意向等。被关注的重点有同申请职位最相关的工作、优于他人的地方、最近情况的信息。

为了使信息醒目，简历中一般使用标题，排版采用表格式，适当陈述细节。

2．求职信

求职信分为盲目投递型和申请职位型。

（1）盲目投递型求职信的写法

第一段，介绍你是谁，表达你为该公司工作的愿望。

第二段，简单强调你与该公司业务领域相关的教育背景和经历，让读者对你的简历感兴趣。

第三段，提出面试或回复信件的请求。

（2）申请职位型求职信的写法

第一段，介绍你是谁，提出申请的职位（可解释信息来源）。

第二段，描述你对该职位的理解并表达你的兴趣。

第三段，强调你的技能及教育经历是适合该职位的。

第四段，提出面试或回复信件的请求。发信几天后去电询问，表达真诚的渴望。

简历和求职信都要遵守诚信原则，很多公司都规定应聘者提供的简历等材料要真实。例如，某知名企业的职员手册中规定："公司提倡正直诚实，并保留审查员工所提供个人资料的权利。请务必保证你所提供的个人资料的真实性。如有虚假，一经发现，公司将立即与你解除劳动合同，不给予任何经济补偿。"

思考与练习

一、单项选择题

1．第一类沟通多采用什么形式（　　）。

A．书面形式　　B．面谈形式　　C．电子形式　　D．会议形式

2．用于要求严谨，需要记录备案的沟通方式为（　　）。

A．口头　　B．书面和非语言　　C．电话　　D．传真

3．企业管理中经常使用的计划书、合同协议、各类报告等，最适宜采取的沟通形式是（　　）。

A．口头表达　　B．书面沟通　　C．非语言沟通　　D．直接沟通

4．用于即时互动性的沟通方式为（　　）。

A．口头　　B．书面和非语言　　C．电话　　D．传真

5．每一个学期开学，学生要安排好自己的学习和生活，最好写一份（　　）。

A．学习计划　　B．调研报告　　C．工作总结　　D．协议书

二、多项选择题

1．以下哪些属于书面沟通的基本形式（　　）。

A．电子邮件　　B．商务信函

C．报告　　D．建议书

2．书面沟通的作用体现在（　　）。

A．保存时间短　　B．信息准确，易于传播

C．反复解读，易于沟通　　D．经济和省时

3．书面沟通的原则包括（　　）。

A．准确　　B．清晰　　C．完整　　D．详细

4．商务型电子邮件写作时应注意（　　）。

A．邮件主题简要概括整个邮件的内容

B．邮件开头和结尾最好要有问候语

C．正文简明扼要，行文通顺

D．每封邮件在结尾都应签名，签名越多越好

5．备忘录的基本要素包含（　　）。

A．日期　　B．主题　　C．送交　　D．发送

三、判断题

1．如果你是聪明的、有抱负的或成功的人，那么写得很差的商务文章会对你的事业产生不利的影响。（　　）

2．思维的映射是一项有力的技能，它能够使短暂的、强烈的思想迸射，让你所有的主张、与特定课题相关的思路跃然纸上。（　　）

3．表格比流程图更具影响力。（　　）

4．在商务报告中，将冗长的信息放在附件中是可以接受的并且合适的。（　　）

5．在肯定的情况下，你的文体应该主观并且生动，使用主动语态。（　　）

四、思考题

1．有效书面沟通的原则是什么？

2．商务写作的结构和逻辑应怎样安排？

3．阐述各种商务写作的策略和方法。

4．写一份简历或一封求职信。

五、案例分析题

案例1　丰田的A3报告

丰田汽车以其著名的精益生产方式闻名于世，丰田生产方式创始人大野耐一曾说：“当你开始思考时，能力就可以无限提升”。

为了训练员工的思考能力，丰田提倡在企业内部撰写A3报告，也就是利用一张A3尺寸

的纸进行标准化的沟通与解决问题的工具，是一种标准化的技术性文件。A3 报告可以过滤、提炼思想，使其浓缩在一张纸上，管理者阅读这页纸后，他们就能了解问题的来龙去脉——这就是精益的本质。

从功能和目的来说，A3 报告通常分为提案型、执行进度型、信息传递型以及解决问题型四类。均按照特定的逻辑和结构展开，层层递进，逻辑严谨，最终形成闭环。

案例分析：

从功能和目的来说，丰田的 A3 报告有什么意义？

案例 2　一封致歉信和一盒爱心巧克力

2017 年 3 月 28 日，我登上了上海飞往悉尼的 CA175 航班。刚上机，空姐就送上了一盒巧克力和一封致歉信。我想一定是国航提高服务态度，关于空中管制、飞机误点之类的事，想取得乘客的谅解。可是，当我打开那封信时，我发现我错了。这是一位头等舱旅客的信，用中英文写的，内容很真诚。

各位爷爷奶奶、叔叔阿姨们：

晚上好！

我是一个 6 个半月的小宝宝，在此向你们请安了！

今天有幸和你们同乘一个航班去悉尼，在乘机过程中也许会因为我的哭闹影响到大家的休息，对此我深感不安和歉意！

我妈妈会尽可能地安抚好我，请大家多多包涵！谢谢大家！

小宝宝敬上

2017 年 3 月 28 日

红色的致歉信和爱心巧克力放在我的面前，对我这样一个常旅行的飞行客来说还是第一次。一次平常的旅行变得有点不平常。

才 6 个多月的孩子，第一次出远门，10 多个小时的飞行时间，即使在旅途中哭闹，也是正常的事。这是一封不该致歉的致歉信。

我回头向那位带着年轻孩子的中国妈妈招了招手，像头等舱里所有收到信和巧克力的乘客一样，给了她注目礼，包括许多外国客人。

面前这封预先准备好的中英文致歉信，不仅让人致敬文明的高度，更感动于如此远行准备中，对陌生同机乘客的礼貌、关爱和友好。

在这封像是平常的致歉信中，我看到了某种希望……

资料来源：根据许仰东 2017 年 4 月 29 日发布在新浪微博上的内容整理。

案例分析：

试比较这样的书面沟通方式与广播沟通方式所表达的效果有何不同。

第十四章　跨文化沟通

1. 理解跨文化沟通的含义与模型。
2. 了解跨文化沟通的影响因素。
3. 知晓组织中跨文化沟通的障碍。
4. 掌握跨文化沟通的策略。

1. 尊重不同文化的价值取向。
2. 进一步提升文化自信。

精明的船长

一群商人在一条航行的船上谈生意，船在途中出了故障，必须让一部分人先跳下船去，船才能不下沉。船长命令大副赶快通知各位先生穿好救生衣从甲板上跳下去，可是谁也不愿意先跳。

怎样才能说服这些人跳船呢？精于世故的船长深知这些人的文化背景，于是转过身来对一名英国商人说："跳水是一项体育运动。"英国商人听罢，纵身跳入水中，因为英国人一向喜爱体育运动。

他对法国商人说："跳水是一种时尚，你没看见英国人已经跳下去了吗？"法国人爱赶时髦，也随之跳入水中。

船长表情非常严肃地面对德国人说："我是船长，现在你必须跳水，这是命令！"德国人一向遵守纪律，服从了船长的命令，也跳进了水中。

船长接着走到了一向具有逆反心理的意大利人面前，大声地说："乘坐别的船遇险可以跳水，但今天你乘坐的是我的船，我不允许你跳水！"对意大利人来说，你越不让我跳，我就非跳不可，于是他也纵身跳进水中。

还剩下一个美国人。只见船长对美国人说："我这只船已办理了人寿保险，跳吧，没你

亏吃！”美国人一向非常现实，听罢跳进水中。

资料来源：百度文库。

只有了解和理解了文化的差异，并且具有与其他文化成员交流的真诚愿望，才能最大限度地克服文化差异造成的交流障碍来进行有效的沟通。

第一节 跨文化沟通的含义与模型

随着经济全球化进程的加速，国际文化和经济交往活动与日俱增。大量跨国公司的出现使得劳动力和工作场所的文化背景多元化的特征日益明显，文化背景的多元化给组织管理带来了更多的挑战。

有效的跨文化沟通不仅需要良好的语言能力，还需要了解不同文化之间的差异。

一、跨文化沟通的含义

文化概念有广义和狭义之分。广义的文化是指人类创造的一切物质产品和精神产品的总和；狭义的文化专指包括语言、文学、艺术及一切意识形态在内的精神产品。社会学和人类学通常使用广义的文化概念。

人类学家爱德华·霍尔认为，一个社会的文化是通过人的行为沟通方式表现出来的。因此，他提出“沟通即文化”的定义。他认为，一个人的沟通行为本身渗透了文化的要素，不同社会中的个体对沟通语境的依赖程度足以反映出该社会文化导向的不同。

从有利于理解跨文化沟通的角度考虑，我们认为文化是人类在社会中为了生存和发展，通过体力和智力劳动以适应和改变自然界而创造的物质财富和精神财富的总和。文化包括生产工具、生产方式、科学技术、政治制度、社会组织、哲学、文学艺术、宗教信仰，风俗习惯等，是一个国家或民族特定的观念和价值体系，影响着人们的日常生活和工作行为。

文化对组织文化和组织管理实践有着深刻的影响，无论是对组织的管理、团队的管理，还是对个体的管理，都体现了文化的作用。文化会影响组织结构的设置，人力资源管理政策和制度的建立和执行会影响团队的组建，团队领导的行为、团队的合作和协作方式也会影响员工个体的态度和行为以及员工与组织的关系。

当一种文化背景的人向另一种文化背景的人发出信息时，跨文化沟通就产生了。跨文化沟通是指拥有不同文化背景的人们互相传递信息、交流知识和理解情感的过程。文化在很大程度上影响和决定了人们如何将信息编码，以及如何发出、接收、解释各种信息的过程。

二、跨文化沟通的模型

在跨文化沟通中，由于信息的发送者和接收者为不同文化的成员，在一种文化中编码，在另一种文化中解码，因此，整个沟通过程都受到文化的深刻影响。美国圣地亚哥州立大学萨姆瓦等人曾提出了一个较权威的跨文化沟通的模型（如图 14-1 所示）。

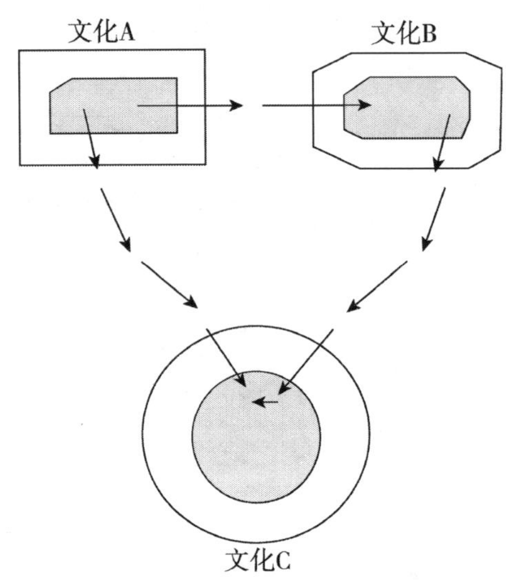

图 14-1　跨文化沟通模型图

按照萨姆瓦等人的解释，这个模型说明了这样几个问题。

在模型中，三种文化由三种不同的几何图形来表示。文化 A 和文化 B 是比较相近的文化，而文化 C 与文化 A、文化 B 有较大的差异，由文化 C 的圆形及其与文化 A、文化 B 的较大距离来表示。

每一种文化图形的内部，各有 N 个与文化图形相似的另一个图形，它表示受到该文化影响的个人。代表个人的图形与影响他的文化的图形稍有不同。这说明：在文化之外，还有一些其他的因素影响个体文化的形成；尽管文化对每一个人来说都是具有主导性影响的力量，但对个人的影响程度不同。

箭头表示文化之间的信息传递。当一条信息离开它被编码的那个文化环境时，这条信息包含着编码者所要表达的意图。这在图 14-1 中由箭头内的图案与代表编码者个人的图案的一致性来表示。当一条信息到达它将被解码的文化环境时，有一个变化的过程，解码文化环境的影响变成信息含义的一部分。原始信息的内涵、意义也被修改了。由于文化的差异，编码者与解码者所指的概念和行为也是有差异的。

第二节　跨文化沟通的影响因素

由于跨文化沟通信息的传递是在具有不同文化背景的双方之间展开的，因此，双方在进行信息编码和译码的过程中会受到文化因素的干扰。要进行有效的跨文化沟通，就有必要明确在跨文化沟通过程中存在哪些主要的干扰因素。影响跨文化沟通的因素是多方面的，概括起来主要有语言差异、非语言差异、价值观差异、思维方式差异、风俗习惯差异等方面。

一、语言差异

语言是人们交流情感、传递信息和思想的工具。语言具有民族性。这不仅表现在语音、语调上，还体现在语言使用的习惯和表达的文化内涵上。不同国家、不同民族在寒暄这一语言环节上，就有着明显的差异。例如，中国人在寒暄时喜欢以关切的语调询问对方的饮食起居、生活状况、工资收入、家庭情况等；但在西方国家中这些内容属于个人隐私，是彼此交谈的禁区。同样，在中国文化环境中不适合使用的寒暄可能在其他一些文化环境中得到认可或普遍使用。例如，西方国家的女人在听到别人用"你看上去真迷人""你真是太美了"之类的语言寒暄时，往往会很高兴，并且很有礼貌地作答。

语言具有丰富的文化内涵和特殊的文化背景。比如，英语中有这样一个句子："When you are down，you are not necessarily out. "许多英语初学者不懂其意思，原因是不了解这句话的文化背景。这本来是一句拳击比赛用语。在拳击比赛中，拳击手若被对手击倒，裁判数到 10 还未能起身则被判输，但在许多情况下，往往还没等裁判数到 10，倒地的拳击手就起身继续比赛了。这句话的字面意思是："当你被人击倒时，并不意味着你就输掉了这场比赛。"它的寓意是：当你遭遇困难时，未必就丧失了成功的机会。因此，对翻译者来说，翻译者不仅要熟谙与母语国家相关的政治、经济、历史知识，还要了解与外语国家相关的文化知识。有时语言即便为翻译者所理解，也会苦于在本民族语言中找不到对应物而无法正确译出，因此，会导致文化信息的误解和丢失。如果翻译者的能力和水平有限，则误解和尴尬更是不可避免。

二、非语言差异

由于文化背景的不同，非语言沟通的方式也不同。例如，在礼仪方面，中国人常用握手和微笑表示友好和礼貌；在印度、泰国则双手合十表示问候。

肢体语言是非语言沟通中非常重要的行为表达方式，是整个非语言行为的基础，是人们交流思想感情的重要手段。不少体态行为都是通过生活的环境从传承和学习中得来的。

因文化差异的存在，相同的体态行为在不同文化情境中可能表达不同的意义，完成不同的社会功能。

英语国家的“OK”手势已为中国人所熟悉，许多人动不动就说“OK”或做出“OK”手势，其含义是顺利、不错、承认等。但文化不同，“OK”这一手势的含义也可能有别的意思：在中国表示的是“零”；在法国表示的是“零”或“无”；在日本表示的是“钱”；在某些地中海国家表示的是“孔”或“洞”。

还有许多姿势、动作只存在于某一种或某些文化之中，在其他文化中并不存在。

不同含义的体态行为不仅为跨文化沟通造成困难，往往还会产生不良的后果。非语言沟通和语言沟通一样很容易被误解，有时非语言沟通引起的误解比语言沟通引起的误会更难消除。

三、价值观差异

在跨文化沟通中，由于组织成员来自不同的国家、民族，具有不同的文化背景，必然具有不同的价值观念。不同文化背景的沟通双方，彼此的价值观会相差很大，因此，相互之间的交流难度增大，有时往往会使看似简单的问题变得复杂。当沟通双方就某一问题的看法涉及必须坚持或必须反对时，冲突就会凸显。

四、思维方式差异

思维方式是指一个人的思维习惯或思维程序。这种思维方式还反映在生活和工作的很多领域。

西方人注重思辨、理性、分析、实证、剖析整体；中国人注重直观、整体、经验。在西方哲人看来，只有思辨性的东西才是最真实、最完善、最美好的。从古希腊开始，自然科学家和哲学家们都把抽象思维和逻辑思维方式作为认识和把握事物真理的最基本手段，并把“分析学”或“逻辑学”视为一切科学的工具。这种思维方式推动了西方科学的发展。

中国传统的思维方式不是通过归纳推理、演绎推导，而是基于事实，凭借已有的经验和知识，对客观事物的本质及规律加以识别、理解和整体判断。与直观的思维方式相联系，中国人认识世界的方式是“体知”，而不是“认知”。如大家熟悉的中餐菜谱，菜谱中一般都写着“酱油少许，味精少许”，而不是具体的重量数。再看西餐的食谱，几盎司水、几盎司盐、多少调羹糖等都写得清清楚楚，没有丝毫含糊的地方，对做菜程序的描述也是如此。西餐的食谱准确明白，容易掌握；中餐食谱则粗略，很多地方要靠烹调者的经验和悟性方能把握。

人们在自己的文化氛围中形成了具有各自特色的看待问题和认识问题的习惯方式。正如本书第一章中所描述的，由信息发送者以一种思维方式编码出的一组信息发出后，接收者会以自己独特的思维方式对此信息加以破译，其结果往往会产生歧义或误解。比如，中国人通常在朋友见面时客气地问：“吃了没？”其实这只是中国人打招呼的一句客套话，就如同

“你好”一样，但是西方人听到了以为是要请他吃饭。

五、风俗习惯差异

风俗习惯是指群体或集体在一定文化历史背景下形成的具有固定特点的传统礼节或习性，如习惯、审美、传统、习俗等。这是人们世代相传重复出现且约定俗成共同遵守的行为模式或规范。所谓“十里不同风，百里不同俗”，如果不能做到入乡随俗，就会导致沟通的失败。比如，对习俗不同的理解，就容易造成误解。

如何在多元文化条件下实现跨国经营，一直是困扰跨国企业发展的难题：国外管理学家的研究表明，有 35%～45%的跨国企业是以失败而告终的，其中大约有 30%是由技术、资金、政策方面的原因引起的，有 70%是由文化差异引发的。这就要求跨国企业不仅要解决企业内部的文化冲突，还应满足不同文化背景的消费者的需求，适应东道国的风俗习惯、法律制度等条件。因此，成功的跨国企业往往是那些懂得如何将不同民族特性、价值观念和文化传统与先进的管理方法有机融为一体，进行有效跨文化沟通的企业。

第三节　组织中跨文化沟通的障碍

全球化趋势创造了新的沟通方式、手段和机会；国家、民族、文化的差异又使组织在全球化进程中遇到了来自内部的沟通障碍。

在内部管理上，不同的价值观、生活目标和行为规范将导致管理成本增大。比如，由于组织目标整合与实施难度的提升，组织管理环节增多，具体表现为员工结构改变及组织层级和部门增多，这就为有效沟通增添了障碍。

一、员工结构的改变增加了沟通的难度

劳动力结构在民族、国籍方面趋于多样化，有些跨国集团和合资公司中有来自数个国家的员工。他们在语言、行为方式、生活方式、价值观念以及非语言表达方式等方面都存在差异，这些差异是多元文化冲突的主要根源，在员工之间、员工与管理者之间筑起了一道沟通的屏障。

二、组织层级和部门繁杂，导致信息丢失

一些大型跨国公司规模庞大，因而组织层级数目繁多，信息在传递过程中被过滤的可能性增大。由于每个层级都对信息进行过滤，因此所传递的信息的失真度也随之增大。

由于经济全球化的进程不断深入，相互依赖的程度也日趋提高，各组织之间存在千丝万缕的联系，因而使多元文化之间的碰撞、跨文化沟通障碍的形成有了更多的可能。应该指出，能否与其他组织进行良好的沟通是企业生存和发展的重要条件。

关于文化差异，荷兰心理学家霍夫斯泰德提出：文化具有不同层次，像洋葱一样，其每一层之间不是独立的，而是相互影响的。他在分析文化层次时认为，文化的核心部分是价值观，比如人们头脑中的价值、信仰等，虽然不被人察觉到，但确实是在头脑中存在的，并时刻影响着人的行为。作为一个不同文化背景的人，如果了解到对方行为背后的内在价值观，就能理解不同于自己的行为方式，就可以在异文化中更恰当地看待异文化中不同的思想、行为和信仰，从而更好地适应异文化。根据霍夫斯泰德对文化洋葱理论的论述，我们得出“洋葱理论”（如图 14-2 所示）。

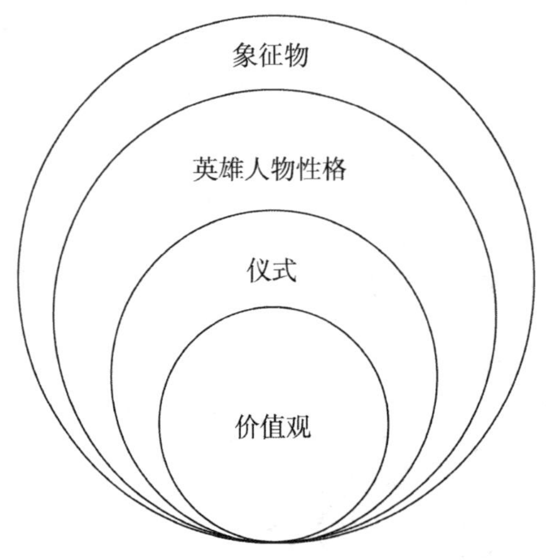

图 14-2　洋葱理论

所谓“洋葱理论”是指：文化其实是由从外到内的四个部分组成一个象征物、英雄人物性格、仪式和价值观，我们可以把文化比喻成一个多层次的洋葱：

最外面的一层是象征物（Symbol）——符号，如语言、艺术作品、电影、绘画、饮食、服装、建筑等。人的肉眼能够很容易看见象征物，就像洋葱的皮，是不同文化呈现在外面的最直观的表现。

第二层是英雄人物（Hero）性格。不同的英雄人物，其性格也不相同，但一个英雄能够被一种文化中的人们所崇拜，其性格必然有一定的代表性，代表着这个民族一部分有特点的性格，这就好比洋葱的果肉。

第三层是仪式（Ritual）。礼仪是一个社会的规范，表现为不同的文化对待人和自然所表现出来的独特表现方式。比如在一个社会群体中，大家在某一情形下都会做的事，反映在握手、贴面等行为举止、生活方式上，而行为是否合乎社会规范，与该群体共同的规范有关系。这就可以用洋葱的味道来比拟，礼仪其实就是践行文化的一种集体活动。

第四层是价值观（Value）。价值观是人头脑中最深层的东西，是一种文化的核心，也是整个文化中最重要的方面，如人与生俱来的权利、人与他人的关系、人存在的价值等。

第四节　跨文化沟通的策略

消除跨文化沟通的障碍，首先必须了解文化差异，正视文化差异，从而达到融合文化差异的目的。

一、文化认同

文化认同是一种肯定文化价值的判断，即指文化群体或文化成员承认群体内新文化或群体外异文化因素的价值效用符合传统文化价值标准的认可态度与方式。被认同的新文化或异文化因素将被接受和传播。

在跨文化沟通中，交流双方不仅需要明确各自文化的特点，更要通过各种途径了解对方国家政治、经济、文化、历史、社会性质、语言特点、生活方式、风俗习惯、地理位置等诸多方面的情况，然后加以比较，以明确在不同的文化中什么是认同的、什么是禁忌的。只有比较客观地、深层次地了解文化差异，才能避免不必要的误解和冲突。要做到这一点，沟通双方都必须在了解自己文化的基础上，通过学习和训练提高自己对文化差异的敏感度和认知度。

跨文化沟通中产生失误和冲突的根源主要是交流双方没有取得文化认同。文化认同是人类对文化的共识与认可，是人类对自然认知的升华，是支配人类行为的思想准则和价值取向。在跨文化组织中文化认同是相互的，人们需要这种相互的文化认同，以便跨越文化交流中的重重障碍，促进相互的信息、知识、技术共享与合作。文化认同的益处在于，它一方面可以促进跨国公司中不同文化之间的顺利沟通，促进组织内部的和谐与团结，提升组织的凝聚力和竞争力；另一方面可以确保多元文化的共存，从而提升员工的文化满足感。人们都会有这样的倾向，即觉得自己的文化是最好、最文明和最优秀的，其他文化都不如自己的文化，这就是“文化优越感”。而培养接受、尊重和认同文化差异的意识，正是拓展跨文化沟通视野的良好开端。文化认同原则可谓指导跨文化沟通的基本原则。

二、文化融合

文化融合是指民族文化在文化交流中以其传统文化为基础，根据需要吸收和消化外来文化，促进自身发展的过程。文化具有时代性和民族性。我们既不能全盘接受外来文化，也不能排斥全部外来文化，吸收外来文化的原则是取其精华，去其糟粕。这与文化认同中保留多种文化的共同点是不同的，可以说融合文化差异是了解文化差异和认同文化差异的最终目的所在。因此，从消除跨文化沟通障碍的效果来看，文化融合是所有跨文化沟通策略中最有效的一种。

跨文化沟通中的文化认同和文化融合是一个系统工程，在具体实施中需要各方面协调运作方可见到成效。了解、认同和融合文化差异是有效地进行跨文化沟通的根本所在。

不同文化、宗教背景的人，应该理解各自的文化背景，尊重各自的习惯和信仰，避开敏感话题，交流双方都感兴趣的话题。

首先，要相互理解，在文化融合过程中没有所谓对与错、先进与落后的概念，只有符合与不符合原则的问题。

其次，要相互尊重。“入乡随俗”是文化融合中的一个重要原则，人们不能咄咄逼人，处处以自己的原则和规范行事，把自己的意识形态当成天下的真理，威逼别人接受。

最后，要知道别人的禁忌，不要鲁莽地触犯这些禁忌，不然会在不经意间激怒别人。

了解不同的文化背景，尊重不同的宗教习惯，让自己在与不同民族人群交往时做到游刃有余。

三、推行新的管理制度

要形成跨文化的沟通融合，必须依靠组织结构的变革、人力资源的调整、劳动力的优化组合以及绩效评价机制的变革，而且要有必要的管理保障。建立和完善各种制度，尤其是推行竞争性的人力资源管理制度，会使企业员工在文化的冲突中感受切身的危机和压力，促使员工认可新的企业文化，跳跃式地促进企业的跨文化沟通融合，建立严格的规章制度，形成跨文化沟通的强制力，对塑造和实践企业文化具有强制的保障作用，在强制性地整合文化差异的过程中，实现跨文化沟通融合。

四、重视员工培训

企业文化建设应以人为本，要培养员工自觉献身于企业的责任意识、价值观和道德规范，并使之为广大员工所认同和接受，形成一种内化的动力机制，从而使企业员工以主人翁的积极姿态出现在自己的企业中，使企业的目标变为全体员工的共同目标。只有这样，员工才会把企业的事当作自己的事，竭尽全力参与企业生产经营活动，无私地奉献自己的聪明才智。这种人格化的企业行为已不再是一种带有强制性的行动，而是员工自我价值的不断追求和不断实现的过程，企业也会因此而获得强大的内聚力和创新能力。

国际上许多跨国公司都非常注重跨文化的培训。日本富士通公司为了开拓国际市场，早在 1975 年就在美国檀香山设立培训中心，开设跨文化沟通课程，培训国际人才。韩国三星公司经常派出有潜力的年轻经理到其他国家学习，深入了解所在国家的文化和风土人情等。

五、辅以文体娱乐活动

在组织中如果没有经常性的文化交流和思想沟通，则文化差异带来的文化冲突是难以消除的。企业内部的文化交流，如各种宣传活动、信息发布活动、文体活动、节日聚会等，都有助于加强企业员工之间的沟通，有利于疏导员工的内心冲突。实践表明，这些活动可以有效地避免员工个人行为、个人利益与企业利益的矛盾。应该指出，文体娱乐活动只能作为一种企业文化沟通的载体，其不具备系统有效的教育功能，因而不能替代大量的思想工作。要使员工真正理解企业文化，还要从培养员工自觉献身于企业的责任意识、价值标准、道德规范和行为准则着手，通过企业有计划的内训，使企业文化被广大员工接受和认同，从而形成一种自发的动力机制。

由于自己不了解对方国家的文化而产生沟通障碍是值得我们吸取教训的。跨文化沟通能力是指能够与来自不同文化背景的人进行沟通的能力。首先，掌握外语是必需的，却是远远不够的，了解和熟悉两种文化之间的差异，并且能够接受与自己不同甚至相反的价值理念和行为规范才是关键。

要想真正了解一个国家或民族的文化、打破文化差异导致的沟通障碍，还在于学习和了解，最好能有机会真正融入这个国家或民族中去体验和学习。跨文化沟通需要对各个国家的一些常识性的东西有所了解，才不会犯低级错误。

综上所述，跨国公司由于多元文化及其差异的存在，必然会产生冲突。要缓和这种冲突，实施有效的跨文化沟通是重要的解决途径。在进行跨文化沟通时，最重要的是寻求本土员工的认同感，最大限度地实现多元文化融合。在企业中，实现多元文化融合的努力就是新型的企业文化的建设过程。企业文化的建设并不排斥员工各自原有的不同文化，而是要求员工在保持自己原有文化的同时，积极融入具有共识的企业文化。

【同步案例】

影视作品的跨文化宣传

自 21 世纪以来，我国的主旋律影视剧作品呈现较强的势头，为广大人民群众所熟知的《建党伟业》《建国大业》《建军大业》对历史事件的记忆重构，对大学生来说无疑是一场思想上的洗礼。一方面，学生们重温了书本中的著名历史内容，铭记历史，再次进行了理想信念和爱国主义教育；另一方面，通过影视作品中演员生动、直观的演绎，学生们体会到中国一路走来的艰辛与不易，感受到革命者不屈不挠、顽强不息的革命精神。此外，《父母爱情》也可为学生截取片段播放，供其学习，让学生在感受革命友谊、革命爱情坚不可摧的同时，意识到“家风建设”对个人发展、国家命运的重要性。

社会主义先进文化融汇了中华优秀传统文化、革命文化的精华，实现了价值观与西方文化的对接，创造了中国特色社会主义新时期先进文化的时代辉煌。社会主义先进文化为文化自信提供了理论基础，巩固了自信的物质根基，植入了自信的动力基因，实现了自信的开放包容心态。

世界上任何一种有价值的文化，不是靠自我命名、自我确认来实现的，我们的文化只有得到他者的认同、赢得他者的肯定，才能够兑现我们文化的价值、实现我们文化的影响力。近些年来“汉语热”“孔子热”足以说明我们的文化价值、文化理念被世界大部分国家的人民所接受和认可。

资料来源：袁艺铭．跨文化交际课程的思政教育探索［J］，现代交际，2019（20）：150-151．

思考与练习

一、单项选择题

1．有效沟通的前提是必须拥有相关的知识及（　　）。

A．信息　　B．资源　　C．材料　　D．语言

2．西方人十分珍视个人自由，喜欢随心所欲，独来独往，不愿受限制。中国文化则更多地强调集体主义，主张个人利益服从集体利益，这体现了（　　）。

A．语言差异　　B．价值观差异

C．思维方式差异　　D．风俗习惯差异

3．西方人注重思辨、理性、分析、实证、剖析整体；中国人注重直观、整体、经验，这体现了（　　）。

A．语言差异　　B．价值观差异

C．思维方式差异　　D．风俗习惯差异

4．在跨文化沟通中，人们由于失去了自己熟悉的社会交流信号或符号，对对方的符号不熟悉而产生深度焦虑症的现象被称为（　　）。

A．文化休克　　B．文化焦虑

C．文化障碍　　D．文化冲击

5．“洋葱理论”不包含（　　）。

A．象征物　　B．英雄人物性格

C．责任　　D．价值观

二、多项选择题

1．影响跨文化沟通的因素有（　　）。

A．思维方式差异　　B．风俗习惯差异

C．价值观差异　　　　D．语言差异

2．组织中跨文化沟通的障碍有（　　）。

A．组织层级和部门繁杂　　　　B．员工结构的改变

C．价值观生活方式行为规范差异　　　　D．年龄差异

3．消除跨文化差异沟通中障碍的措施有（　　）。

A．提高文化认同感　　　　B．促进文化融合

C．辅以文体娱乐活动　　　　D．使用非语言沟通

4．文化融合过程中需要注意的因素有（　　）。

A．相互理解

B．相互尊重

C．了解对方文化的差异并避免触犯禁忌

D．对有争议的观点要强烈反应讨论

5．说话时选择话题的要点是（　　）。

A．能充分显示自己才华　　　　B．了解自己说话的目标

C．寻找双方的共同点　　　　D．为自己争取最大的利益

三、判断题

1．从消除跨文化沟通障碍的效果来看，文化融合是所有跨文化沟通策略中最有效的一种。（　　）

2．消除跨文化沟通的障碍，首先必须了解文化差异，正视文化差异。（　　）

3．跨文化沟通信息的传递中，不同文化背景的双方在进行信息编码和译码的过程中，不会受到文化因素的干扰。（　　）

4．将不同的民族特性、价值观念和文化传统与先进的管理方式有机融为一体，有利于跨文化沟通。（　　）

5．语言行为方式，价值观念等方面存在差异，是文化冲突的主要根源。（　　）

四、思考题

1．影响跨文化沟通的因素有哪些？

2．从跨文化沟通的角度分析你如何体会“入乡随俗”的含义。

3．观看李安电影《推手》《喜宴》。这两部电影展示了李安对中国传统家庭文化和文化张力的反思，写500字左右的观后感，谈谈你眼中的中美文化的具体差异。

4．访谈一位曾经有过跨文化经历的企业管理者，请他/她讲述自己切身经历过的一两个故事，并总结一个成功的全球化经理人所需要具备的基本素质和必须积累的经验。

5．请你作自我分析，谈一谈你在未来成为一名优秀的全球化经理人的可能性。同时，分析你的优劣势并作出改进的行动计划。

五、案例分析题

法国总部来了个中国人

法国香水公司德龙国际是一个家族企业，对其法国身份有着十足的骄傲。然而，在经过数十年的两位数增长后，德龙的市场占有率开始下滑。公司的标志产品“无忧”牌香水的忠实顾客群年纪越来越大。更糟的是，从全局来看，德龙的品牌反映的是北美和欧洲市场的喜好，而这些市场现在已经停止增长。公司未来的发展前景是在新兴市场。然而中国和其他亚洲市场的消费者不大喜欢欧洲香水那股浓浓的香味，公司在拉美市场的销量同样不理想。新上任的全球产品开发副总裁杨建国感受到了巨大压力。

杨建国最初在德龙国际担任中国研发实验室负责人。在他的领导下，实验室配制出了两种在亚洲市场大为热销的香水。后来，他升任公司的中国区经理。接下来的一年半时间里，他领导的中国区是德龙公司在新兴市场中业务发展最快的地区。于是，公司 CEO 阿兰·德龙决定将他提升为全球产品开发高级副总裁。当时竞争这一职位的还有三位候选人，他们都是法国总部的资深高管，其中负责发达国家市场的副总裁伊夫原本最有希望得到这一职位，另外两位候选人则是护肤品营销副总裁埃莉斯和水疗产品部门总经理安托万。阿兰之所以放弃了三个他更为熟悉和信任的法国人而选择了一个中国人，主要原因就是看重杨建国对亚洲市场的熟悉。

自杨建国上任以来，他收到了来自方方面面的建议，其中大多数提议都反映要法国文化和法国形象。就连公司 CEO 也表示希望和法国著名女影星卡特琳·德纳芙签约，让她做公司产品的代言人，借此恢复“无忧”牌香水的销量，甚至可能以她的名字命名一款香水。阿兰·德龙还考虑和一位受人尊重的巴黎皮肤科医生合作推出一个新品牌。

对此，杨建国不以为然，因为他觉得在法国之外，没人知道这位皮肤科医生是谁。杨建国的关注点不在欧美等西方市场，而是在新兴市场，尤其是自己熟悉的中国市场。他建议公司培养中国年轻人对空气清新剂的兴趣，开发出香味清新淡雅、适合中国人品位的新产品。他还计划开发针对年轻男士的护肤产品，并提议由中国的跨栏明星刘翔担任代言人。

而杨建国的法国同事，尤其是伊夫，对杨建国十分不满，因为在他们看来，杨建国对公司主要市场的西方客户完全不在意，从不征询他们对西方市场的意见。尽管杨建国晋升到了全球产品开发高级副总裁的职位，但他并没有被他的法国同事们所接受，甚至 CEO 本人对他也不信任。

杨建国似乎已经成了一个局外人，他没机会参与战略决策。在一次高管会议开会前，伊夫、安托万和阿兰在会议室门口窃窃私语，看到杨建国走过来就缄口不言。而在阿兰正式宣布散会后，也是杨建国先离开了会议室，阿兰还在继续跟安托万讨论和皮肤科医生合作的事。这让杨建国觉得有些不自在，因为他认为自己既然是全球新产品的负责人，安托万就应

该和他讨论，而不是直接找阿兰商量。

杨建国有时无意中会听到同事对自己的一些评论，类似“边缘化”“不够老成”之类的。甚至有传闻，在阿兰的乡间别墅有个聚会，伊夫、安托万和埃莉斯都在客人名单之列，唯独他没有受到邀请。此外，每当杨建国想推广自己的点子时，他能得到的除了礼节性微笑就再也没什么了。

埃莉斯曾经私下建议他注意交际方式。她说：“你不得不作出一些妥协，因为你不可能改变他们。和他们好好沟通吧。”

反省自己面临的困境，杨建国开始思考，自己接受这份工作是不是个错误。相比之下，他在管理中国区业务的时候，日子反而更舒坦，他可以自由地做他想做的，而且很多行业内的竞争对手都愿意聘请他，如果去别的公司，他可能会有更好的薪酬，也能得到应有的尊重和信任。

造成杨建国无法顺利转换角色的原因是多方面的，无论是他本人，还是 CEO，甚至是德龙公司都负有一定责任。

杨建国能够完成从中国区经理到全球业务领导人这一角色转换吗？

资料来源：百度文库。

案例分析：

1. 杨建国处于困境的主要原因是什么？
2. 杨建国应如何与 CEO 及其他同事沟通？
3. 要打开新产品开发的僵局，杨建国应做些什么？
4. 从杨建国履新经历中你获得了哪些启示？

参考文献

［1］赵洱岽．管理沟通：原理、策略及应用［M］．北京：高等教育出版社，2017．

［2］张莉，刘宝巍．管理沟通［M］．北京：高等教育出版社，2017．

［3］魏江．管理沟通：成功管理的基石［M］．4版．北京：机械工业出版社，2019．

［4］张志学．管理沟通：领导力与组织行为的视角［M］．北京：高等教育出版社，2022．

［5］康青．管理沟通［M］．6版．北京：中国人民大学出版社，2022．

［6］周静，王一帆．领导力与管理沟通［M］．四川：西南交通大学出版社，2021．

［7］王建民．管理沟通实务［M］．6版．北京：中国人民大学出版社，2023．

［8］李元授．人际沟通训练［M］．武汉：华中科技大学出版社，2018．

［9］李博，王晓娟．商务礼仪［M］．北京：清华大学出版社，2019．

［10］程艳霞．管理沟通：知识与技能［M］．2版．武汉：武汉理工大学出版社，2019．